应用经济学
高峰建设项目文库

Dynamic Mechanism of
Urban-Rural Land Structure Change in China

我国城乡土地结构变化的动力机制研究

许 庆 著

上海财经大学出版社

图书在版编目(CIP)数据

我国城乡土地结构变化的动力机制研究/许庆著. —上海：上海财经大学出版社,2023.8
(应用经济学·高峰建设项目文库)
ISBN 978-7-5642-3765-3/F·3765

Ⅰ.①我… Ⅱ.①许… Ⅲ.①城市土地-土地利用结构-研究-中国 Ⅳ.①F299.232

中国国家版本馆 CIP 数据核字(2023)第 034664 号

本书由"上海财经大学中央高校双一流引导专项资金"和"中央高校基本科研业务费"资助出版

□ 责任编辑　黄　荟
□ 封面设计　桃之夭夭

我国城乡土地结构变化的动力机制研究
许　庆　著

上海财经大学出版社出版发行
(上海市中山北一路 369 号　邮编 200083)
网　　址:http://www.sufep.com
电子邮箱:webmaster@sufep.com
全国新华书店经销
苏州市越洋印刷有限公司印刷装订
2023 年 8 月第 1 版　2023 年 8 月第 1 次印刷

710mm×1000mm　1/16　16.75 印张(插页:2)　274 千字
定价:78.00 元

总　序

　　一流学科是建设一流大学的基础,一流大学都具有鲜明的一流学科印记。

　　根据党中央、国务院关于建设世界一流大学和一流学科的重大战略决策部署,上海市持续推进高峰高原学科建设,对接国家一流大学和一流学科建设。

　　为此,2018年,由上海财经大学牵头、复旦大学和上海交通大学协同共建的"上海国际金融与经济研究院",承接了高峰建设学科"应用经济学"学科项目。

　　作为"应用经济学"高峰建设学科的牵头单位,上海财经大学成立于1917年;1996年,成为国家"211工程"重点建设高校;2006年,成为国家"优势学科创新平台"建设高校;2017年,入选国家"双一流"建设高校,在财经专业学科建设方面,积淀深厚。其中,"应用经济学"在教育部第五轮学科评估中,上海财经大学位列前茅。

　　"应用经济学"是上海市启动建设的相关高峰学科中唯一的人文社会学科。"上海国际金融与经济研究院"自2018年实体化运营以来,深耕学术科研,通过同城协同,汇聚优质资源,服务区域经济发展,努力打造国际一流、国内顶尖的高水平学术机构和高端智库,形成易于为国际社会所理解和接受的新概念、新范畴、新表述,强化中国话语的国际传播,贡献中国智慧;同时,在国际学科前沿形成重大原创性成果,推动上海"应用经济学"整体学科水平进入世界一流行列。

　　"归来灞陵上,犹见最高峰。"

　　经过不懈的努力,自2021年"应用经济学"高峰学科建设的第二轮建设周期启动以来,陆续产生一批阶段性的成果:

首先,创新驱动,服务国家重大战略部署、聚焦地方重大需求。"应用经济学"高峰学科建设以国家自然科学基金重大和重点项目、国家社科重大和重点项目、教育部哲学社科研究重大攻关项目为抓手,以高水平研究型智库建设为平台,产出一批支撑国家和区域经济发展的高质量课题成果。

其次,聚焦前沿,打造原创性学术成果,把握国际学术话语权。"应用经济学"高峰学科建设结合中国经济发展的优势领域,以多学科协同为纽带,产出一批高水平的学术论文,在国际上不断提升中国"应用经济学"的影响力和话语权,持续高频次在《经济研究》《中国社会科学》《管理世界》等国内外高质量期刊发表学术论文,获得孙冶方经济科学奖、吴玉章奖、教育部高等学校科学研究优秀成果奖等。

再次,融合发展,突破学界与业界藩篱。在学科建设的同时,初步形成了应用经济学系列数据库(已经有2万家企业10年数据,将持续更新)、长三角金融数据库等。这些数据库不仅有助于支撑本学科的研究,还可在不断完善的基础上实现校企融合;与上海财经大学新近成立的"滴水湖"高级金融学院、数字经济系,以及"中国式现代化研究院"等形成多维互动,进而为应用经济学的进一步研究提供强大支撑,为学科可持续发展奠定重要基础条件。

最后,以德统智,构建课程思政育人大格局。"应用经济学"高峰学科建设强调全面推进应用经济学类课程思政高质量建设与改革,实现课程思政建设在应用经济学所有专业、所有课程和所有学历层次的全面覆盖。

习近平总书记在党的二十大报告中提出"加快构建中国特色哲学社会科学学科体系、学术体系、话语体系"的重大论断和战略任务。

在二十大报告精神指引下,本次推出的"应用经济学·高峰建设项目文库"即是对相关学术研究进一步学理化、体系化的成果,涉及金融学、宏观经济学、区域经济学、国际贸易、社会保障、财政投资等诸多方面,既是"应用经济学"高峰学科建设的阶段性成果展示与总结,也旨在为进一步推动学科建设、促进学科高质量发展打下坚实基础。

当前,世界百年未有之大变局加速演进,我国经济已由高速增长阶段进入高质量发展阶段;同时,我国发展进入战略机遇与风险挑战并存、不确定因素增多的时期;而上海也正值加快推进"五个中心"和具有全球影响力的科技创新中心建设的关键时期,需要有与上海地位相匹配的"应用经济学"学科作为支撑,需要"应用经济学"学科为国家经济建设提供富有洞察力的学术新知和政策建议。

为此,上海财经大学和"上海国际金融与经济研究院"将与各方携手,在"应用经济学"前沿,继续注重内涵建设、关注特色发展、突出学科带动、聚焦服务战略,全力构建具有世界一流水平的"应用经济学"学科体系,突出围绕"四个面向",为我国努力成为世界主要科学中心和创新高地做出更大贡献!

上海财经大学 校长

前　言

城镇化（urbanization，又称城市化）是社会生产力发展到一定阶段后的必然趋势。自工业革命开创大机器替代手工劳动时代以来，欧美及东亚发达国家先后进入城镇化快速发展时期。截至 20 世纪 80 年代末，部分发达国家城市人口占全国总人口的比重已经超过了 70%。作为世界上最大的发展中国家，新中国自成立以来尤其是改革开放以来，在经济体制、财税管理制度、社会管理体系等许多方面进行改革创新，大力推进城镇化建设，用几十年的时间完成了一些发达国家上百年才完成的城镇化过程。根据第七次人口普查数据，截至 2020 年，全国逾 9 亿常住人口在城镇地区，城镇化率达到了 63.89%，比 1978 年上升了近 46 个百分点。[①]

在这一过程中，我国城乡土地结构及利用方式也发生了明显变化，出现了土地资源不断从农业部门转向非农业部门的现象，城市实体规模迅速增大，城市空间范围大幅度扩展；同时，在农村地区，承包地、宅基地的流转和退出等土地利用方式与管理模式不断创新，日趋多元化。土地作为最基本的生产要素，其结构的变化必然深刻影响工农业生产和收入分配。从当前来看，城乡土地结构的转变在一定程度上契合了国家工业化和城镇化发展的需要，推动社会经济发展向前迈进。但是，这一过程中也出现了一些令人担忧的问题，比如，城市空间扩张远远快于人口增长、一些失地农民的基本生活得不到保障、农民流转与退出土地的权益受损、承包地经营权放活困难等。这些问题长期没有得到有效解决，势必会反过来对我国城镇化发展和乡村振兴造成严重负面影响。如此来看，在城镇化背景下，什么因素推动了城乡土地结构的变化、如何规避这些变化所带来的负面影响，以及如何优化土地配置、提高土地利用效率，是当前需要重点研究的问题。

本书将对上述问题进行探讨，主要分为 6 个部分：第一篇主要回顾和

---

① 数据来源：《中国统计年鉴》(2021)。

研究改革开放以来中国城镇化发展与城乡土地结构变化的过程及其两者关系;第二篇重点探讨中国城镇化建设过程中,户籍制度、人口流动对城乡土地结构变化的驱动作用;第三篇重点考察1994年分税制改革以来,地方政府通过"经营"土地获取财政收入的行为对城乡土地结构变化的驱动作用;第四篇主要分析中国城乡土地结构变化过程中出现的半城镇化现象及其对农民、农民工福利的影响;第五篇考察城乡土地利用结构变化给社会经济发展所带来的影响、存在的问题以及相应的应对措施,主要探讨农地征用对农民财产收益的影响、耕地保护、粮食安全以及农村土地利用等方面;第六篇为本书总结。

目　录

第一篇　城镇化发展与城乡土地结构变化过程

第一章　我国城镇化发展过程/005
　第一节　改革开放以来中国城镇化建设的历程/005
　第二节　中国城镇化建设取得的阶段性成就/013
　第三节　中国城镇化建设的地区差异/016

第二章　城镇化过程中的城乡土地结构变迁/020
　第一节　城市空间扩张总体情况/020
　第二节　城市空间扩张的地区差异/023
　第三节　城市建设用地内部的结构变化/026
　第四节　农村土地利用方式的变化/028

第三章　城镇化与城乡土地结构变化的关系总结/033

第二篇　户籍制度、人口流动与城乡土地结构变化

第四章　人口流动相关理论/037
　第一节　人口流动理论与模型/037
　第二节　中国人口流动的历史与现状/040

第五章　户籍制度、人口流动与城市空间扩张/045
　第一节　户籍制度与城镇化发展战略/045

第二节 中国不同户籍管理制度的基本政策和具体操作模式/049
第三节 户籍制度改革对人口流动的影响及经验教训/059
第四节 人口流动模式与城市空间的扩张/065

第六章 户籍制度、人口流动与农村土地利用/068
　第一节 我国农村土地制度的变迁历程和内在逻辑/068
　第二节 现行户籍制度下的人口流动与农村土地利用/085
　第三节 人口流动与农村内部土地利用结构/087

第七章 人口流动驱动城乡土地结构变化的动力机制小结/093

第三篇 分税制改革、土地财政与城乡土地结构变化

第八章 中国分税制改革的历史回顾/097

第九章 分税制改革、土地财政与城市空间扩张/101
　第一节 土地财政的含义与成因/101
　第二节 土地财政与城市空间扩张模式/104
　第三节 城市扩张与城中村改造/107
　第四节 城市扩张与城郊土地利用方式的变化/111

第十章 土地财政驱动城乡土地结构变化的动力机制小结/114

第四篇 城乡土地结构变化中的福利问题

第十一章 城乡土地结构变化中的流动人口福利问题/117
　第一节 中国城市社会保障制度的安排及其问题/117
　第二节 城市外来迁移人口的举家流动行为分析/124
　第三节 城市外来迁移人口子女教育问题分析/131
　第四节 城市外来迁移人口居住状况分析/136
　第五节 城市外来迁移人口"三险"问题分析/140
　第六节 城市外来迁移人口市民化分析/145

第十二章　城乡土地结构变化中的农民权益问题/158
- 第一节　农地征用对农民财产权益的影响/158
- 第二节　农地征用对失地农民就业和收入的影响/160
- 第三节　公共福利对农村土地利用方式的影响/170

第五篇　城乡土地结构变化中的社会经济效应

第十三章　城乡土地结构变化中的耕地保护与粮食安全问题/175
- 第一节　我国耕地保护总体情况/175
- 第二节　农地非农化、耕地保护与粮食安全/177
- 第三节　农业补贴政策与粮食生产/178

第十四章　城乡土地结构变化中的农村土地利用问题/186
- 第一节　农村土地利用的总体情况及其问题/186
- 第二节　城郊土地和耕地流转的问题/193
- 第三节　城乡统筹背景下农地确权问题研究/195
- 第四节　农村土地结构转变中的宅基地改革/206

第十五章　农业生产方式、交易成本与乡村治理/214
- 第一节　研究背景/214
- 第二节　文献简评/215
- 第三节　乡村治理变迁的分析框架/217
- 第四节　中国乡村治理变迁格局的解释/218
- 第五节　本章小结与展望/227

第六篇　总　结

第十六章　城乡土地结构变化的动力机制/233

参考文献/239

第一篇

城镇化发展与城乡土地结构变化过程

  城镇化是土地、劳动力和资本等生产要素从农村向城市转移和集聚的过程。在刚刚过去的20世纪中，城镇化是全球发展中国家最持久、最显著的趋势之一。根据世界银行公布的数据，仅1950—1980年世界城市人口就翻了一番，增加到17.5亿人，城市人口占世界总人口的比例达到39%，这就意味着每10个人中就有4个人生活在城市里；而到了1999年，城市人口上升的速度更快，达到了27.76亿人，城市人口占世界总人口的比例已经达到46%。2008年，城市居民人数在历史上第一次超过了农村居民，预计到2050年将增加至64亿人，那时70%的世界人口将为城市人口。2007—2050年间，发展中国家的城市人口比例预计将从44%增加至67%，而发达国家的这一比例将从74%增加至86%（联合国，2009）。从国际经验来看，城镇化过程是一个经济、社会、文化全面进步的过程。

  城镇化的内涵丰富：其前提和表现形式是"人口的增加或转移"，即在这一过程中人口由农村向城市、由经济欠发达地区向经济发达地区转移和聚集，从而扩大城市人口规模；其主要内容是"经济活动的集聚"，即利用城市的规模效应和经济集聚效应；其实质和核心是"社会经济结构的转变"；其根本目标是"实现社会的现代化和提高人民的福利"。从本质上来说,城镇化建设就是如何实现农村居民的城镇化,让农村共享社会和经济发展的成果,主要表现形式就是城镇数量不断增加和规模不断扩大,为了寻求更好的收入和生活,农村人口逐渐地前往城镇就业和定居。自20世纪70年代末80年代初中央政府对内实施"改革"及对外实行"开放"以来,我国的城镇化建设突破了过去相当长一段时间的停滞和徘徊的局面,呈现出快速发展的趋势。

城镇化发展受到包括资源禀赋、政治环境、国家战略等在内的自然和人为因素的共同影响。就新中国成立70多年的发展历程来看,从成立初期至70年代末,总体上我国城镇化发展缓慢,1949年城镇化率是10.64%,1978年为17.92%[①],这30年间城镇化率仅仅上升了7.28个百分点。并且,其间受到国内外不稳定的政治环境、气候灾害等因素的影响,城镇化发展呈现出明显的波动性。

20世纪70年代末,随着改革开放的大幕拉开,我国加快了城镇化建设的步伐,用几十年时间走完了一些发达国家上百年的发展历程。截至2011年底,我国城镇常住人口达到6.9亿人,占全国总人口的比重为51.27%[②],城镇人口首次超过了农村人口,这表明我国城镇化发展自此进入了新阶段。具体而言,如果以常住人口数量在城乡地域间的规模分布论,那么这就意味着我国已经进入了以城市人口为主体的城镇化建设阶段。随着越来越多的农村人口进入城镇地区,农民的思想观念、生活态度、生产方式等方面也发生了巨大变化,刘守英和王一鸽(2018)等学者称之为"乡土中国"正在向"城乡中国"演变。到了2013年,我国城镇常住人口占全国总人口的比重达到了53.73%,首次超过世界53.0%的平均水平,这对于我国的城镇化建设来说无疑又是一个重要节点。为了适应新的发展形势,中共中央、国务院于2014年印发《国家新型城镇化规划(2014—2020年)》,提出要走以人为核心的新型城镇化道路。

城镇化是资源要素向城市集聚的过程,这一过程必然伴随着社会经济关系的重大变革,同时也会驱动城乡土地利用结构发生改变,并由此可能引发城市与乡村融合发展过程中社会治理困境、资源过度消耗、生态环境污染等一系列问题与挑战。土地是城镇化发展的载体,

---

① 数据来源:《中国统计年鉴》(2019)。
② 数据来源:《中国统计年鉴》(2019)。

在城镇化进程中,人口、资本、技术等要素的集聚,产业结构的调整优化,以及城市道路交通、公共服务基础设施的建设,无不依赖于土地的合理规划与重新配置来实现。因此,合理、高效地利用土地,促进形成结构合理、功能互补、综合效益最大化的城乡土地利用体系,十分必要,也十分重要。为了实现上述目标,首先需要梳理总结我国城镇化建设的历史演变过程,并把城乡土地利用结构变化的规律与动因放在我国城镇化建设的宏观背景下进行研究。

本部分内容主要梳理总结改革开放以来我国加快城镇化建设的历史变迁过程,以及在此背景下城乡土地结构的具体变化,并在此基础上对城镇化建设与城乡土地结构变化的关系进行总结。

第一章　我国城镇化发展过程

改革开放以来,我国城镇化建设在体制机制创新及具体措施落实方面取得了明显突破,摆脱了新中国成立以来长期缓慢乃至停滞的局面,逐步形成了大、中、小城市协同发展的城镇化格局。城镇基础设施建设能力明显增强,公共服务水平不断提高,城镇人居环境、医疗卫生、养老服务、教育资源分配等事关民生的多个层面都得到了明显改善,同时带动了乡村基础设施建设、人居环境、就业创业、农业生产效率等的发展,总体上城乡差距在缩小。但是,在不同的历史阶段,我国城镇化发展呈现出不同的特点,并且从空间角度来看,城镇化发展也存在明显的地区差异。

第一节　改革开放以来中国城镇化建设的历程

城镇化建设受到不同时期特定历史条件的影响,比如不同时期城镇化政策环境的松紧程度不一(这在很大程度上决定了当时的城镇化发展水平)、经济体制改革的重点和力度存在差异、社会治理遭遇不同形式的考验,加之气候环境变化带来的干旱、洪涝灾害等自然因素,在多种合力下,城镇化发展方式和程度存在差异。综合考虑这些因素后,可以把改革开放以来我国城镇化建设的历程大致划分为以下 4 个阶段:

一、第一阶段:以农村改革为动力的城镇化建设恢复时期(1978—1984 年)

党的十一届三中全会以来,中央政府开展了以实施家庭联产承包责任制为代表的一系列农村改革举措,农民的生产积极性空前高涨,推动了农业生产迅猛发展。其中,全国粮食总产量由 1978 年的 30 477 万吨增加到 1984 年的 40 731 万吨[①],增加了 33.6%,为城镇化建设奠定了

---

① 数据来源:《中国农村统计年鉴》(1985)。

坚实的物质基础。这一时期，随着知识青年"上山下乡"政策的放松，2 000多万知识青年相继"返城"。知识青年"返城"有其特殊的政治因素，而在人口分布、城市发展、社会管理方面，由此带来的后果是城镇人口规模得到显著扩张。同时，与知识青年"返城"紧密联系的还有高考制度的恢复。1977年，在邓小平的大力推动下，经历"文化大革命"十年中断的普通高等学校招生全国统一考试制度（简称"高考"）得以恢复，并且招生条件化繁为简，仅为两条：一是本人表现好；二是择优录取。更为重要的是，当年高考的招生对象不局限于应届生，广大农民、工人、自由职业者、"上山下乡"的知识青年等群体都可以报考。这极大地点燃了人们尤其是广大青年报考的热情，提振了他们考取大学的信心，吸引了大量有意愿、有志向、有能力的农村人口报考并进入大学学习，对城镇化发展起到了助推作用。

到了20世纪80年代初，伴随着粮食产量不断取得丰收，温饱问题得到极大缓解，广大农村地区掀起了工业化浪潮，大量小作坊、小工厂如雨后春笋般冒出来。其经营内容包括内向型的农产品初加工、外向型的来料加工（主要分布在珠三角等沿海地区）等，农村工业化开始发展，乡镇企业异军突起，促进了小城镇的发展，也进一步推动了城镇化的建设。

截至1984年底，我国城镇人口达到2.4亿人，比1978年增加了39.53%；城镇人口占全国总人口的比重达到23.01%，比1978年上升了5.09个百分点。1978—1984年间，我国城镇化率年均上升0.85个百分点。此外，设市、设镇工作也在同步推进。这一时期，城市的数量由193个增加到300个，镇的数量由2 173个增加到7 186个。

表1—1　　　　　1978—1984年我国城镇化发展情况　　　　单位：亿人，%，个

年份	全国总人口	城镇常住人口	城镇化率	城镇化率比上年增加百分点	城市的数量	镇的数量
1978	9.63	1.72	17.92	—	193	2 173
1979	9.75	1.85	18.96	1.04	216	2 361
1980	9.87	1.91	19.39	0.43	223	—
1981	10.01	2.02	20.16	0.77	226	2 678
1982	10.17	2.15	21.13	0.97	245	2 664

续表

年份	全国总人口	城镇常住人口	城镇化率	城镇化率比上年增加百分点	城市的数量	镇的数量
1983	10.30	2.23	21.62	0.49	281	2 968
1984	10.44	2.40	23.01	1.39	300	7 186

数据来源：《中国统计年鉴》(2019)；《中国城乡建设统计年鉴》(2018)。表中城镇化率与城镇常住人口和全国总人口之比不同，系保留两位小数的误差所致。后文表1-2、表1-3、表1-4同样如此，不再特别说明。

二、第二阶段：以城市改革和市场经济体制改革为主的城镇化持续发展时期（1984—1998年）

这一阶段，国家改革重点由农村转向城市，大体可以分为两个时期。第一个时期是1984—1992年。在这段较长的城镇化发展时期，城镇化发展的主要推动力是乡镇企业发展和城市经济改革的深入，重点发展新型城镇，特别是沿海经济发达地区出现了大量新兴的小城镇（武力，2007）。国家以具有特殊地理区位优势的沿海城市为对外开放的窗口，逐渐打开对外交往的大门，在开放多个沿海港口城市、设立海南经济特区、开发建设浦东新区等开放政策的激励下，城市发展活力得到明显增强，一个主要表现是非农就业规模的持续扩大。在此背景下，小城镇户籍制度改革与市镇设置标准放宽，为一部分有意愿、有能力进入城镇地区就业、居住的农村人口在符合相关规定的情况下进入城镇地区开辟了通道。"相关规定"包括自带口粮、有工作单位接收、有固定住所等，当然不同地区的具体规定有所差异，这也被称为"有条件地进城"。其中，"自带口粮"这一条规定最为重要，这是因为城市人口的生活消费是有配额限定的，买米买菜、买布料等都需要相应的票据，那么这就意味着每增加一个城镇人口，国家就要负担一份这样的支出。因此，"自带口粮"进城显得尤为重要。从这里也可以看出，在不同历史时期下，城镇化建设受到很多因素的制约。这一时期，我国城镇化率由23.01%上升至27.46%，提升了4.45个百分点，年均提高0.56个百分点。相应地，城市和建制镇的数量也得到扩张，截至1992年底，城市数量达到了517个，建制镇数量增加至12 000个。

第二个时期是1992—1998年。进入20世纪90年代，尤其是以1992年党的十四大确立社会主义市场经济体制改革目标为重要节点，我国社会主义市场经济发展进入了一个全新阶段,市场在资源配置中的作用得到前所未有的重视,经济发展活力迸发。自此,政府又展开了实施商业性用地使用权公开招标、拍卖、挂牌制度,以及启动住房制度改革、调整设市标准等一系列改革举措,对城市建设与社会管理产生了重要影响。与此同时,政府对农村人口进入城镇就业、居住的管制力度继续放松。总之,这些举措都进一步加快了城镇化建设。这一时期,我国城镇化率由 27.46% 上升到 33.35%,上升了 5.89 个百分点,年均提高 0.98 个百分点;城市数量由 517 个增加到 668 个,建制镇数量由 12 000 个增加至 17 000 个。

表 1—2　　　　1984—1998 年我国城镇化发展情况　　　单位:亿人,%,个

年份	全国总人口	城镇常住人口	城镇化率	城镇化率比上年增加百分点	城市数量	建制镇数量
1984	10.44	2.40	23.01	—	300	7 186
1985	10.59	2.51	23.71	0.70	324	9 140
1986	10.75	2.64	24.52	0.81	353	10 718
1987	10.93	2.77	25.32	0.80	381	11 103
1988	11.10	2.87	25.81	0.49	434	11 481
1989	11.27	2.95	26.21	0.40	450	11 873
1990	11.43	3.02	26.41	0.20	467	10 100
1991	11.58	3.05	26.94	0.53	479	10 300
1992	11.72	3.24	27.46	0.52	517	12 000
1993	11.85	3.34	27.99	0.53	570	12 900
1994	11.99	3.43	28.51	0.52	622	14 300
1995	12.11	3.52	29.04	0.53	640	15 000
1996	12.24	3.60	30.84	1.80	666	15 800
1997	12.36	3.70	31.91	1.07	668	16 500
1998	12.48	3.79	33.35	1.44	668	17 000

注:(1)数据来源:《中国统计年鉴》(2019);《中国城乡建设统计年鉴》(2018)。(2)《中国统计年鉴》中列出的是镇的数量,《中国城乡建设统计年鉴》自 1990 年以后统计了建制镇数量,因此,对于 1990 年以后镇一级的规模变化,以建制镇数量来表示。

三、第三阶段:以城乡统筹为主的城镇化高速发展时期(1998—2012 年)

进入 21 世纪,随着工业化的快速发展,我国实行工业反哺农业、城

支持农村的条件已经成熟。为此,中央政府取消了农业税,并加大对农业的补贴支持力度,先后实施农作物良种补贴、种粮农民直接补贴、农机具购置补贴和农资综合补贴农业"四项补贴",稻谷、小麦最低收购价政策,以及玉米、大豆等品种临时收储政策,并进行新农村建设,大力推动农村基础设施建设,促进城乡基本公共服务均等化。同时,国家开始探索构建农村居民的制度性社会保障体系,重视解决进城务工劳动力的医疗、养老等问题,先后开展了新型农村合作医疗制度、新型农村养老保险制度等关涉农村社会保障问题的改革试点工作,为统筹城乡社会保障制度奠定了坚实的基础。此外,在放开中小城镇落户限制、放宽大城市进城务工人员落户条件等问题上,中央与地方各级政府相继出台相关文件,比如2006年发布的《国务院关于解决农民工问题的若干意见》(国发〔2006〕5号)[①]等,为解决上述问题明确了行动原则、提供了工作思路。

这一阶段我国还发生了一件大事,即我国于2001年加入了世界贸易组织(WTO),这对于我国经济发展和城镇化建设具有重大意义。首先,自2001年"入世"以来,我国始终坚守和维护WTO规则,积极履行"入世"承诺。虽然在过去的近20年里,我国因WTO规则合规性问题被起诉了大约40次,但是在绝大多数案件中胜诉。我国即使败诉,也会遵守裁决,主动作为,迅速对国内相关政策做出相应调整。就国内农业支持保护政策而言,"入世"以后,我国在制定农业补贴政策时的考量已经从过去仅仅考虑国内农业农村发展目标,转向必须在WTO框架下考虑国内政策目标,农业政策的WTO规则合规性成为我国在制定农业相关政策时的重要考量内容之一。这无疑有助于塑造中国作为负责任大国的形象,提升了中国在国际事务中的主动权、话语权,从而为我国与其他国家进行经济贸易往来打下了坚实的基础,对国内经济增长和城市建设都发挥了十分重要的作用。

其次,我国于2001年"入世",意味着我国对外开放进入了一个全新的阶段。近20年来,我国不断向纵深推进对外开放,以开放促改革,在推动国内体制机制创新和法律法规完善上积极作为,国内市场化改革特别是法治建设取得了重大突破。从1999年到2005年,我国仅仅在中央层面上就对3 000多部法律、行政法规、部门规章进行了修订、废止等处理,

---

[①] 资料来源:《国务院关于解决农民工问题的若干意见》(国发〔2006〕5号),中国政府网,http://www.gov.cn/zhuanti/2015-06/13/content_2878968.htm。

解决了国内法规政策与WTO多边贸易规则的相容性问题(江小涓，2019)。这有助于全面深化改革，推进体制机制改革创新和法律体系完善，从而推动经济社会高质量发展，也为城镇化建设提供了一个良好的宏观环境。

在上述多项举措的合力下，截至2011年底，我国城镇常住人口达到6.99亿人，占全国总人口的比重为51.83%，城镇人口首次超过了农村人口，自此我国城镇化建设进入了新的阶段。根据国土资源部从1999年开始对全国城镇化和用地情况进行监测的情况表明，全国93个50万人口以上的城市，平均每年、每座城市扩张达到11平方公里。从1998年至2005年，我国城市建成区面积从2.14万平方公里增加到3.25万平方公里，扩大了一半以上，年平均以6.18%的速度扩张(蒋省三等，2007)。据664个城市统计，2005年城市居民人均用地面积已达133平方米，比国家规定的城市规划建设用地最高限额超出33平方米(蒋省三等，2007)。

这一阶段，我国城镇常住人口由1998年的3.79亿人增加到2012年的7.22亿人，增加了90.5%；城镇化率由1998年的33.35%提升至2012年的53.1%，上涨了19.75个百分点，年均提高了约1.41个百分点。

表1—3　　　　　1998—2012年我国城镇化发展情况　　　　单位：亿人，%，个

年份	全国总人口	城镇常住人口	城镇化率	城镇化率比上年增加百分点	城市数量	建制镇数量
1998	12.48	3.79	33.35	—	668	17 000
1999	12.58	3.89	34.78	1.43	667	17 300
2000	12.67	4.58	36.22	1.44	663	17 900
2001	12.76	4.81	37.66	1.44	662	18 100
2002	12.85	5.02	39.09	1.43	660	18 400
2003	12.92	5.24	40.53	1.44	660	—
2004	13.00	5.43	41.76	1.23	661	17 800
2005	13.08	5.62	42.99	1.23	661	17 700
2006	13.14	5.83	44.34	1.35	656	17 700
2007	13.21	6.06	45.89	1.55	655	16 700
2008	13.28	6.24	46.99	1.10	655	17 000
2009	13.35	6.45	48.34	1.35	654	16 900
2010	13.41	6.70	49.95	1.61	657	16 800

续表

年份	全国总人口	城镇常住人口	城镇化率	城镇化率比上年增加百分点	城市数量	建制镇数量
2011	13.49	6.99	51.83	1.88	657	17 100
2012	13.59	7.22	53.10	1.27	657	17 200

数据来源:《中国统计年鉴》(2021);《中国城乡建设统计年鉴》(2018)。

四、第四阶段:正在进行的以人为核心的新型城镇化发展时期(2013年至今)

新型城镇化概念的确切定义和发展模式最早出自2007年张荣寰的《生态文明论》。其核心思想是以人为核心与城乡统筹兼顾。然而,新型城镇化概念真正在中央层面得到明确和重视始于2012年。党的十八大报告明确提出,"坚持走中国特色新型工业化、信息化、城镇化、农业现代化道路,推动信息化和工业化深度融合、工业化和城镇化良性互动、城镇化和农业现代化相互协调,促进工业化、信息化、城镇化、农业现代化同步发展"。[1] 2013年,党的十八届三中全会进一步指出,"完善城镇化健康发展体制机制,坚持走中国特色新型城镇化道路,推进以人为核心的城镇化,推动大中小城市和小城镇协调发展、产业和城镇融合发展,促进城镇化和新农村建设协调推进"。[2] 同年12月,中央城镇化工作会议讨论了《国家新型城镇化规划(2014—2020年)》[3],有关部门根据会议讨论情况进行修改,并于2014年3月印发。自此,我国城镇化进入了新型城镇化发展阶段。

新型城镇化概念在中央层面得到重视和反复强调,传递出以下几个方面信息:一是我国城镇化建设取得了明显成效,至少从城镇化率上看,效果是显著的,这为我国继续推进城镇化建设增添了信心。二是城镇人口数量的扩张并不是城镇化的完整内涵,也不是城镇化建设的最终目的,在经过数量上的高速增长后,城镇化建设应由数量扩张层面转到质量提升层面,即进

---

[1] 资料来源:《党的十八大报告(全文)》,学习出版社,http://www.wenming.cn/xxph/sy/xy18d/201211/t20121119_940452_3.shtml。

[2] 资料来源:《中共中央关于全面深化改革若干重大问题的决定》,中国政府网,http://www.gov.cn/jrzg/2013-11/15/content_2528179.htm。

[3] 资料来源:《国家新型城镇化规划(2014—2020年)(全文)》,人民网,http://politics.people.com.cn/n/2014/0317/c1001-24649809.html。

入以人为本的新型城镇化建设阶段,同时,这也意味着需要更大的努力来推动实现城镇化发展由量向质转变、由外延向内涵转变、由物向人转变。

新型城镇化的本质特征是以人为核心,主要包括三方面含义:第一,农业人口向城镇转移,并在城镇工作、居住;第二,转移人口能够在城镇获得与市民同等的待遇;第三,转移人口在农村的原有权益不受损害(魏后凯,2016)。在这一原则的指导下,我国城镇化得到了较快发展,城镇人口由2012年的7.22亿人增加到2020年的9.02亿人,增加了24.93%;相应地,城镇化率由2012年底的53.1%提升至2020年底的63.89%,年均增加1.35个百分点。截至2020年,城市数量达到687个,建制镇数量达到18 800个。

表1—4　　　　　　2012—2020年我国城镇化发展情况　　　　单位:亿人,%,个

年份	全国总人口	城镇常住人口	城镇化率	城镇化率比上年增加百分点	城市数量	建制镇数量
2012	13.59	7.22	53.10	—	657	17 200
2013	13.67	7.45	54.49	1.39	658	17 400
2014	13.76	7.67	55.75	1.26	653	17 700
2015	13.83	7.93	57.33	1.58	656	17 800
2016	13.92	8.19	58.84	1.51	657	18 100
2017	14.00	8.43	60.24	1.40	661	18 100
2018	14.05	8.64	61.50	1.26	673	18 300
2019	14.10	8.84	62.71	1.21	679	18 700
2020	14.12	9.02	63.89	1.18	687	18 800

数据来源:《中国统计年鉴》(2021);《中国城乡建设统计年鉴》(2020)。

由此可见,过去40多年里,我国城镇化建设大致经历了恢复期→持续发展期→高速发展期→新型城镇化建设期的演变历程。可以说,我们以史无前例的决心和努力,用几十年的时间,鼓励、支持、推动规模如此庞大的农村人口向城镇地区转移,完成了一些发达国家上百年才完成的城镇化过程,取得了令人瞩目的成就,这无疑是人类历史上的壮举。然而,在特定历史时期,由于过度追求城镇化速度的增长,也出现了重城市空间扩张而轻城市人居环境改善、重资源开发而轻环境保护等问题。虽然从数量上看,城镇化率逐年上升,但是城镇化质量还有待提升。当前,我国城镇化建设已经进入了新型城镇化发展阶段。新型城镇化的"新",就在于以人为核心,重视城市人居环境的改善以及城市基本公共服务和社会

管理水平的提高,要让迁移到城镇的人口真正融入城镇生活中。而这需要土地、户籍、产业发展、社会保障、社会治理等多层面体制机制的改革完善来实现。这里提及的每一个方面都是需要重点研究的课题,同时,上述各方面也不是独立的板块,需要用系统的眼光来加以统筹。

第二节 中国城镇化建设取得的阶段性成就

城镇化在发展中国家走向现代化的过程中是个举足轻重的问题。改革开放尤其是20世纪90年代以来,我国城镇化取得了一定的成就。在城镇人口迅速增加、城镇化率大幅度提高的同时,城市数量、规模不断扩大,形成长三角、京津冀、珠三角等若干具有国际影响力的城市群。随着城镇化率的不断提高,城镇功能日趋完善,承载能力逐步提高,公共基础设施大步跨越。

一、城镇化建设转型

城镇化是一个国家或地区走向现代化的必经之路,是现代化的重要标志之一。目前,我国正在经历人类历史上最大规模的城镇化过程。其中,"物的城镇化"和"人的城镇化"是两个最基本的方面。当前,城镇化的重点逐渐由"物"转向"人",即由传统型城镇化道路变为新型城镇化道路。然而,城镇化并不是简单的"造城运动",更主要的是基本公共服务均等化。党的十八大报告全篇提及城镇化多达7次,更重要的是指出"坚持走中国特色新型工业化、信息化、城镇化、农业现代化道路",促进工业化、信息化、城镇化、农业现代化同步发展,将城镇化上升至全面建成小康社会的载体。除此以外,时任总理李克强在多次讲话中强调:"推进城镇化,核心是人的城镇化。"目前,中国的新型城镇化是以人为核心、注重质量的城镇化,是在尊重农民意愿、保护农民合法权益、保障粮食安全基础之上的,致力于集约、低碳、人与自然和谐相处的城镇化,必须更加符合人民意愿、符合实现现代化的需要、符合绿色发展的要求,正确处理政府与市场的关系。

二、协调发展

城镇化加快推进,初步形成大、中、小城市协调发展格局。2011年,我国城市总数达到657个,城镇人口占总人口比重首次超过农村,达到

51.3%,比 2001 年提高了 13.6 个百分点。2001 年城镇人口为 4.8 亿人,2011 年城镇人口为 6.9 亿人,10 年间增加了 2.1 亿人,平均每年新增城镇人口约 2 000 万人。城镇化的快速发展,对扩大内需、转变经济发展方式、优化产业结构、解决"三农"问题等都发挥了至关重要的作用,有力地促进了我国经济的平稳较快发展。目前,全国已形成长三角、京津冀、珠三角三大城镇密集地区,以及武汉—长沙、川渝、兰州—西安等多个城市群,带动和促进了城乡与区域协调发展。其中,京津冀、长江三角洲、珠江三角洲三大城市群,以 2.8% 的国土面积集聚了 18% 的人口,创造了 36% 的国内生产总值,成为带动我国经济快速增长和参与国际经济合作与竞争的主要平台。

三、市政公用设施服务和供给能力增强

城市水、电、路、气、信息网络等基础设施显著改善。2011 年,全国城市市政公用设施建设固定资产投资达到 13 934 亿元,比 2001 年增加了 4.9 倍。城市自来水普及率由 2001 年的 72.4% 提高到 2011 年的 97%。燃气普及率由 2001 年的 60.4% 提高到 2011 年的 92.4%。集中供热面积由 2001 年的 14.6 亿平方米增加到 2011 年的 47.4 亿平方米,增加了约 2.2 倍。人均道路面积由 2001 年的 6.98 平方米提高到 2011 年的 13.75 平方米,增加将近 1 倍。2011 年,城市建成区排水管道密度为 9.5 公里/平方公里,比 2001 年提高了 86.3%。2011 年,全国 26 个城市在建轨道交通线路 70 余条、1 900 多公里,比 2003 年增加近 1 700 公里。2013 年,每万人拥有公交车辆为 12.1 台,比 2000 年增加 6.8 台。市政公用设施供给能力大幅度提升,城市综合承载能力不断增强。

四、城镇人居生态环境不断改善

城市绿地面积从 2000 年的 86.5 万公顷增加到 2013 年的 236.8 万公顷。人均公园绿地面积从 2000 年的 3.7 平方米增加到 2013 年的 12.3 平方米。公园个数从 2000 年的 4 455 个增加到 2013 年的 11 604 个。公园面积从 2000 年的 8.2 万公顷增加到 2013 年的 30.6 万公顷。污水处理厂日处理能力由 2001 年的 3 106 万立方米发展到 2011 年的 11 303 万立方米,全国城市生活垃圾无害化处理率由 2001 年的 58.2% 提高到 2011 年的 79.8%。城镇生态化环境不断优化,人居环境持续改善。截至 2013 年,国家历史文化名城数量增加到 118 个,国家级风景名胜区总数

已达 208 处,省级风景名胜区达到 701 处,风景名胜区总面积占我国陆地总面积的比例超过 2%。至 2010 年,已命名 183 个国家园林城市,有 25 个城市获得"中国人居环境奖",有 12 个城市获得"联合国人居奖",极大地推动了人居环境建设工作。

五、小城镇和新农村建设稳步推进

住建部的统计数据显示,截至 2011 年底,累计有 17 576 个建制镇、超过 53 450 个乡。当年,全国城市供水总量达到 513.42 亿吨,满足了 3.96 亿人口的生活用水;人工煤气供气总量为 84.743 亿立方米,液化石油气和天然气供气总量分别为 1 165.83 万吨和 678.8 亿立方米,普及率超过 45%;同时,城市建成区绿化覆盖率接近 40%。从全国村(社区)来看,约一半的行政村和社区设立了生活垃圾分类收集点,还有部分村(社区)对生活污水和垃圾进行了处理,大大改善了农村居民的居住和生活条件。2008 年,农村危房改造试点工作启动,截至 2011 年底,累计支持 472.3 万贫困农户改造危房。结合农村危房改造,在"三北"地区和西藏自治区开展了农房建筑节能示范。城乡基础设施建设和公共服务水平差距逐步缩小。

六、城镇化配套制度不断调整和完善

除了"生活硬件"改善之外,许多"保障软件"也在为城镇化发展不断助力,尤其是最近 10 年间,国家全面取消对农民工进城务工的各种限制,不断改善其劳动条件,将其纳入工伤、医疗和养老等保险范围;开展实施新型农村合作医疗制度并逐渐推进城乡医疗保险统一,全面实施最低生活保障制度,基本建立城乡统筹的社会救助体系以及实行 9 年义务教育,使公共服务逐渐均等化,越来越多的农民工逐渐进入并融入城镇,成为"城里人"。伴随着我国城镇化的继续推进,还将有更多的百姓享受由此带来的诸多实惠。

七、城乡一体化发展

城乡二元的经济结构已经成为限制我国经济增长的重要结构性因素(国务院发展研究中心农村部课题组,2014)。通过破除城乡二元体制,可以进一步释放改革红利,推进城镇化的发展,进而促进经济增长。从新中国成立之后的城镇化发展历程来看,城乡二元分割是鲜明的特征。在统

购统销制度、户籍管理制度以及人民公社制度的共同作用下,城乡分割的二元经济处在稳定的结构之下。即便在改革开放之后,城乡割裂的状态也未能随着家庭联产承包责任制的推行而消除,反而出现了城乡差距进一步拉大的情形。在这种情况下,城乡一体化发展就成为新型城镇化发展的关键。需要重点关注的是城乡要素市场,其中,城乡土地市场和劳动力市场的分割是导致二元体制无法破除的关键。一方面,土地增值收益大部分归属于政府,农民和集体难以在土地城镇化进程中分得应有的权利;另一方面,农村劳动力在人口城镇化进程中无法享受均等的基本公共服务,如医疗、教育等。目前,我国已经在探索城乡土地市场平权化以及农民工市民化等多项工作。

第三节 中国城镇化建设的地区差异

总的来看,改革开放以来,我国城镇化建设取得了巨大成就,城市人居环境持续改善,城乡基础设施建设和基本公共服务均等化不断改进,城市空间布局不断优化。但是,由于历史文化传统、体制机制等深层次原因,我国城镇化建设在空间布局、社会治理、资源环境保护、发展模式的可持续性等方面还存在不少问题,面临诸多挑战。更为重要的是,我国地域广大,不同区域在地理区位、资源禀赋、气候环境、人口分布、经济社会发展水平等方面差异较大,具有鲜明的多样化特征,由此决定了我国城镇化发展水平具有明显的地域性。

以 2020 年为例,分析我国城镇化发展的地区差异。如表 1-5 所示,全国城镇化率平均为 63.89%。其中,北京、天津、内蒙古、黑龙江、辽宁、上海、江苏、浙江、广东、福建、重庆和宁夏 12 个省(区、市)的城镇化率在全国平均水平之上。进一步分析可以发现,这些省(区、市)大多处于平原地区,具有较好的地形条件。同时,除了内蒙古、辽宁、黑龙江、重庆、宁夏以外,基本上位于环渤海、长三角、珠三角等经济发达区域。事实上,这些地区在历史上便是人口稠密区,尤其是自唐朝以来,人口由北向南、自西向东迁移,其后主要聚集在长三角、珠三角区域,本身具有较深厚的资本积累和发展积淀。并且,从地理区位来看,长三角、珠三角地区具有天然的地理优势,水路交通便利,为国内外经贸往来提供了极为有利的条件,由此吸引了大量人口,特别是吸纳了大量中西部农村劳动力。此外,从国家层面来看,这些区域也是我国近年来着力打造国际化大都市的主要区域,在不少领域的发展能够享受到国家优惠政策。应该说,这些区域在地理区位、自然资源禀赋、优惠政策等方面都具有无可比拟的优势。

表1—5　　　　我国各地区 2020 年城镇化发展水平　　　单位:万人,%

地区	年末常住人口	城镇常住人口	城镇化率
全国	141 212	90 220	63.89
北京	2 189	1 916	87.55
天津	1 387	1 175	84.70
河北	7 464	4 484	60.07
山西	3 490	2 183	62.53
内蒙古	2 403	1 621	67.48
辽宁	4 255	3 070	72.14
吉林	2 399	1 503	62.64
黑龙江	3 171	2 080	65.61
上海	2 488	2 222	89.30
江苏	8 477	6 226	73.44
浙江	6 468	4 668	72.17
安徽	6 105	3 561	58.33
福建	4 161	2 861	68.75
江西	4 519	2 732	60.44
山东	10 165	6 409	63.05
河南	9 941	5 510	55.43
湖北	5 745	3 613	62.89
湖南	6 645	3 905	58.76
广东	12 624	9 360	74.15
广西	5 019	2 720	54.20
海南	1 012	610	60.27
重庆	3 209	2 229	69.46
四川	8 371	4 749	56.73
贵州	3 858	2 050	53.15

续表

地区	年末常住人口	城镇常住人口	城镇化率
云南	4 722	2 363	50.05
西藏	366	131	35.73
陕西	3 955	2 478	62.66
甘肃	2 501	1 306	52.23
青海	593	356	60.08
宁夏	721	468	64.96
新疆	2 590	1 464	56.53

数据来源:《中国统计年鉴》(2021)。

在城镇化率低于全国平均水平的地区中,有15个省(区)的城镇化率处于中游水平,它们分别是广西、河南、新疆、四川、安徽、湖南、青海、河北、海南、江西、山西、吉林、陕西、湖北和山东。从地理区位来看,这些地区大多位于内陆地区,总体上看,交通设施、开放程度等不及前述地区,而且部分地区的地形以山地、丘陵为主,如江西、湖南、四川和广西等。这部分地区今后的城镇化发展出路可以从两个方面进行考虑:一是激发内部发展的活力。依托鲜明的地理、气候、历史文化传统等地域特色,发展壮大特色产业,探索一二三产业融合的新模式,重点建设省会城市或区域中心城市,增强这些中心城市对周边城市、小城镇的辐射带动作用。二是积极利用外部助力。抓住东部发达地区产业转移与结构调整的机遇,大力发展本地区经济,吸引农村劳动力,从而推动中小城镇发展。

2012年后,中国就已进入新型城镇化发展阶段,然而,西藏、贵州、云南和甘肃4个省(区)的城镇化水平仅接近或尚未达到2012年的全国平均水平。这4个地区的自然条件比较恶劣、生态环境比较脆弱,是其城镇化发展滞后的主要原因之一。对于这些地区今后的城镇化建设,仍然需要在开发与保护两者之间做好平衡,并且还要注意考虑少数民族文化传统等因素。如果单纯从经济发展角度来说,今后这些地区仍然可遵循重点培育区域经济中心、发挥经济中心辐射带动作用的发展思路来推进城镇化建设。

综上所述,改革开放以来,我国城镇化建设不断加快,城市发展水平整体上得到了明显提升。但是,由于地理区位、资源禀赋、政策倾斜等自然和人为因素存在差异,不同地区的城镇化发展水平表现出不平衡特点。

从区域层面来看,东部地区的城镇化水平远远高于全国平均水平,领先于中西部地区(如表1—6所示)。

表1—6　　　　　我国2020年城镇化发展水平的地区差异

区域	2020年城镇化率		
	高于2020年全国平均水平	高于2012年全国平均水平	低于2012年全国平均水平
东部	北京、天津、辽宁、上海、江苏、浙江、广东、福建	河北、海南、山东	
中部	黑龙江	吉林、河南、江西、湖南、山西、安徽、湖北	
西部	内蒙古、重庆、宁夏	四川、广西、青海、陕西、新疆	西藏、贵州、云南、甘肃

资料来源:笔者整理。

第二章　城镇化过程中的城乡土地结构变迁

在过去40余年里,我国经历了人类有史以来最大规模的城镇化过程,传统农业社会逐渐向现代社会过渡。城镇化过程是一种影响极为深远的社会经济多方位变化过程,其中,既有人口和非农活动向城镇地区的转型、集中、强化和分异,以及城镇景观的地域推进等众多看得见的实体变化过程,同时也包括城市经济、社会、技术变革在城镇等级体系中的扩散并传导至广大乡村地区和农业生产活动中,甚至包含城市文化、生活方式、价值观念等向乡村地区扩散的较为抽象的精神层面上的转变。

在这样大规模的城镇化建设过程中,我国城乡土地利用结构发生了巨大变化。其改变可以概括为三个方面:一是城市—农村土地利用结构和方式的改变;二是城市土地利用结构和方式的改变;三是农村土地利用结构和方式的改变。

第一节　城市空间扩张总体情况

在我国城镇化过程中,城市建设用地扩张、城市空间大幅度扩展已经成为不可避免的客观事实。从城市用地角度看,按照《中国统计年鉴》、《中国城市建设统计年鉴》、《中国城乡建设统计年鉴》等出版资料,城市用地主要有三种统计口径:一是市辖区土地面积;二是城市建成区面积;三是城市建设用地面积。其中,市辖区土地面积包含范围最广,涵盖了城市行政管辖区域内的全部土地,是一个很大的概念;城市建成区面积既包括市区内部集中连片的部分,也包含散落在近郊区内但是与城市紧密联系的其他城市建设用地;城市建设用地面积则既包括建成区内的建设用地,也涵盖建成区外的城市建设用地。本书重点从城市建成区面积、城市建设用地面积这两个维度考察我国城镇化过程中城市空间变化的情况。

改革开放以来,我国城市用地规模呈现快速增长的趋势。如表2—1所示,截至2020年底,全国城市建设用地面积达到58 355.3平方公里,是 1981 年的 8.68 倍;城市建成区面积增加至 60 721.3 平方公里,是 1981 年的 8.16 倍。与此同时,城区人口由 1981 年的 14 400.5 万人增至 2020 年的 44 253.7 万人,后者是前者的 3.07 倍。这表明,在城镇化过程中,总体上我国城市空间范围是不断扩展的。

表 2—1　　　　　　1981—2020 年我国城市空间变化情况

单位:平方公里,万人,万人/平方公里,平方米/人

年份	城市建设用地面积	城市建成区面积	城区人口	城市建成区人口密度	人均城市建设用地面积
1981	6 720	7 438	14 400.5	1.936	46.67
1982	7 150.5	7 862.1	14 281.6	1.817	50.07
1983	7 365.6	8 156.3	15 940.5	1.954	46.21
1984	8 480.4	9 249	17 969.1	1.943	47.19
1985	8 578.6	9 386.2	20 893.4	2.226	41.06
1986	9 201.6	10 127.3	22 906.2	2.262	40.17
1987	9 787.9	10 816.5	25 155.7	2.326	38.91
1988	10 821.6	12 094.6	29 545.2	2.443	36.63
1989	11 170.7	12 462.2	31 205.4	2.504	35.80
1990	11 608.3	12 855.7	32 530.2	2.530	35.68
1991	12 907.9	14 011.1	29 589.3	2.112	43.62
1992	13 918.1	14 958.7	30 748.2	2.056	45.26
1993	15 429.8	16 588.3	33 780.9	2.036	45.68
1994	20 796.2	17 939.5	35 833.9	1.997	58.03
1995	22 064	19 264.2	37 789.9	1.962	58.39
1996	19 001.6	20 214.2	36 234.5	1.793	52.44
1997	19 504.6	20 791.3	36 836.9	1.772	52.95
1998	20 507.6	21 379.6	37 411.8	1.750	54.82
1999	20 877	21 524.5	37 590.0	1.746	55.54
2000	22 113.7	22 439.3	38 823.7	1.730	56.96
2001	24 192.7	24 026.6	35 747.3	1.488	67.68
2002	26 832.6	25 972.6	35 219.6	1.356	76.19
2003	28 971.9	28 308	33 805.0	1.194	85.70
2004	30 781.3	30 406.2	34 147.4	1.123	90.14
2005	29 636.8	32 520.7	35 923.7	1.105	82.50

续表

年份	城市建设用地面积	城市建成区面积	城区人口	城市建成区人口密度	人均城市建设用地面积
2006	34 166.7	33 659.8	33 288.7	0.989	102.64
2007	36 351.7	35 469.7	33 577.0	0.947	108.26
2008	39 140.5	36 295.3	33 471.1	0.922	116.94
2009	38 726.9	38 107.3	34 068.9	0.894	113.67
2010	39 758.4	40 058	35 373.5	0.883	112.40
2011	41 805.3	43 603.2	35 425.6	0.812	118.01
2012	45 750.7	45 565.8	36 989.7	0.812	123.68
2013	47 108.5	47 855.3	37 697.1	0.788	124.97
2014	49 982.7	49 772.6	38 576.5	0.775	129.57
2015	51 584.1	52 102.3	39 437.8	0.757	130.80
2016	52 761.3	54 331.5	40 299.2	0.742	130.92
2017	55 155.5	56 225.4	40 975.7	0.729	134.61
2018	56 075.9	58 455.7	42 730.0	0.731	131.23
2019	58 307.7	60 312.5	43 503.7	0.721	134.03
2020	58 355.3	60 721.3	44 253.7	0.729	131.87

数据来源：《中国城乡建设统计年鉴》(2020)；中国经济社会大数据研究平台，http://data.cnki.net/NewHome/Index。

但是，进一步计算发现，在1981—2020年间，城市建成区人口密度由平均每平方公里1.936万人下降到了0.729万人。如果按照"鬼城"或"空城"指数标准，也就是以城区人口占建成区面积的比重来考察一个城市成为"鬼城"的可能性，那么总体上看，自2006年开始我国城市发展中就已经存在出现"鬼城"的可能性。在过去30多年间，我国城市建成区面积与其人口密度呈"剪刀"状演变(如图2—1所示)，意味着我国城市空间的扩张程度远远超过城市人口的增长速度，人口城镇化远远滞后于土地城镇化。

在此基础上，继续考察人均城市建设用地面积的变化。如表2—1所示，在城市建设用地总量迅速增长的同时，人均城市建设用地面积也在不断增长，由1981年的人均不足50平方米，增至2020年的130平方米以上。根据住房和城乡建设部2011年发布的《城市用地分类与规划建设用地标准》(GB 50137-2011)，不同类型城市的规划人均城市建设用地的标

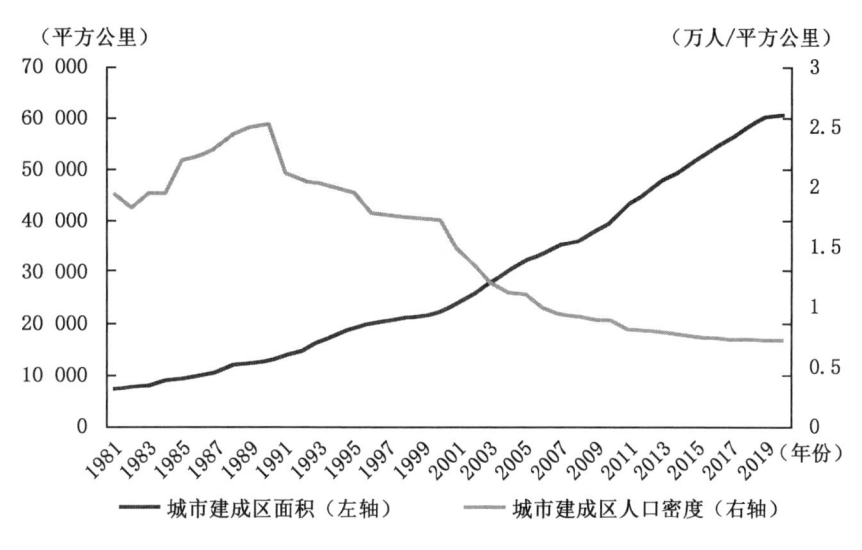

图 2—1 1981—2020 年我国城市建成区面积及人口密度

准存在差异。比如,新建城市的规划人均城市建设用地指标应在 85.1—105.0 平方米/人,首都的规划人均城市建设用地指标应在 105.1—115.0 平方米/人,除首都以外现有城市的规划人均城市建设用地指标尽管因气候区有所差异,但是也要求控制在 65.0—115.0 平方米/人。2014 年原国土资源部发布的《关于强化管控落实最严格的耕地保护制度的通知》(国土资法〔2014〕18 号)甚至明确提出"人均城市建设用地目标严格控制在 100 平方米以内"的要求。如此看来,我国当前城市建设用地扩张已经远远超过国家标准。

第二节 城市空间扩张的地区差异

如前所述,不同的自然资源禀赋、气候环境、人口分布、经济社会发展水平导致各地区的城镇化水平存在明显差异,事实上,这种地区差异也存在于城市空间的扩张中。

由于 2020 年部分地区数据残缺,现以 2019 年我国各省(区、市)的城市空间扩张情况为例(详见表 2—2、表 2—3)。在城市建成区人口密度方面,2019 年全国城市建成区人口密度平均为 0.721 万人/平方公里,大于这一人口密度的有 13 个省(市),分别是北京、天津、河北、辽宁、山西、河南、上海、湖南、重庆、四川、云南、陕西和青海。其中,仅北京、天津和上海三市的城市建成区人口密度大于 1 万人/平方公里，分别为 1.27 万人/平方公里、1.133 万人/平方公里和 1.962 万人/平方公里。这三市是全国人口流入的热门地区，不仅吸引了大量来自中西部地区的农村劳动力，也是大量高校毕业生就业地的重点选择甚至是首选地。同时，这 3 个城市都是直辖市，本身有其特殊的政治因素使然。

表 2—2　　　　　　我国各地区 2019 年城市空间情况

单位：平方公里，万人，万人/平方公里，平方米/人

地区	城市建设用地面积	城市建成区面积	城区人口	城市建成区人口密度	人均城市建设用地面积
全国	58 307.71	60 312.45	43 503.66	0.721	134
北京	1 471.75	1 469.05	1 865.00	1.270	79
天津	998.15	1 151.05	1 303.84	1.133	77
河北	1 899.89	2 182.09	1 783.36	0.817	107
山西	1 326.40	1 222.75	1 051.56	0.860	126
内蒙古	1 170.37	1 269.74	678.97	0.535	172
辽宁	2 768.13	2 720.06	2 076.41	0.763	133
吉林	1 490.61	1 555.13	1 035.47	0.666	144
黑龙江	1 773.73	1 770.89	1 258.80	0.711	141
上海	1 944.96	1 237.85	2 428.14	1.962	80
江苏	4 529.05	4 648.33	2 994.99	0.644	151
浙江	2 935.19	3 021.89	1 723.16	0.570	170
安徽	2 165.47	2 241.50	1 275.50	0.569	170
福建	1 511.41	1 620.74	996.11	0.615	152
江西	1 530.80	1 607.80	1 092.79	0.680	140
山东	5 129.91	5 412.68	3 284.90	0.607	156
河南	2 785.03	2 944.30	2 172.74	0.738	128
湖北	2 646.26	2 660.99	1 889.27	0.710	140
湖南	1 758.08	1 855.94	1 457.92	0.786	121
广东	5 896.26	6 397.65	4 251.87	0.665	139
广西	1 493.78	1 542.78	930.87	0.603	160
海南	319.07	382.89	217.96	0.569	146
重庆	1 319.16	1 515.41	1 185.60	0.782	111
四川	2 865.85	3 054.31	2 214.03	0.725	129

续表

地区	城市建设用地面积	城市建成区面积	城区人口	城市建成区人口密度	人均城市建设用地面积
贵州	1 007.75	1 085.52	681.49	0.628	148
云南	1 194.04	1 217.60	890.89	0.732	134
西藏	153.14	164.42	62.82	0.382	244
陕西	1 331.45	1 357.51	1 159.30	0.854	115
甘肃	897.91	875.72	535.73	0.612	168
青海	202.43	215.19	180.19	0.837	112
宁夏	445.83	489.05	223.96	0.458	199
新疆	1 169.03	1 209.56	533.07	0.441	219

数据来源:《中国城乡建设统计年鉴》(2019)。

表2—3　　我国2019年城市建成区人口密度的地区差异

区域	超过全国平均水平（0.721万人/平方公里）	0.5—0.721万人/平方公里	低于0.5万人/平方公里
东部	北京、天津、河北、辽宁、上海	福建、广东、浙江、山东、海南、江苏	—
中部	山西、湖南、河南	黑龙江、吉林、安徽、江西、湖北	—
西部	重庆、云南、四川、陕西、青海	内蒙古、广西、贵州、甘肃	宁夏、新疆、西藏

资料来源:笔者整理。

此外,有18个省(区)的城市建成区人口密度低于全国平均水平,尤其是宁夏、新疆和西藏3个少数民族自治区的城市建成区人口密度甚至低于0.5万人/平方公里,极有可能沦为"鬼城"。这既与这些地区特殊的自然地理环境条件有关,也与民族自治区域的特征有关,并非纯粹的政治、经济因素所导致的。

从人均城市建设用地情况来看,2019年全国人均城市建设用地面积平均为134.03平方米,大于或等于这一水平的有19个省(区),其中人均城市建设用地面积超过150平方米的省(区)达到了11个,分别是江苏、福建、山东、广西、甘肃、安徽、浙江、内蒙古、宁夏、新疆、西藏,并且西藏和新疆的这一指标已经超过了200平方米,这与上述采用城市建成区人口密度来衡量城市空间扩张得出的结论基本一致。此外,还有12个省(市)

的人均城市建设用地面积低于全国平均水平,居于76平方米/人至134平方米/人之间,主要位于东部沿海发达地区。

第三节 城市建设用地内部的结构变化

在城镇化发展过程中,城市建设用地总量发生了巨大变化,范围不断扩大,与此同时,城市建设用地内部结构也发生了明显改变。需要说明的是,在过去几十年间,随着城市经济社会发展,城市建设用地分类也相应做出了调整。

在2011年之前,城市建设用地主要分为九大类,分别是居住用地、公共设施用地、工业用地、仓储用地、对外交通用地、道路广场用地、市政公共设施用地、绿地以及特殊用地。2002—2011年间,在城市建设用地面积中,居住用地和工业用地明显大于其他用途建设用地。其中,居住用地约占到1/3,工业用地约占到1/5。在这一期间,除了公共设施用地、道路广场用地和绿地占比有所增加以外(其中,2011年道路广场用地、绿地的比重分别比2002年上涨了2.50个、2.06个百分点),其他用途建设用地占比均有所下降(详见表2—4)。

表2—4　　　　2002—2011年我国城市建设用地的结构变化　　　　单位:%

年份	居住用地	公共设施用地	工业用地	仓储用地	对外交通用地	道路广场用地	市政公共设施用地	绿地	特殊用地
2002	32.28	11.59	21.50	4.18	6.28	8.83	3.71	8.60	3.03
2003	32.02	12.07	21.48	4.01	5.76	9.32	3.40	9.21	2.72
2004	31.61	12.25	21.79	3.87	5.58	9.71	3.42	9.28	2.49
2005	31.37	12.50	21.66	3.76	4.88	10.06	3.61	9.82	2.34
2006	30.76	13.31	21.62	3.56	4.43	10.63	3.53	9.93	2.23
2007	28.88	12.10	20.48	3.12	4.12	10.09	3.20	9.37	1.96
2008	28.85	11.95	20.53	3.14	4.13	10.30	3.20	9.67	2.03
2009	31.13	12.52	22.28	3.17	4.32	11.28	3.36	9.99	1.96
2010	31.20	12.15	21.86	2.99	4.39	11.77	3.49	10.21	1.95
2011	31.53	12.17	20.86	3.78	4.45	11.33	3.55	10.66	1.67

数据来源:《中国城市建设统计年鉴》(2002—2005);《中国城乡建设统计年鉴》(2006—2011)。

随着2011年住房和城乡建设部发布了《城市用地分类与规划建设用地标准》(GB 50137-2011)，城市建设用地的分类自2012年开始发生了变化，主要包括八大类，分别是居住用地、公共管理与公共服务用地、商业服务业设施用地、工业用地、物流仓储用地、道路交通设施用地、公用设施用地以及绿地与广场用地。表2—5列出了2012—2020年间我国城市建设用地结构变化的情况。在这一时期，居住用地、工业用地的比重仍然分别占到了约1/3和1/5，并且道路交通设施用地、绿地与广场用地的增长幅度较大，2020年比2012年分别增加了4.35个、1.25个百分点。

表2—5　　　　2012—2020年我国城市建设用地的结构变化　　　　单位：%

年份	居住用地	公共管理与公共服务用地	商业服务业设施用地	工业用地	物流仓储用地	道路交通设施用地	公用设施用地	绿地与广场用地
2012	31.22	9.80	6.74	19.04	3.01	11.94	4.66	10.43
2013	31.19	9.44	6.28	19.42	3.00	12.28	4.44	10.75
2014	31.58	9.44	6.78	19.88	3.11	13.34	4.24	11.25
2015	31.56	9.40	7.05	19.96	3.07	14.45	3.68	10.82
2016	31.03	9.43	7.16	19.95	3.07	14.76	3.79	10.82
2017	30.78	9.24	6.97	20.10	3.02	15.17	3.57	11.16
2018	30.59	9.15	6.96	19.66	2.91	15.58	3.39	11.76
2019	31.05	8.95	6.93	19.69	2.83	16.00	3.13	11.43
2020	31.01	8.85	7.01	19.43	2.72	16.29	3.01	11.68

数据来源：《中国城乡建设统计年鉴》(2012—2020)。

由此可见，不同用途的城市建设用地比重发生了变化，总体上看，居住用地、工业用地等的比重有所波动，甚至有些下降，城市道路交通与绿地建设方面的比重则得到了明显上升。

城市用地扩展类型也是城市土地利用方式的衡量维度之一。王新生等(2005)将其总结为填充型、外延型、廊道型以及"卫星城"型四种。处于平原上的城市，往往会首先通过外延式发展扩张其城市空间，但随后几乎所有的城市建设均以填充型为主，转而利用城市控制范围内的空隙土地进行城镇化建设。据测算，至2000年，全国31个特大城市中只有7个仍采用外延型扩展模式。外延型发展虽然能在短时间内扩张城市空间并符合交通线延展的规律，但是城市基础设施(如水电、通信等)的滞后制约了这一模式的进一步发展。耕地保护政策也在一定程度上限制了城市的扩张,促使政府和开发商将城市中的空隙土地作为城市空间进一步扩展的主要来源。

第四节 农村土地利用方式的变化

城镇化过程中土地利用结构的演变,不但产生于城市,而且发生在农村。在城市空间迅速扩张、城市用地内部结构发生改变的同时,农村土地利用方式也发生了明显变化。其变化主要体现在以下几个方面:

首先,农地流转的面积持续扩大,但是增速明显放缓。如前文所述,从20世纪80年代初期开始,随着粮食生产不断取得丰收,农村地区出现了工业化浪潮,越来越多的农业劳动力转向手工业甚至商业,同时也有一些农村人口进入城镇。在这种情况下,一些农村地区出现了耕地撂荒弃耕现象,这主要是农业劳动力向城镇地区、非农产业转移所导致的。因此,有些地区的村集体收回这些撂荒弃耕的承包田并进行重新发包。但是,这一过程遭到了阻碍,其原因是这些转移人口的主业只是由农业转向非农业,或者常住地由农村转向城镇,他们并不愿意放弃农村的土地,因此在农业转移劳动力与村集体之间发生了争论、产生了矛盾,给农村社会和谐稳定带来了负面影响。

基于这样的背景,1984年中央"一号文件"提出"鼓励土地向种田能手集中",打开了农地流转的口子。自此,无论是中央还是地方政府,其对农地流转的态度都有所转变,并陆续出台了一些文件,这些文件总体上是鼓励土地流转集中的。将土地流转到更有意愿、更有能力从事农业生产的人手中,既没有丧失土地的承包权,也不至于让耕地撂荒废弃,从而提高了土地利用效率,无论是从政府角度还是从农民角度来说,都是有利无害的。但是,总的来看,21世纪初以前,我国农地流转的发展十分缓慢。1990年,全国转包、转让土地的农户数占全部农户的比重不到1%,相应地,这些转包、转让的耕地面积占比也仅仅为0.44%(陈锡文,2013)。

究其原因,一方面,农地流转在当时尚属于新鲜事物,农地流转的形式、租金等问题存在较多争议。比如,如何保障农民对承包田的权利、是否收取流转租金以及收取租金的标准、将土地集中到少部分人手中会不会产生新的大地主等,都需要弄清楚,让农民吃下"定心丸"。因此,只有极少数农民流转出土地。另一方面,土地流转集中得以实现的基本前提是农业过剩劳动力转移出去,显然这在当时并不能满足。我国人地比例极高,人均一亩三分地,户均不过十亩,在进城仍受到较多制约的情况下,大量农业劳动力锁定在土地上,赖以为生。在这样的情况下,农地流转集中也就失去了现实基础,这是21世纪以前我国农地流转发展缓慢的主要原因。

然而,进入21世纪,随着越来越多的农村劳动力向城镇地区、非农产业转移,土地弃耕或隐性抛荒的现象日益普遍,不利于农业生产与粮食安全。在这样的背景下,推动土地流转集中进行规模化经营再次引起广泛关注,对农地流转的呼声大涨。2008年党的十七届三中全会召开,厘清并明确了农村改革中的重大问题,对农地流转起到了极大的助推作用。自此,农地流转开始进入快速发展阶段。全国流转耕地面积由2008年的1.09亿亩增加到2018年的5.39亿亩,流转耕地面积占家庭承包耕地面积的比重(农地流转率)由2008年的8.84%上升至2017年的36.98%。但是,从2015年开始,农地流转增速放缓。2011—2014年,全国农地流转率与上年相比分别增长了3.19个、3.40个、4.46个、4.66个百分点,但2015—2017年仅比上年分别增加2.93个、1.85个、1.84个百分点(如表2—6所示)。概言之,进入21世纪以来,我国农地流转经历了缓慢期→加速期→减速期的演变过程。

表2—6　　　　　2005—2018年我国农地流转情况　　　　单位:亿亩,%

年份	家庭承包耕地面积	农地流转面积	农地流转率	农地流转率比上年增加百分点
2005	11.98	0.55	4.57	—
2006	12.15	0.56	4.57	0.00
2007	12.15	0.64	5.24	0.67
2008	12.32	1.09	8.84	3.59
2009	12.63	1.52	12.00	3.16
2010	12.74	1.87	14.65	2.66
2011	12.77	2.28	17.84	3.19
2012	13.10	2.78	21.24	3.40
2013	13.27	3.41	25.70	4.46
2014	13.29	4.03	30.36	4.66
2015	13.42	4.47	33.29	2.93
2016	13.64	4.79	35.14	1.85

续表

年份	家庭承包耕地面积	农地流转面积	农地流转率	农地流转率比上年增加百分点
2017	13.85	5.12	36.98	1.84
2018	—	5.39	—	—

注：(1)数据来源：《中国农村经营管理统计年报》(2005—2018)；(2)2018年的《中国农村经营管理统计年报》没有列出家庭承包耕地面积，因此表中没有计算农地流转率及其与上年变化情况；(3)表中农地流转率不等于农地流转面积除以家庭承包耕地面积，系后两项列于表中时保留两位数所致误差。

其次，农地流转去向呈现多元化，但主要是发生在普通农户之间。2009年，全国流转的耕地中有超过70%是流向农户，截至2018年底，这一比例降至57.17%，但仍然超过一半（详见表2—7）。同时，从农户经营的耕地规模来看，2009年，有84.02%的农户经营面积小于10亩，2018年这一比例有所上升，达到85.32%，大多数农户经营耕地的规模仍然偏小（详见表2—8）。这说明尽管自2008年以来全国农地流转的面积在持续扩大，但土地只是在诸多小农户之间流转，并没有实质性地改变我国小规模、分散化经营的格局（罗必良，2017；匡远配和陆钰凤，2018；陆钰凤，2018）。现实中，这种类型的农地流转相当一部分是出于耕作的便利，或者亲戚朋友、邻里熟人之间的人情来往考虑而进行的土地互换、出租等。

表2—7　　　　2009—2018年全国耕地流转去向情况　　　　单位：%

年份	农户	专业合作社	企业	其他主体
2009	71.60	8.87	8.87	10.67
2010	69.35	11.83	8.06	10.75
2011	67.54	13.60	8.33	10.53
2012	64.75	15.83	8.99	10.43
2013	60.41	20.23	9.38	9.97
2014	58.31	21.84	9.68	10.17
2015	58.65	21.79	9.47	10.09
2016	58.38	21.58	9.68	10.36
2017	57.50	22.70	9.83	9.96
2018	57.17	22.47	10.31	10.04

数据来源：《中国农村经营管理统计年报》(2009—2018)。

表 2—8　　2009—2018 年我国农户经营耕地规模的分布情况　　单位：%

年份	10 亩以下	10—30 亩	30—50 亩	50—100 亩	100—200 亩	200 亩以上
2009	84.02	12.20	2.57	0.84	0.27	0.11
2010	85.79	10.83	2.33	0.77	0.19	0.09
2011	85.94	10.69	2.32	0.75	0.20	0.10
2012	86.11	10.48	2.31	0.78	0.22	0.10
2013	85.96	10.28	2.55	0.86	0.24	0.11
2014	85.93	10.18	2.60	0.89	0.28	0.12
2015	85.74	10.32	2.60	0.91	0.30	0.13
2016	85.51	10.48	2.61	0.94	0.33	0.14
2017	85.27	10.57	2.67	0.99	0.34	0.15
2018	85.32	10.50	2.67	1.00	0.26	0.16

数据来源：《中国农村经营管理统计年报》（2009—2018）。

最后，承包地退出、宅基地流转与抵押、集体经营性建设用地入市等现象逐渐出现并呈增多趋势。近些年，在我国城镇化快速发展过程中，农村土地制度改革，如"三块地"改革也同步进行。党的十八大以来，农村土地主要经历了以下几方面改革：第一，承包地"三权分置"制度；第二，引导土地流转、推行适度规模经营；第三，集体经营性建设用地入市改革；第四，宅基地制度改革。根据 2018 年 12 月国务院关于农村"三块地"改革试点情况的总结报告，农村"三块地"改革试点取得了积极成效，提高了土地利用效率，体现了土地要素的价值。截至 2018 年底，所有 33 个试点地区按照新办法进行征地共 1 275 宗，面积达到 18 万亩；集体经营性建设用地入市地块共 1 万余宗，面积为 9 万余亩；腾退出闲置宅基地约 14 万户，面积为 8.4 万亩；另外，集体经营性建设用地、农房抵押贷款试点也取得了积极进展，共办理 233.8 宗，总计 149.6 亿元。[①]

在工业化和城镇化背景下，盘活农村土地的关键就是加大对农户土地权利的保护。一是农业人口的转移造成了人地分离的状态，增强对土地的保护便是解决进城农民的后顾之忧。由于农村转移人口真正融入城市需要很长时间，其间风险因素较大，甚至会出现劳动力回流的现象，因

---

① 资料来源：《国务院关于农村土地征收、集体经营性建设用地入市、宅基地制度改革试点情况的总结报告》，中国人大网，http://www.npc.gov.cn/npc/c12491/201812/3821c5a89c4a4a9d8cd10e8e2653bdde.shtml。

此,农民往往视其承包权、宅基地使用权为重要的保障性权利。只有保护好这部分农民的土地权益,才能从要素供给的角度保障城镇化的稳步推进。二是当前中国的农业经营模式表现为小农户与新型农业经营主体并存的状态(韩长赋,2019),只有保护好农民的土地权益,才能保证土地正常流转以及经营模式向规模化逐渐转变。

总之,农村土地利用在城镇化的影响下发生了巨大的变化,进一步改革的核心在于土地产权。自家庭联产承包责任制确立以来,政府对农村土地的改革趋势一直是赋权赋能。例如,在赋予家庭承包权后,又进一步推行"三权分置"和土地确权的改革,随后在《农村土地承包法》中又明确了"保持土地承包关系稳定并长久不变"的政策。如此强调产权,是因为自十八届三中全会以来,土地资源配置越来越强调依靠市场的力量,只有保护农民的土地产权,才能适应新时代下的市场化政策(张兰和冯淑怡,2021)。

第三章　城镇化与城乡土地结构变化的关系总结

城镇化是各类生产要素由农村向城市转移和集聚的过程。改革开放40多年里，我国城镇化得到了快速发展。在这一过程中，大量农地（耕地）被非农化，为工业化和城镇化发展提供了重要的物质基础和空间载体，但也带来了城市建设用地增速过快、土地低效利用等问题。早在2007年陆大道等学者就提出，我国城镇化过度追求速度和数量，已经违背了循序渐进的基本原则，偏离了城镇化建设的正常发展轨道，是一种"急速城镇化"，其表现为人口城镇化率虚高，尤其是在空间建设布局上出现无序乃至失控现象，并据此提出了"土地城镇化"概念。[①]

伴随着经济增长和人口聚集，城市土地与农村土地各自利用方式的变化，以及城市—农村土地之间的转换，是"急速城镇化"的必然结果，其中的原因既有政治环境因素，也与财税管理体制、社会管理体制等诸多方面有关。具体而言，在这一过程中，城市与农村之间必然会有耕地向城市建设用地功能的转变，农村内部会有耕地变为建设用地等土地利用方式的转变，而城市内部则会有建设用地在居住用地、工业用地、商服用地、绿地等用途之间的转变。三者并非完全独立的部分，而是紧密联系的，是在城镇化发展的大背景之下，在城乡土地利用的系统之中，既相互独立又相互约束的。

从长期来看，城乡土地结构的变化是自然和人为因素综合作用的结果，是人地系统耦合作用的产物。但是，从中短期（几年或几十年）来看，城乡土地结构发生剧烈变化的主要因素更有可能是人为因素所致。那么，其具体驱动力是什么？目前，我国城镇化发展中土地利用存在着诸多

[①] 陆大道等：《采取综合措施遏制冒进式城镇化和空间失控趋势》，http://www.igsnrr.ac.cn/xwzx/zhxw/200705/t20070511_1815675.html。

问题,这些问题影响着我国城镇化进程,尤其是制约了以人为本的新型城镇化向前推进。因此,有必要深入研究近几十年我国城镇化背景下城乡土地利用结构变化的动力机制及其社会经济效应,从而为优化土地配置、提高土地利用效率提供有效参考。

第二篇

户籍制度、人口流动与城乡土地结构变化

人口是影响社会经济可持续发展的关键因素,其数量规模、空间分布、文化素质等特征直接影响到经济社会的发展水平。其中,人口流动是备受关注的人口现象之一。当前,人口流动的规模与形式不断发生变化,这种变化对人口流出地和流入地的经济发展、产业结构布局、收入分配、资源利用与环境保护等方面都产生了巨大影响。

新中国成立以来的较长一段时期内,我国实行严格的户籍制度(又称为城乡二元户籍制度),通过国家计划实现对人口流动的严格控制。然而,随着改革开放的大幕拉开,尤其是随着社会主义市场经济制度的确立和发展,人口在地区内部、地区之间的自由频繁流动已经成为我国社会的基本特征之一。本质上,人口流动的过程是人口与土地、资本、技术、管理等生产要素的重新组合过程,而这种组合往往是朝着最有利于生产力发展的空间区位移动。历史经验表明,当经济社会发展到一定阶段,大量人口将会向城市地区转移、集聚,这一过程中人口流动对城市空间提出了要求;同时,随着大量农村劳动力由农业部门和农村地区向非农部门和城市地区转移,农村土地利用方式也发生了变化。

本部分内容重点研究人口流动与我国城乡土地结构变化之间的关系,分为4章。第四章介绍人口流动相关理论;第五章阐述我国户籍制度、人口流动与城市空间扩张的关系;第六章考察户籍制度、人口流动与农村土地利用相关问题;第七章为本篇小结。

第四章 人口流动相关理论

人口流动(又称为"人口迁移")的原因呈现多样化,可能是为了就业从而获得更高的收入,可能是为了子女就学以接受更好的教育,也可能是笼统意义上的原因,比如为改变其生活形态、提高生活质量等。不过,现实中人口流动往往是由于上述多种因素所引起的,这些因素促使人们在城乡之间或者不同城市之间不断地迁移。迁移的人口对城市空间扩张提出了要求,最终,城市空间的发展也将影响城市人口的规模、结构与分布。当前,已经发展出了较多的理论和相关模型用于解释人口流动的行为。

第一节 人口流动理论与模型

一、推力—拉力理论(简称"推拉理论")

Heberle(1938)首次系统总结了推拉理论的内涵。该理论是从物理学中"力"的角度来分析人口迁移现象的,即人口迁移现象是由两个相反方向上的"力"所引起的,一个是流出地的推力,另一个是流入地的拉力。在这两股一正一反力量的共同作用下,人口出现了迁移。以农村劳动力的转移为例,一方面,由于土地细碎化、经营规模偏小等原因,农业生产的效益比较低,对农村劳动力产生了推力,推动其向城镇地区具有更高收益的非农产业转移;另一方面,城镇地区非农就业的高报酬也对农村劳动力产生了拉力,吸引其进入城市地区和非农部门。在两者的共同作用下,大量农村劳动力由农村地区、农业领域向城市地区、非农产业转移。不过,需要注意的是,推拉理论得以成立还依赖于两个假设:其一,人们的迁移行为是一种理性选择;其二,迁移者充分了解流出地和流入地的信息。

事实上,推拉理论最早可追溯到 Ravenstein(1885)的迁移定律(Law of migration)。该定律的主要内容包括以下几个方面:第一,人口迁移行为受到距离的影响,一般情况下,人们更加倾向于短距离迁移;第二,人口迁移往往具有阶段性;第三,迁移可能同时表现出流出与回流现象;第四,城乡迁移具有倾向性,一般地,相较于农村居民,城镇居民的迁移行为较为少见;第五,绝大部分女性仅仅进行短距离的迁移;第六,迁移的动机具有多样化,但最主要动机是追求高收入。在迁移定律中,迁入率、迁出率、净迁移率的计算公式如下所示:

$$迁入率 = \frac{当年度迁入人数}{当年年末人口数} \times 100\% \qquad (4-1)$$

$$迁出率 = \frac{当年度迁出人数}{当年年末人口数} \times 100\% \qquad (4-2)$$

$$净迁移率 = 迁入率 - 迁出率 \qquad (4-3)$$

概言之,推拉理论认为,迁移行为是理性经济人在流出地与流入地的积极因素与消极因素之间进行权衡的结果。这与 Tiebout(1956)所称的"以脚投票"相类似。目前,推拉理论已经成为劳动经济学中解释劳动力流动行为时普遍使用的解释工具。

二、投资成本与报酬的迁移理论

该理论是以新古典经济学理论为基础,从投资成本与报酬的视角去分析历史上的人口迁移现象。该理论的主要观点是,个人出于最大化一生中的未来利润,同时尽量降低迁移成本的考虑而选择迁移。迁移的净利润是决定迁移与否的主要因素(Sjaastad,1962)。但是,利润概念并不仅仅局限于通常意义上经济方面的含义,比如实际收入、预期收入,还包含非经济层面的内容,比如更好的居住环境、社会关系等非物质方面。

从世界范围看,长期以来,非城市地区的人口流动呈现波动性交替变化。20 世纪 70 年代以前,非城市地区的人口往往因流出而减少,但是 70 年代以后,人口流动的趋势发生扭转,许多经济发达国家的非城市地区开始成为人口净迁入地,到了 80 年代,再次成为人口净迁出地,90 年代这些非城市地区又恢复成为人口净迁入地。

对于劳动力转移历经的类型,Zelinsky(1971)曾将其总结为 5 种不同的类型,分别是无迁移型、乡→城迁移型、乡→城迁移出现衰退型、乡→城迁移显著衰退型以及长距离迁移明显衰退型。从历史发展经验来看,世界范围内很多国家、地区人口迁移的趋势基本上是遵循乡→城、城→乡、乡→城这样的演变,比如韩国以及欧洲地区国家,只是不同国家、地区的迁移趋势转变的时间点存在差异。

三、单一中心人口密度模型

单一中心人口密度模型，顾名思义，就是指以单一中心点为参照物，讨论城市人口密度随着与该中心点的距离改变而发生的变化。最早的单一中心人口密度模型是 Clark(1951)提出的负指数模型，该模型认为，城市人口密度会随着与中心点的距离而发生改变，距离越远，人口密度越低。1969年，在负指数模型的基础之上，Newling(1969)又提出了二次指数模型。这些都是单一中心人口密度模型，此外，还包括 Tanner 和 Sherratt 提出的正态指数模型。

（一）负指数模型

模型基本形式如下：

$$d(r)=d(0)e^{-br} \tag{4-4}$$

其中，r 为与市中心点的距离，d 为人口密度，e 为自然对数的基底，b 为密度斜率。

该模型表明，城市中心点的中心商业区就是人口最稠密的地方，而其他各地的人口密度则会随着与市中心点距离的增加而递减，但是递减的程度由 b 值的大小来决定。具体解释如下：b 值越大，各个地方随着与市中心点的距离增加，人口密度会急剧减少；相反地，b 值越小，人口密度会缓慢减少(Clark,1951)。

不过，有学者指出，上述关于"市中心点为人口最稠密的地方"的推论明显与现实不相符合(何金铭,1991)。这是因为，市中心点的中心商业区主要是商业用地而非居住用地，在这些地方，居住空间是非常有限的，因此，城市中人口最稠密的地方应该是在邻近市中心点的外围居住用地区域，而不是上述推论中的市中心点。从现实来看，考虑到空气污染、噪声等因素，市中心点的中心商业区确实不是最适宜居住的区域。中村良平和李健(2006)对该推论也提出了质疑，认为负指数函数并不能解释郊区人口密度隆起等现象。

值得说明的是，每个城市的形成都遵循着其特定的历史传统，也受到特定条件的制约。如果从当前的观点切入去解释其人口密度模型，往往会出现与上述推论相背离的问题。因此，本书认为，人口的分布是长期演变的结果，而非一朝一夕所能塑造，只有在了解其历史演变的基础上去考量人口密度情况，才能有更全面准确的认识和把握。

(二)正态指数模型

在负指数模型的基础上,Tanner 和 Sherratt 分别于 1960 年、1961 年提出正态指数模型。该模型认为,人口密度最高点位于邻近市中心点的外围区域,而不在城市的市中心点。模型基本形式如下:

$$d(r)=d(0)e^{-br^2} \quad (4-5)$$

式(4—5)中的参数含义与上述相同。

(三)二次指数模型

在综合考虑负指数模型和正态指数模型后,1969 年,Newling 又提出了二次指数模型。模型基本形式如下:

$$d(r)=d(0)e^{br-cr^2} \quad (4-6)$$

式(4—6)中 c 是衡量离市中心点密度斜率变化的指标,其余参数含义与上述相同。

二次指数模型表明,从城市中心点的中心商业区到外围区域,人口密度呈梯度降低,城市人口分布在地理空间上呈现出均衡趋势。这一结果与负指数模型、正态指数模型存在明显差异,主要原因在于,人口由城市中心区向外围区域迁移,即出现了"逆城市化"现象。不过,需要注意的是,该模型由于参数 b 和 c 的符号不同而违背了模型的原假设和前提条件。

四、多中心人口密度模型

多中心(城市)又称"卫星城市",是指具有多个中心区的城市。通常是包含 1 个主中心区和多个次中心区,其中,次中心区分布在主中心区的外围区域。多中心的形成,源自城市周边由于公园、绿地、道路、广场等因素而被迫中断的社区或者小城镇,在城市不断发展过程中,城市的功能分区日益明显,主中心区的部分工厂、企业等逐渐搬迁到城市外围的这些小城镇,在这一过程中,人口、资金、技术等要素向这些小城镇迁移,由此形成了一个个次中心区。比如,上海市就是典型的多中心城市。多中心人口密度模型可用于描述或者模拟城市的人口密度状况。

第二节 中国人口流动的历史与现状

纵观中国几千年的历史,我国人口流动现象始终较为常见,其原因除了前文提及的为了获得更高的收入、接受更好的教育、享受更好的居住环境等主观因素外,还包括战争、气候灾害、政府强制迁移等客观因素。比如,在"安史之乱"中我国北部备受摧残,由此导致了大量人口从北向南迁移;再如,出于保卫边境免受外族入侵的考虑,历史上不少封建王朝都有"军屯"的做法,即将一定数量的军队派往边境,像东北、西北、西南边境,屯垦戍边,同时还有随军家属一起迁移。可以说,封建社会以及民国时期很多人口流动现象是战争、天灾等客观因素使然。这种类型的人口流动具有很强的被迫性,人们事先往往并未对迁入地有多少了解,迁移的过程呈现出很大的盲目性,从迁出地到迁入地历经的时间或长或短,也具有不确定性,往往是"走一步算一步",以寻得食物和生命存活为首要的考虑。

新中国成立后,战争、天灾等因素导致的大规模人口迁移现象极为少见,可以说,自此我国人口迁移的动机主要是主观上希望享受更好的生活所使然,经济上的考虑成为主要原因。从迁移的人口构成来看,主要可以分为三大类群体:一是农村劳动力,这是我国人口流动的主体。我国以农业立国,是农民大国,农村人口在全国总人口中占据了较大比例。1978年,生活在农村地区的人口大约有8亿人,占到当时全国总人口的17.92%,即使到了今天,我国城镇化率已经超过60%,居住在农村地区的人口仍然有约5亿人,农民群体的规模依旧很庞大。随着国家工业化建设不断加快,农业与工业、商业部门之间的收益差异日益凸显,吸引了大量农村劳动力向城镇转移,不仅包括城市外围向城市中心的集聚,也包括跨地区(跨省、跨市)的转移。二是大学生,这是我国人口流动的重要组成部分。大学生的流动包括两个部分:一部分是通过参加高考考取大学,由出生地向高校所在地的转移,这种类型的流动往往是跨地区的;另一部分是大学毕业后在择业时的流动,很多毕业生倾向于往北京、上海、深圳、广州等大城市转移。三是在职工作人员,这类群体由于工作需要而进行流动。比如由总部调到分公司,或者由A分公司调到B分公司,并没有明显的规律性,也不是人口迁移研究中关注的重点。由此可见,农村劳动力转移是我国人口流动中最主要的部分。

就新中国成立70多年的历程来看,成立后我国开始实施重工业优先发展战略,在当时几乎一穷二白的情况下逐渐建立起工业体系,其后,工业化建设在改革开放大潮中得到进一步完善。目前,我国工业体系门类齐全,工业化建设不断向前迈进,提供了大量就业岗位。在这样的背景下,大规模农村劳动力向城市转移和流动,成为当前最显著的人口现象。从地理空间特点来看,农村劳动力转移还可以细分为两种:一种是以城市和乡村地域论,农村劳动力是从农村地区向城镇地区转移;另一种是以经济发展水平论,农村劳动力往往是从经济欠发达地区(中西部地区)向经济发达地区(东部沿海地区,主要是环渤海、长三角和珠三角地区)流动。截至2011年底,我国城镇常住人口占全国总人口的比重为51.27%,城镇人口首次超过了农村人口,意味着我国城镇化发展自此进入了新阶段。在未来较长一段时期,需要面对和解决的重点和核心问题不再是城镇人口数量的增长,而是需要由量变转向质变,重点解决新进入城镇地区人口的生活环境、就业、医疗、养老等问题,也就是要实现由"空间城镇化"向"人的城镇化"的转变。

从当前我国农村劳动力转移的情况来看,市场机制发挥了重要作用,农村劳动力转移本质上是对劳动力以及其他要素在区域间、产业间进行重新配置组合和利用的过程。根据2018年12月国家卫生健康委员会发布的《中国流动人口发展报告2018》,2017年,我国流动人口总量为2.44亿人,这就相当于每6个人中,就会有1个流动人口。不过,近年来,我国人口流动规模总体上呈现下降趋势,2015年、2016年、2017年全国人口流动规模比上一年分别减少了600万人、171万人、82万人。① 同时,流动人口主体中1980年以后出生的人口(简称"新生代")所占比例持续上升,在2017年流动人口中,"新生代"流动人口所占比重已经达到65.1%。其中,"80后"所占比重最高,达到了"新生代"流动人口的35.5%;其次是"90后",占到24.3%,两者合计约占"新生代"流动人口的六成;"00后"和"10后"占全国流动人口的比重则分别为19.3%和20.9%。② 这表明我国流动人口正在经历代际更替。

此外,从农民工情况来看,我国农民工总量逐年增加,从2011年的25 278万人增加至2019年的29 077万人,增加了15.03%。其中,外出农民工数量由2011年的15 863万人增加至2019年的17 425万人,增加了9.85%;本地农民工数量由2011年的9 415万人增加至2019年的11 652万人,增加了23.76%(详见表4—1)。需要注意的是,在相同年份,流动人口数量甚至远低于农民工数量,这主要是统计口径和户籍管理等原因造成的。

---

① 资料来源:《报告:中国流动人口总量达2.44亿 连续三年下降》,央视网,http://news.cctv.com/2018/12/22/ARTIquc9P3peRe218pIoIz0M181222.shtml。

② 资料来源:《报告:中国流动人口总量达2.44亿 连续三年下降》,央视网,http://news.cctv.com/2018/12/22/ARTIquc9P3peRe218pIoIz0M181222.shtml。

表4—1　　　　　　2011—2019年全国农民工规模及构成　　　　　单位：万人

年份	2019	2018	2017	2016	2015	2014	2013	2012	2011
农民工总量	29 077	28 836	28 652	28 171	27 747	27 395	26 894	26 261	25 278
其中：									
(1)外出农民工	17 425	17 266	17 185	16 934	16 884	16 821	16 610	16 336	15 863
住户中外出农民工	—	—	—	—	13 243	13 085	12 961	12 584	
举家外出农民工	—	—	—	—	3 578	3 525	3 375	3 279	
(2)本地农民工	11 652	11 570	11 467	11 237	10 863	10 574	10 284	9 925	9 415

数据来源：《全国农民工监测调查报告》(2011—2019)。

在这一过程中，家庭转移成为人口转移和流动的最主要形式。现实的情况往往是：大多数家庭由于难以一次性完成核心家庭成员的转移，因此通常采取分次转移的方式，即青壮年夫妻首先转移，待工作及生活较为稳定后，再把全部或部分老人、子女接来同住。全国农民工监测调查数据也显示出了人口流动中的家庭转移趋势，如表4—1所示，在外出农民工中，举家外出的农民工数量在2011—2014年间是逐年递增的（2015年以后发布的《全国农民工监测调查报告》没有显示这项指标），由2011年的3 279万人增加到2014年的3 578万人，增加了9.12%。这一现象的产生有其现实背景，与我国城镇化建设过程中重城市空间和基础设施、轻迁入人口生活融入密不可分。由于城乡二元户籍制度等因素，迁移到城镇地区的农村人口往往难以真正融入城市生活，没有归属感，而家庭化转移能够有效弥补这个不足，有利于增强转移人口的幸福感，提高其生活满意度，从而促进其城市融合。

根据2019年《全国农民工监测调查报告》，按照输出地划分，从全国来看，在外出农民工中，跨省流动人数占比要低于省内流动人数占比，前者为43.1%，后者为56.9%。分区域来看，东部和东北地区外出农民工更加倾向于在省内流动，而中部地区外出农民工中跨省流动的比例更大，西部地区外出农民工中跨省流动和省内流动的比例不相上下（如表4—2所示）。

表4—2　　　2017—2019年全国外出农民工输出地区分布及构成　　单位：万人，%

按输出地划分	2019年			2018年			2017年		
	数量	构成		数量	构成		数量	构成	
	外出农民工	跨省流动	省内流动	外出农民工	跨省流动	省内流动	外出农民工	跨省流动	省内流动
合计	17 425	43.1	56.9	17 266	44.0	56.0	17 185	44.7	55.3

续表

按输出地划分	2019年 数量 外出农民工	2019年 构成 跨省流动	2019年 构成 省内流动	2018年 数量 外出农民工	2018年 构成 跨省流动	2018年 构成 省内流动	2017年 数量 外出农民工	2017年 构成 跨省流动	2017年 构成 省内流动
东部	4 792	17.1	82.9	4 718	17.2	82.8	4 714	17.5	82.5
中部	6 427	59.2	40.8	6 418	60.6	39.4	6 392	61.3	38.7
西部	5 555	48.4	51.6	5 502	49.6	50.4	5 470	51.0	49.0
东北	651	29.8	70.2	628	26.4	73.6	609	23.6	76.4

数据来源:《全国农民工监测调查报告》(2017—2019)。

另外,从农民工的跨省流动来看,从2017年至2019年,全国外出农民工中跨省流动的比例由44.7%下降到43.1%,下降了1.6个百分点,东、中、西部地区分别下降了0.4个、2.1个、2.6个百分点,而东北地区则上涨了6.2个百分点,从一定程度上也反映出近年来受到较多关注的东北人口"外流"现象。

从农民工流入地区来看(见表4—3),在外出农民工中,2015年全国流入地级以上城市农民工总量达到11 190万人,占到外出农民工总量的66.3%。其中,8.6%流入直辖市,22.6%流入省会城市,35.1%流入地级市。并且,约80%的跨省流动农民工的流入地是地级以上城市,相较之下,省内流动农民工流入地级以上城市的比例要小得多,为54.6%。

表4—3　　2015年全国外出农民工流入地区分布及构成　　单位:万人,%

	按流入地划分 合计	直辖市	省会城市	地级市	小城镇	其他
外出农民工数量	16 884	1 460	3 811	5 919	5 621	73
其中:						
跨省流动	7 745	1 188	1 752	3 258	1 473	73
省内流动	9 139	272	2 059	2 660	4 148	0
外出农民工构成	100.0	8.6	22.6	35.1	33.3	0.4
其中:						
跨省流动	100.0	15.3	22.6	42.1	19.0	0.9
省内流动	100.0	3.0	22.5	29.1	45.4	0.0

注:(1)数据来源:《全国农民工监测调查报告》(2015)。(2)表中外出农民工流入地级市的总人数不等于跨省流动与省内流动之和,《全国农民工监测调查报告》原文如此,应是取约数所致误差。

第五章 户籍制度、人口流动与城市空间扩张

历史经验表明,大规模人口"用脚投票",从农村地区流向城镇地区,丰富了流入地的劳动力供给,为流入地工业制造、建筑业提供了源源不断的廉价劳动力,优化了地域间的劳动力资源配置,并带动了包括劳动力、资金、技术等要素的重新配置,对流入地生产效率的快速提高、经济总量的迅速增长等许多方面产生了重要影响(Duncan & Vernon,1999;王桂新和黄颖钰,2005;Liu et al.,2008;白南生和李靖,2008)。但是,快速增加的城市人口也对城市社会管理、公共服务、环境保护等许多方面构成挑战,尤其是对城市空间提出了新的要求。

第一节 户籍制度与城镇化发展战略

回顾我国几千年发展历史,无论是封建王朝、民国时期,还是新中国成立以来,政府皆对户籍给予高度的重视。比如,封建王朝时期的明朝"一条鞭法"、清代"摊丁入亩"政策等,在明朝时期,更是修建了专门用于保存户籍资料的"库房"(今南京玄武湖及其附近一带),并派专人管理,由此可见政府对户籍的重视程度。

那么,什么是户籍?所谓户籍,就是国家相关职能部门用于记录本国所有公民姓名、年龄、性别、民族、受教育程度、出生地(又称"籍贯")以及与户主之间关系等涉及人口基本信息的法律文书,或者叫证件。对于封建王朝,政府主要将户籍视为管理公共事务和征收赋税的手段,以满足社会治理的需要。

新中国成立以来,我国政府对户籍制度高度重视,初期便加快进行了旧有户籍制度的废除以及新户籍制度的建立工作。尽管近几十年里我国户籍制度不断进行改革,但是受到计划经济体制等特定时期条件的影响,当前我国户籍制度仍保留了传统户籍制度的内容。比如,将人口按照出生地区分为农村户口和城镇户口,这种身份划分导致享受的待遇明显不

同,在考试、招生、招工、随军、人才引进等方面受到一些区别对待等。尽管存在这些不足,但是现行户籍制度在维护社会治安管理方面却发挥着重要作用,对维持社会和谐稳定具有重大意义。同时,户籍制度能够为政策制定者提供全国人口的数量、分布、年龄构成等信息,只有确切了解这些信息,公共政策的制定才更加科学有效。

一、户籍制度对城镇化发展的影响

当前我国户籍管理中最突出的问题是"人户分离"。在人口流动频繁的背景下,以出生地为依据进行登记的户籍人口与现实中的人口居住情况存在着较大差距。当今对城镇化人口的官方统计,只公布在城镇居住6个月以上的人口,相应地,基于这些数据计算得到的城镇化率被称为"常住人口城镇化率"。人户分离并不仅仅是统计数据的失真,它更严重的后果在于公共产品供给问题,导致政策制定者在规划是否提供以及提供多少公共品时无法作出科学准确的判断。同时,人户分离也给城市建设与更新、社会治理等带来了困难,并由此引发犯罪率上升、社会矛盾升级等问题。

另外,长期以来,我国城镇化发展战略与户籍制度挂钩,带有身份印记的城乡二元户籍制度,人为地在城市与农村之间形成了一道道区分身份、地位、教育、医疗、养老等事关个人发展和福利分配的高大围墙。在城乡二元户籍制度下,大量农村劳动力要么被制约于贫瘠而又劳动力过剩的农村之中,要么在城市与乡村之间进行季节性、候鸟式的迁徙。进城只是为了在非农产业领域得到更高的收入报酬,却无法实现永久性迁移,也未能平等享受到城市基本公共服务。数以亿计的农村进城务工劳动力虽然被统计为城镇人口,却并未平等享受到城镇人口所应有的待遇,也没有真正融入城市生活中,导致了一种"不完全的城镇化",这不是以人为核心的新型城镇化的应有之义。因此,今后我国户籍制度改革仍需继续推进,为城镇化由量变转向质变提供制度支撑。

二、城镇化发展战略之争:"大城市论"与"小城市论"

我国人口流动与户籍制度相挂钩,因此长期以来,学界就户籍制度是否促进了我国城镇化建设,以及这种做法是否具有可持续性等问题进行了探讨。以城市规模论,这些讨论主要形成了两类相互排斥的观点,即"大城市论"与"小城市论"。

(一)大城市论

大城市论,顾名思义,就是支持走人口数量多、空间大的城市化建设路子。其理论基础是规模经济和集聚经济。如果继续往前追溯,可以发现,大城市论实际上是源自斯密的观点。在经济思想发展的历史长河中,经济思想大体上经历了从以重农主义、重商主义等为代表的前古典时期,到以斯密的分工与国民财富理论为代表的古典时期,再到以李嘉图、马歇尔等为代表的新古典时期,继而就是现阶段以经济计量分析为主的现代经济学时期。斯密对重商主义的观点进行批判性吸收,重点分析国民财富的起源与分工问题,研究对象是国家整体,采用的研究方法是历史关联分析法,即结合历史上的国家制度、文化起源、风俗习惯等因素来研究国民财富的起源与性质,聚焦于国家整体经济的增长。自 1776 年《国富论》问世后,增长、规模经济等问题引起了更多关注。

那么,规模经济到底是什么?根据现有研究,所谓规模经济,就是指长期平均成本随着生产规模的扩大而递减。随着生产规模扩大,新技术、大型生产设备得以有效使用,劳动生产率得到明显提高,劳动分工进一步实现,原料采购由于数量大而得到折扣,这些因素共同导致了生产成本的降低,也就是说,生产进入了长期平均成本曲线下降的阶段。从这个意义上来看,规模经济就是各种生产要素集聚的最基本的表现形式,有助于推动经济增长。一般来说,规模经济的形式主要是指以下两种:一种是因厂商自身生产规模扩大或技术水平提高而导致的生产成本降低,称为内部规模经济。比如,厂商扩大生产厂房、购进大型设备,或者是农民扩大耕地经营面积等,这些均有助于降低单位生产成本。另一种是大量生产同类型产品或者不同类型产品的厂商集中于特定空间进行生产,形成供应链、产业链的横向一体化或者纵向一体化,从而降低生产、销售交易成本,称为外部规模经济。比如,城市周边的产业园区等。

与规模经济紧密相连但又有明显区别的是规模报酬概念,与此相关的还有规模报酬递增、规模报酬不变、规模报酬递减三个概念。规模经济和规模报酬的本质区别在于:规模经济是从成本角度考虑的,由于成本最小化与收益最大化是一个硬币的两面,因此规模经济可以理解为收益;而规模报酬是从产量角度考虑的,从现实来看,增产未必增收,即使产量下降,只要价格上涨,同样可以实现增收,这一点在农业生产领域得到了很好的体现。许庆等(2011)以粮食作物生产为例,对规模经济、规模报酬与农业适度规模经营的关系进行了研究,并作了实证分析。由此可见,规模经济并不以规模报酬(不变或递增)为前提,规模经济的含义远远要比规模报酬丰富。

综上所述,规模经济就是通过生产规模上的扩大来实现单位成本降低,但是这里往往还依赖一个前提,即成本的不可分割性,比如大型设备购置成本。因此,从规模经济角度来看,大城市较小城市具有如下优点:一是要素集聚的效益。大城市使得各要素与经济发展能够得到最佳配置。二是普遍的价值规律。工业革命开启大机器替代手工劳动时代以后,大城市模式是世界各国城镇化建设过程中的普遍规律,大城市是城镇化建设的引擎,可以带动中小城镇的发展。

(二)小城市论

1980年,国家将发展小城镇作为城市化的指导方针,2001年又进一步明确通过放松小城镇户口管制来吸引农村劳动力进入小城镇[①],从而推动小城镇的发展。

费孝通先生是坚持小城市论的代表,他认为,中国应走以小城镇为主的分散型城镇化道路发展模式。费孝通(1984a、1984b、1984c)从理论上对小城镇发展问题进行了阐述,并将其概括为"小城镇、大问题"。前文已经分析了大城市发展模式的明显优势,那么,小城市论的特点是什么?主要是从以下两点加以考虑:

一是小城镇量多面广,适宜推广。从世界上一些发达国家的城镇化建设经验来看,大城市模式虽然可以获得规模经济,但是大规模的城市数量不可能有很多个,其原因包括土地资源禀赋约束、国家财政负担重、社会管理困难等。相反地,小城镇发展所需的一次性前期财政支出要小很多,发展模式可以因地制宜,具有很大的灵活性,试错的成本要比大城市低得多。

二是小城镇离农民近,进入门槛低,容易吸纳农村剩余劳动力,能够防止"城市病",也更有利于城乡融合发展。这一点契合了我国人多地少、以农立国、农民大国的基本国情和农情。当前,我国生活在农村地区的常住人口约有5亿人,这些人口中很大一部分是老弱妇孺,文化水平低,非农就业技能相对较低,他们进入城镇基本上只有一条途径,即跟随已经进入城镇地区的子女、丈夫一起进城。但是,这些已经转移进城的人口,大

[①] 资料来源:《国务院批转公安部关于推进小城镇户籍管理制度改革意见的通知》,中国政府网,http://www.gov.cn/gongbao/content/2001/content_60769.htm。

约 2.9 亿农民工,其中真正在城镇落户实现永久性迁移的少之又少。大量农村劳动力为了获得更高的收入而向东部沿海发达地区转移,比如上海、广州、深圳等大城市,但是在以城乡二元户籍制度为主的一系列体制机制约束下,这些转移人口几乎不可能在大城市稳定下来,大城市的高房价、高物价都是他们所不能承受的。这些转移人口虽然被统计为城镇人口,为城镇化率作出了"贡献",但是并没有真正融入城市,这是一种"不完全的城镇化"。在这样的背景下,以小城镇为突破口,引导农村劳动力迁入,是推进以人为核心、城乡融合发展的新型城镇化的重要思路。

综上所述,大城市论和小城市论各有优势,两者并非互斥的关系,只是其侧重点有所不同。从现实来看,也没有任何一个国家仅采用大城市发展模式,或者仅采用小城市发展模式,通常情况下是在城镇化建设的不同阶段,对城市发展模式的选择有所侧重。本书认为,无论是哪一种观点,都突出强调了优点、弱化了缺点,在城镇化建设过程中,需要综合考虑城市发展的模式,将其优点整合,实现效益最大化。

第二节 中国不同户籍管理制度的基本政策和具体操作模式

中国自 1958 年确立城乡分离的二元户籍制度以来,农村人口自由向城市迁移与居住的情况便不复存在。这直接影响的就是城市化中的重要因子——人口流动。在计划经济时期,只有通过升学、参军、国有企业招工或者拥有党政部门正式干部编制四种途径,农村人口才有可能转变为非农业户口,摆脱农业户口。

另外,由于政府严加控制的"农转非"指标极其严苛,每年能实现"农转非"梦想的农民实属"百里挑一"的"超级幸运儿"。通常衡量一国或一个地区的城镇化水平,是根据该区域的城市人口占总人口的比重来进行判断,一般而言,至少要超过 50%,才可称为城镇化国家(地区)。根据国家统计局公布的数据显示,直至 2011 年底,全国城镇人口占总人口的比重为 51.27%,首次超过农村人口比重,基本进入城镇化。总的来说,与经济发达国家(地区)相比较,现阶段我国的城镇化水平较落后。

一、我国户籍制度改革的萌芽

实际上,我国户籍制度是为了适应当时计划经济的需要和发展而产生的。就居住形式而言,目前我国除了乡村和城市这两种传统形式之外,还有许多种居住形式:郊区、郊外住宅区、棚户区和工业区。产生城市居民居住形式多样化的根本原因在于城乡二元户籍制度。二元户籍制度严重阻碍各种生产要素在城乡之间流动,从而阻碍城乡的现代化发展。更为重要的是,户籍制度背后附属的许许多多的社会福利及其引发的各种社会问题已经成为人们的切身之痛。因此,要求改革目前户籍制度的呼声逐渐高涨,特别是农村居民迫切渴望将社会福利从户籍制度中剥离出来,共享社会发展的成果。

自 20 世纪 70 年代末起,我国党和政府重新将工作重心转移到经济建设上来,并推动改革开放政策的实施,而我国城乡分割的户籍制度严重制约着社会和经济的发展,并且这种制约不仅仅过去存在,现在依然存在,还将在未来相当长一段时间内难以消弭。在农村,以家庭联产承包责任制为主的农村经济体制改革,使大量劳动力从土地的束缚中摆脱出来,在很大程度上农村居民具有自主决策权,能够自我决定劳动时间和闲暇时间的分配以及劳动时间在不同产业间的分配。在城市中,受农村经济体制改革的影响,城市的经济体制改革工作不断深化,推动了工业化,从而使劳动力的需求猛增。因此,在此期间,我国劳动力的迁徙非常活跃,其方向主要是由中西部地区向东部沿海地区流动和由农村向城镇转移。但值得注意的是,我国自新中国成立以来实施的户籍制度的二元属性成为阻碍劳动力跨城乡、跨区域流动的主要因素,从而无法适应社会经济发展的客观需要。

诚然,我国政府尽管采取严格的措施以管控城镇人口,但是也针对特殊情况和条件下的农民"农转非"政策有所放松和偏斜。从实际发展情况来看,"农转非"政策的放开,不仅使我国的户籍管控出现松动,而且也适应了经济发展和社会进步的环境,并满足了人们的需求,更推动了 20 世纪 70 年代末 80 年代初相关户籍制度改革的多项政策和措施的出台。例如,公安部等多部委(局)联合下发的《关于解决部分专业技术干部的农村家属迁往城镇由国家供应粮食问题的规定》指出,针对在工作岗位具有特殊贡献的专业技术干部和高级技术干部等农村家属的户口可以不受公安部的正常审批指标的约束,享有由农业户口转为非农业户口的特殊待遇。随后,中央和地方政府相继对具有特殊条件(比如"三线"建设时期的艰苦地区职工)和特殊资格的博士后研究者、武装部干部以及党政处级以上干部等放宽了"农业人口转为非农业人口"的限制,并且将原计划指标提高了 0.5‰。这里需要说明的是,在当时情况下,尽管我国政府开始改革户籍制度,放开"农转非"限制,但是针对对象是少数的、特定的专业技术人员和其他符合"农转非"条件的人员,占人口绝大多数的农村居民仍然受制于户籍制度的束缚,被牢牢地"锁定"(lock-in)在土地上,既不能自由地由农村向城镇迁移,也不能自由地由经济发展水平低的中西部、边贫老少地区向经济发展水平较高的东部沿海地区转移。

随着 1984 年中央"一号文件"《中共中央关于一九八四年农村工作的通知》的颁布,我国户籍制度的改革步伐进一步加快,并在中央层面确立开展户籍改革的试点工作。当年中央"一号文件"指出:各省、自治区、直辖市可选若干集镇进行改革试点工作,允许务工、经商、办服务业的农民"自理口粮"到集镇落户。[①] 在中央"一号文件"下发 9 个月后,同年 10 月 31 日,国务院下发了《关于农民进入集镇落户问题的通知》,以解决农民迁入集镇的户籍问题。《关于农民进入集镇落户问题的通知》从农户进入集镇落户的条件、待遇、权益保障以及社会管理等方面明确规定了各级公安部门应该准予进入集镇的农民落常住城镇户口,及时办理户口转移接入手续,并发放自理口粮户口簿。但这些农民应该满足以下两个前提条件之一,方可以申请集镇户口:一个是前往集镇务工、经商与投资服务业的农民及其家属在集镇具有固定住所、具备经营能力;另一个则是长期在乡镇企业务工的农民。换言之,有关部门在统计户籍人口时,可以不再将满足这两个条件之一的农民统计为"农业人口"。诚然,从历史发展演进的角度看,尽管《关于农民进入集镇落户问题的通知》针对农民进入集镇落户问题还存有一些限制,但该通知文件体现了"自理口粮"政策的灵活性,是我国户籍制度改革的破冰行动的起始点,突破了城乡人口管理的严格户籍管控范围。

由于新中国成立以来我国的城乡户籍制度实质上是一种静态的管理方式,无法适应当时社会发展的需要,1985 年 9 月,全国人民代表大会常务委员会颁布了《中华人民共和国居民身份证条例》,从而实现了户籍管理方式的动态化;更为重要的是,作为居民个人身份的证明,身份证不仅区别了家庭户口簿,而且具有可携带性的特点,符合改革开放以来市场经济下社会发展的需要,便于相关部门对流动迁移人口的管理。

[①] 新华网:《中共中央关于一九八四年农村工作的通知》,http://news.xinhuanet.com/ziliao/2005-02/07/content_2558385.htm。

随着我国城市经济体制改革逐渐推向"深水区"及改革步伐的加大，社会各界强烈要求放开户籍管控，甚至一些地方政府或放宽"农转非"政策的条件或出台相关宽松性政策，这样，大大地增加了各地农业人口转为非农户口的指标量，最终超过中央的"农转非"统一指标。更为重要的是，这一现象呈现出愈演愈烈的态势，远远超过当时财政、就业、城市日常食品供应以及基础设施等方面的承受力。因此，国务院在《关于严格控制"农转非"过快增长的通知》中明确提出，通过计划和政策规定两种方式相结合的管理方法来控制"农业人口转为非农业人口"，并加强"农业人口转为非农业人口"指标的审批与监督。

20世纪90年代初期，随着《关于实行当地有效城镇居民户口制度的通知》的颁布，我国开始实行"蓝印户口"管理，即针对小城镇和各类经济特区、工业区、开发区的外资人员的亲属、被征地农民颁发"蓝印户口"。但这里需要说明的是，这种"蓝印户口"要求符合条件者有条件地办理"当地有效的城镇户口"，同时持有"蓝印户口"的居民尽管需要经过一定期限才能成为正式城镇居民，但依然享有当地城镇居民的各种社会福利。这样，全国各地出现了户口买卖的浪潮，购买小城镇户口，从而导致"户口"背后隐藏的不公平现象产生。

二、小城镇的户籍制度改革政策

我国户籍制度改革真正开始实施时间是20世纪90年代，标志性事件便是国务院下发当年第20号文件，即《国务院批转公安部小城镇户籍管理制度改革试点方案和关于完善农村户籍管理制度意见的通知》（国发〔1997〕20号）。该文件将实行户籍试点改革的范围限制在县级行政单位的城区和建制镇的建成区，同时还要求各省（自治区、直辖市）级政府选择几个小城镇进行为期两年的户籍制度改革试点，在此基础上进行经验总结，为下一步分批分期地实施户籍制度改革提供经验借鉴。主要的试点内容包括[1]：

（1）凡是在小城镇有合法稳定的工作或收入来源，而且在合法稳定住所居住时间已满2年的外来进城务工人员，如果他们在就业地点购买了商品房或拥有合法的自建房以及还有共同居住的直系亲属，那么这部分

---

[1] 中华人民共和国住房和城乡建设部网站：《国务院批转公安部小城镇户籍管理制度改革试点方案和关于完善农村户籍管理制度意见的通知》，https://www.mohurd.gov.cn/gongkai/fdzdgknr/zgzygwywj/200110/20011026_155441.html。

人群就可以申请办理城镇户口。

(2)为吸引外商、海外华人侨胞以及港澳台人员在当地小城镇投资兴办工厂,该文件提出,如果这些人员经过政府批准后购买当地商品房或者拥有合法的自主建设房,可在一定条件下为其家乡亲属办理小城镇常住户口。

(3)在小城镇范围内居住的农民,土地已被征用,需要依法安置的,可以办理城镇常住户口。但是,这部分农民的农村承包地和自留地必须被其所在村委会或其他农村经济组织收回并开具相关证明,从而才有资格申请办理在小城镇落户的手续。

(4)试点小城镇农村人口办理城镇常住户口,实行指标控制,指标由国家发展和改革委员会(原国家计划委员会)与财政部、公安部、农业部等相关部门另行下达。针对小城镇落户人员的社会管理,1997年第20号文件《国务院批转公安部小城镇户籍管理制度改革试点方案和关于完善农村户籍管理制度意见的通知》还提出:"对在小城镇落户的人员,各地方、各部门均不得收取城镇增容费或者类似增容费的费用。目前,按照地方规定仍在收取增容费的,自本方案下达之日起一律停止收取;对已经收取的增容费,一律纳入财政预算管理,不办理清退,同时要切实做好群众的思想工作。"

1998年7月22日,国务院再次转发公安部《关于解决当前户口管理工作中几个突出问题的意见》(国发〔1998〕24号),要求在继续坚持严格控制大城市规模、合理发展中等城市和小城市的原则下,逐步改革现行户口管理制度,适时调整有关具体政策。此外,针对户籍管理制度改革中几个较为突出的问题,提出解决意见[1][2]:

(1)实行婴儿落户随父随母自愿的政策。今后,新出生的婴儿可以在父亲或者母亲常住户口所在地的户口登记机关申报常住户口。对以往出生并要求在城市随父落户的未成年人,可以逐步解决其在城市落户问题,学龄前儿童应当优先予以解决。

(2)放宽解决夫妻分居问题的户口政策。对已在投靠的配偶所在城市居住一定年限的居民,应当根据自愿的原则准予在该城市落户。

(3)男性超过60周岁、女性超过55周岁,身边无子女需要到城市投

---

[1] 中国网:《伍先江:户籍制度改革的新起步》,http://www.china.com.cn/chinese/society/89682.htm,2001年12月31日。

[2] 中国网:《国务院批转公安部关于解决当前户口管理工作中几个突出问题意见的通知》,http://www.china.com.cn/law/flfg/txt/2006-08/08/content_7059908.htm。

靠子女的居民,可以在该城市落户。对因工作调动等原因在其他地区离休、退休的人员,需要返回工作单位所在地或者原籍投靠配偶、子女的,应当优先予以解决。

(4)在城市投资、兴办实业、购买商品房的居民及随其共同居住的直系亲属,凡在城市有合法固定的住所、合法稳定的职业或者生活来源,已居住一定年限并符合当地政府有关规定的,可准予在该城市落户。具体工作由公安部先行组织试点,在总结经验的基础上逐步推开。

自1998年公布相关的改革措施后,2001年5月1日,国家粮食局颁布通知取消粮油关系和户籍挂钩政策,指出今后在全国范围内迁移或者"农转非"居民,将不用再办理市镇居民粮食供应移转证明(即"市转证"或"粮油关系")。此举不仅说明实施近40年的"户粮挂钩"政策终将因改革需要而彻底取消,也为户口制度改革排除了制度性障碍。

在总结1997年以来全国各地小城镇户籍制度改革试点经验与教训的基础之上,2001年3月30日,国务院正式批转了公安部提交的《关于推进小城镇户籍管理制度改革的意见》(以下简称《意见》)(国发〔2001〕6号),开始全面推进小城镇的户籍管理制度改革,加速大陆农村剩余劳动力的转移和城镇化进程,为促进农村和小城镇社会经济的发展注入了新的动力。《意见》对小城镇户籍制度改革的实施范围、入户条件、入户原则、办理程序及相关费用、人员待遇及权利义务、实施期限等均作出了明确规定[①]:

(1)实施范围:小城镇户籍管理制度改革的实施范围是县级市市区、县人民政府驻地镇及其他建制镇。

(2)申请资格:凡在上述范围内有合法固定的住所、稳定的职业或生活来源的人员及与其共同居住生活的直系亲属,均可根据本人意愿办理城镇常住户口。已在小城镇办理的蓝印户口、地方城镇居民户口、自理口粮户口等,符合上述条件的,统一登记为城镇常住户口。

(3)土地承包的处理:对经批准在小城镇落户的人员,不再办理粮油供应关系手续;根据本人意愿,可保留其承包土地的经营权,也允许依法有偿转让。

(4)审批工作:对办理小城镇常住户口的人员,不再实行计划指标管理。地方公安机关要做好具体组织实施工作,严格按照办理城镇常住户

---

① 中华人民共和国中央人民政府网站:《国务院批转公安部关于推进小城镇户籍管理制度改革意见的通知》,http://www.gov.cn/gongbao/content/2001/content_60769.htm。

口的具体条件,统一行使户口审批权,严格按照群众自愿申报、居住地登记户口、人户一致等原则审核把关,并严格按照户口迁移程序办理落户手续。申请在小城镇落户的人员,必须由本人持有关证明材料向迁入地户口登记机关提出申请;迁入地户口登记机关经严格审查,确认符合条件的,报县(市)公安机关审批。

(5)福利保障:经批准在小城镇落户的人员,在入学、参军、就业等方面与当地原有城镇居民享有同等权利、履行同等义务,不得对其实行歧视性政策。各地区、各有关部门不得通过户籍管理制度改革收取城镇增容费或其他类似费用。

(6)实施期限:文件中规定,各地最迟应于2001年10月1日前全面部署开展小城镇户籍管理制度改革的工作。一项涉及2万多个小城镇、上亿人口的社会改革措施正式开展。20世纪90年代中期以后,一些地区部分国家机关的公务员考试开始对外地人和农村居民开放。陕西、吉林等省的农村青年最早享受到与城市居民一起竞争公务员岗位的权利。此后,北京、上海等大城市也陆续取消了对外来人口参与公职的户口限制。

总的来看,中国的户籍制度虽然经历了20世纪80年代至90年代中期近15年的改革历程,但是改革的幅度仍然限定于小部分居民并受到诸多条件限制。这些限制性条件直至《小城镇户籍管理制度改革试点方案》(以下简称《试点方案》)和《关于推进小城镇户籍管理制度改革的意见》(以下简称《改革意见》)两份政策文件出台之后才发生了具体的突破性的发展。

比较《改革意见》和《试点方案》可以发现,《改革意见》体现了以下几方面的主要政策调整[①]:

首先,用"自愿性原则"代替"计划性指标"。1997年国务院批转的《试点方案》规定:"试点小城镇农村人口办理城镇常住户口,实行指标控制,指标由国家发展和改革委员会(原国家计划委员会)、财政部、公安部、农业部等有关部门另行下达。"随后这四部门在下发的文件中提出:"试点期间,各地应将小城镇农村人口办理城镇常住户口的数量一并纳入年度农转非计划,单列为其中试点小城镇指标。"然而,在试点期间,由于计划经济体制难以适应社会经济发展要求并具有某些不足之处,各地普遍认为《试点方案》实行计划性指标这一原则不符合实际情况,因此难以实施。

---

① 《国务院批转公安部关于推进小城镇户籍管理制度改革意见的通知》、《国务院批转公安部小城镇户籍管理制度改革试点方案和关于完善农村户籍管理意见的通知》。

对此，中央政府及相关部门在《改革意见》中，将"实行指标控制"修正为"凡在上述范围内有合法固定的住所、稳定的职业或生活来源的人员及与其共同居住生活的直系亲属，均可根据本人意愿办理城镇常住户口"。即将农村居民由农业户口转为非农业户口的原则修改为"自愿性原则"。

其次，允许"保留土地承包权"和"依法有偿转让"。1997年国务院批转的《试点方案》规定："经批准在小城镇落户人员的农村承包地和自留地，由其原所在的农村经济组织或者村民委员会收回，凭收回承包地和自留地的证明，办理在小城镇落户的手续。"但这可能会使农民担心由于政策的转向而导致原有承包土地的丧失，一定程度上影响了农民参与小城镇户籍改革的意愿和积极性。为照顾进城农民的社会保障需求心理，在《改革意见》中进行了相关的修改规定："对经批准在小城镇落户的人员，不再办理粮油供应关系手续；根据本人意愿，可保留其承包土地的经营权，也允许依法有偿转让。"理论上，这有利于促进农地流转，实现土地的规模化效应。

最后，"取消连续居住两年以上的限制"。《试点方案》规定："凡在小城镇已有合法稳定的非农职业或者已有稳定的生活来源，而且在有了合法固定的住所后居住已满两年的从农村到小城镇务工或者兴办第二、第三产业的人员……可以办理城镇常住户口。"《改革意见》取消了居住时间的限制，规定"凡在上述范围内有合法固定的住所、稳定的职业或生活来源的人员及与其共同居住生活的直系亲属，均可根据本人意愿办理城镇常住户口"。

三、大、中城市的户籍制度改革实践

由于我国地域辽阔，制度往往随着区域差异而有着不同的样貌。同样地，我国户籍制度也存在这样的特性。治理者面对制度变迁的风险，采取步步为营的修正方式，即成为制定政策的特色，然而仿效其他城市的制度经验，更是降低成本的绝佳方式。从整体来看，上海户籍制度的成功经验是各地仿效的样板。

20世纪90年代国家实施浦东开发战略之后，众多外地农民工纷纷聚集上海寻求工作机会。根据调查，流入上海的外地人口，由1988年的106万人逐步增加至1993年的251万人，而后更是在2006年达到627.01万人。从数据上看，除了外来人口数量持续增长之外，另一项重要特征则是转移劳动力的停留时间延长。在20世纪80年代末和90年代初的时

候,有 50% 以上的转移劳动力停留上海不满一年,但是在 1997 年之后,人数比例却骤降至 28.7%。近十多年来,停留一年以上的转移人口比例不断增长。因此,转移人口停留周期的改变,不仅仅意味着这部分群体的生活重心转移至城市,还往往意味着城市政府必须调整治理方式,从而适应人口规模和结构的变化,促进地区经济和社会的发展。

由此看来,上海必须面对两大课题——城市建设发展与外来人口治理,即成为城市建构吸纳体制的关键要素。因此,1994 年上海实施了蓝印户籍制度改革。在上海市的户籍制度改革措施规定中,具有投资、购房、人才落户三种吸纳渠道。而在此,本书将只关注户籍制度中"购房类"部分。其原因主要包括两方面:一方面是由于购房类相对于其他两种落户渠道更容易受到中央宏观调控牵动,而能体现出城市吸纳体制的转型样貌;另一方面是购房类的落户渠道中取得户口者群体差异较大,而不像投资类、人才类落户群体位于社会上层且趋于一致。

1994 年,上海颁行蓝印户籍制度。但是在当时,蓝印户籍规定甫推行之际,主要群体并非以外地人口为主,而是以港、澳、台地区境外人士为对象。此外,申请蓝印户口者,必须满足 100 平方米购房面积条件,并且需要 5 年过渡期后,才能获得上海户籍。1996 年,政府为刺激房地产内需发展,转而对蓝印户籍制度制定详细条件,将购房入户条件降低至 80 平方米,并新增购买总额条件。与此同时,蓝印户口转而对外来人口开放。然而,自 1994 年实施蓝印户籍制度以来,蓝印落户人数并没有明显增长,直到 1998 年中央住房改革政策的到来。

1998 年,中央决定停止福利房分配,转为商品化住房,总体住房市场供给量大增,上海市政府随之调整政策,修正原有蓝印户籍制度。上海进一步划分不同层级区域,并制定相应门槛。总的来说,越趋于中心区域,具备越高的购房落户门槛,如浦东新区陆家嘴;而位于城郊区域,如青浦区、松江区则有着较低的门槛限制。相较过往单一门槛的限制,1998 年的修订条文分置不同层级的落户门槛,逐渐朝向分歧宽松的落户条件。2002 年初结束蓝印户籍制度,实施《持有〈上海市居住证〉人员申办本市常住户口试行办法》,进入户籍制度停滞期;直至 2008 年浦东新区建立"绿色通道",为优秀人才优先解决户籍,并提出"以后居住证将有条件转成户口",破解了相当长一段时间内大城市户籍制度改革的冰冻期,开始新一轮户籍制度改革。

1994—2002 年上海蓝印户籍结束,而整体通过蓝印落户的人数比例仅占上海外来人口的0.8%,悬殊的数字比例显示出上海户籍的稀贵性。然而,蓝印户籍制度除了住房门槛的条件外,最重要的两样措施在于"资格注销规定"和"城市建设费"。外地移工取得蓝印户口后并非自此高枕无忧。外地移工身处过渡身份,必须接受监察机制审核,确保申请者就业与居住事实,并符合国家计划生育要求与良好的治安记录。于是,维护个人良好记录是成为上海公民的必要条件。必须承认的是,审核机制彰显出城市政府对公民身份的垄断权,说明城市公民身份是"被给予的",而不是"应得的"。换言之,藏于城市政府背后的潜台词是:"既然上海蓝印户口是我给予的,理所当然,我同样具有权力收回。"因此,即便外来人口拥有蓝印过渡身份,却仍旧显示出与身份状态相关的风险。外地人口只有在付清费用后,才有可能取得上海城市户籍。因此,个人购买住房仅是跨越身份界限的首道门槛,随后经过城市建设费的支付、过渡期的等待,才能逐步获得城市公民身份。从以上相应的措施来看,体现出上海吸纳体制在身份认定方面的缜密规定。即便上海蓝印户籍制度的推行似乎崭露一丝曙光,但不论是从相关规定还是申办人口比例数量来看,皆说明外地移工获得上海城市户籍依旧非常困难。

  2002年,上海结束推行8年的蓝印户籍制度,随之而来是居住证制度的采行。初看居住证制度时,似乎替代了原先蓝印户口的地位,但细看之下,两者对于上海吸纳体制的内涵大有不同。上海蓝印户籍制度包含三项落户渠道:投资、人才引进与购屋。无论外地移工经由何种方式获得蓝印户口,都代表他们将逐渐脱离外来人口身份,成为城市公民。但是,居住证制度的实施就并非如此了。2002年,上海颁布《引进人才实行〈上海市居住证〉制度暂行规定》,目的在于促进人才流动,提升城市竞争力。由此看来,居住证制度着重的吸纳对象是特殊人才和拥有特定技能、高等学历的群体。但是,这不同于蓝印户口具备跨越户籍藩篱的意义。换言之,外地人口持有居住证,不存在身份转变的渠道。因此,即便个人持有居住证,未来也将被阻绝在上海城市吸纳体制之外。此外,根据居住证制度规定,个人拥有居住证将等同于城市居民身份,并享有公共资源,但是这并非象征永久的城市公民身份。相反,个人身份依附就业事实,意味着进城务工人员如果一旦失业,将丧失附加于上的各项资源与保障。显然,上海政府推动居住证制度,并非"填补"蓝印户籍的角色,更正确地说,居住证代表的是一套全然不同的管理制度,其仅是一项短暂赋予准城市居民待遇而非给予身份地位的吸纳制度。

上海户籍制度变迁样貌勾勒出城市政府精细擘画的吸纳体制。与此同时，从上海蓝印户籍制度最终画上句号的结果来看，意味着上海在此之后逐渐收紧了城市公民权的获得渠道，在积分落户制实行之前，封闭型吸纳体制成为上海面对外来人口的主要治理模式。上海蓝印户籍制度推出时，存在着外地移工获得城市公民权的可能性，经由过渡期，有序、渐进地获得城市户籍身份。换言之，一般外地移工将渐进地由合法移民（legal transient）转变为准公民身份（denizen），最后取得城市公民身份（citizen）。但随后，上海政府成功推动住房内需市场后，即刻停止蓝印户籍制度。这意味着上海政府封阻外地人员转为城市户籍的渠道，外来迁移人口只能取得准市民身份，而无法成为正式城市公民。

第三节　户籍制度改革对人口流动的影响及经验教训

回眸我国几千年的历史，历代政府均对户籍给予高度重视，比如唐朝府兵制、宋代青苗法、明朝"一条鞭法"以及清代"摊丁入亩"政策。在明朝时期，更是修建了专门用于保存户籍资料的"库房"（今南京玄武湖及其附近一带），并派专人管理，由此可见政府对户籍的重视程度。什么是户籍？所谓户籍，即国家相关职能部门用于记录本国所有公民姓名、年龄、性别、民族、受教育程度、出生地（又称"籍贯"）以及与户主之间关系等涉及人口基本信息的法律文书，或者叫证件。通过完备村级（社区）组织和行政管理体制、自下而上建立起的户籍管理制度，能够对分散居住的居民实施严格的社会管理。

作为传统农业社会国家，封建中央集权政府之所以重视户籍制度的管理，最主要是为了服务社会的需要，将其视为管理公共事务和征收赋税的重要手段。如同政治学者 James C. Scott 在《国家的视角》（*Seeing Like a State*）一书中所言，现代国家建构的基本理念就是清晰化与简单化，使统治者对于被统治的活动一目了然，以满足税收、征兵与镇压社会中的反叛势力的基本要求。

新中国成立以来，我国政府对户籍制度具有相当高的重视度，废除了旧的户籍制度，建立了新的户籍登记制度。由于受到历史传统、文化观念和计划经济体制等多种因素的影响，从总体上看，仍保有大量传统户籍制度的内容。如户籍制度带有深深的身份印记，将人口分为"农村户口"和"城镇户口"，且存在着阶级上的差异，享受的待遇明显不同；户籍形成了具有世袭色彩的身份制度，农村居民除了通过考试、招生、招工、随军、人才引进等少数途径外，绝大部分承袭父母的农村户口，这样的划分造成严重的城乡差距。尽管如此，户籍制度却带有很强的社会治安功能等，对维持社会和谐稳定具有重大意义。同时，户籍制度能够为政策制定者提供全国人口的数量、分布、年龄构成等信息，只有确切了解这些信息，公共政策的制定才更加科学有效。

一、户籍制度改革对人口流动的影响

近5年来，中央政府多次提出要加速户籍改革，放宽中小城市落户条件。但如果仔细观察很多人口迁入地城市的户籍改革政策，不难发现户籍改革进展非常缓慢，尤其是沿海地区主要的流动人口输入城市的地方政府，在为外来人口提供与城市户口对应的公共服务方面缺少动力。正如陶然等(2011)所指出，户籍制度改革为何这么难？这不仅涉及地方政府进行户籍改革的激励问题，也涉及对现阶段"城市户口"到底包含什么排他性公共服务，以及通过什么方式提供这些服务的认识问题。长期以来，社会各界对这些问题都存在认识误区。

陶然等(2011)认为："目前我国几乎所有的生活消费品都已市场化。而随着就业市场化和非国有企业成为城市就业的主要创造者，就业也逐渐与城市户口脱钩。即使是一些城市政府提供的就业岗位，比如环保、卫生之类的低端职位，也开始招纳外地人口。城市户口与就业的逐渐脱钩，也就意味着户口与就业相关的社会保险（即所谓的'五险一金'，包括养老、医疗、失业、工伤、生育保险及住房公积金）脱钩，这些保险是由作为雇主的企业和作为雇员的个人（单独或共同）缴纳的。因此，如果劳动者就业单位为其雇员上了这些社会保险，则不管该雇员是否有本地城市户口，都可以享受这些保险。从这个意义上讲，当前阶段某地城市户口主要意味着由该地城市政府所提供的、与城市户口相关的、具有排他性的三项公共服务——以城市最低生活保障为主的社会救助服务、以经济适用房和廉租房实物或租金补贴为主的政府补贴性住房安排，以及迁移人口子女在城市公立学校平等就学的机会。"因此，没有缴纳社会保险应该不构成是否享受这些与户口相关公共服务的约束。

上述三项福利中，以城市最低生活保障为主的社会救助服务成本较低，并不构成户籍制度改革的主要障碍，而成本较高的是补贴性住房安排及子女平等就学机会，其中成本最高的是"保障性住房"。实际上，要实现举家迁移的两个最主要条件,就是农村迁移家庭在城里能够找到可支付的住房,而且孩子还要有学上。但当前城市房价高企,而保障性住房又基本不覆盖外来人口,加上流动人口子女进入城市公立学校因学位不足或多种歧视性政策而就学困难,以单身、临时性迁移为主体的从农村向城市的人口流动模式自然难以避免。很多农村流动人口,尤其是女性打工者,之所以在30多岁后选择回乡,就是因为其子女无法在九年制义务教育阶段的城市公立学校顺利就学,更不用说在迁入地上高中和参加高考,由此不得不回家照顾孩子上学,而男性劳动力到了40—50岁后发现在城市定居无望,也不得不退出劳动力市场。这在一定程度上也就解释了为什么中国农村还有不少剩余劳动力,城乡收入差距超过3倍,但现阶段却已经出现劳动力短缺的现象。

因此,户籍制度改革的关键就在于如何通过有效的政策改革方案,为流动人口提供可支付的住房以及为其子女教育建立有效的融资机制,从而使得这些流动人口可以在城市定居下来,在解决他们家庭团聚问题的同时,有效促进他们在城市消费,缓解劳动力市场紧张,并促进长期经济增长。

在移民研究中,移民返乡(return)和定居(settle)议题的辩论始终是核心的讨论议题。移民居住年数的增长、移民与移居地的融合过程、社会网络的延展是影响移民决定迁移的因素(Massey,1986、1987;Piore,1979)。然而,对外地迁移人口来说,又是哪些因素影响其往返行动呢?城市政府建构的吸纳体制是否影响外地人口迁移选择?如果城市政府仍旧按照户籍身份,持续差异分配公共资源,将会导致外地人口极力争取城市户籍身份,降低户籍之下的资源落差,以减缓户籍制度带来的压力。又如Zhou和Cai(2006)文章所言,移民融入移入地社会的过程中,除了文化隔阂外,更受到制度因素的影响。因此,城市政府如何构建社会管理制度,将在很大程度上影响外地迁移人口顺利融入移入地社会的过程。

中国蓝印户籍制度的推行,具备浓厚的过渡内涵。站在政府的角度,"过渡"性质,代表制度一旦达成经济目的后,随即结束。换言之,蓝印户籍制度的执行是有期限的。但是,当蓝印户口的过渡特性被放置在外地迁移人口身上后,则体现出截然不同的意义。蓝印户口的过渡意义,意味着外地迁移人口获得蓝印户籍的准公民身份后,将可以有序渐进地取得城市公民身份。然而,当城市吸纳体制一旦改变后,却导致外地迁移人口停滞于准公民身份状态,无法过渡至正式城市公民身份。因此,这部分人群身份状态的停滞,代表着仍旧被排除在核心城市公民权之外。各地政府推出蓝印户籍制度,是期盼以城市户口吸引购房人潮,刺激城市建设。因此,城市政府建立的吸纳体制,将通过经济筛选吸纳特定对象。换言之,这意味着一般民工群体将与这项制度无关。当一部分移工具备足够经济能力来跨越经济门槛成为准城市公民时,同时也意味着有另一群民工无力购房,而被遗落在整个城市吸纳体制之外。毫无疑问,中国蓝印户籍是针对特定对象所建立的吸纳体制。但是,当诸多城市纷纷采纳此种方式吸引特定群体时,却也从侧面反映了外来转移人口特别是大量农村转移人口"无门可入"的窘境。

二、户籍制度改革与吸纳人口政策的经验

近年来,我国各级政府逐渐完善和健全了城市社会保障系统,并通过经济适用房和公共廉租房建设,为城市居民提供较好的硬件设施。然而,这些措施只针对具有当地城镇户口的居民。同时,在子女教育方面,由于未提供财政支持,中央政府要求地方政府解决外来人口特别是农民工子女的就学问题也就成了"水中月,镜中花"。这里涉及户籍制度改革滞后的另外一个原因,就是户籍制度改革必须具有相当的财政支持。在没有通过上级转移支付或者开征新的地方税收给流动人口接收地的地方政府提供相应资源和政策的情况下,单纯地依靠地方政府财政提供这些公共服务显然是不可能的,将非常困难。

因此,对现有的公共财政制度、户籍制度、土地征用制度、耕地保护制度以及社会保障制度体系进行系统性的理论和实证研究,并寻求整体性的改革方案和制定配套政策,以推动城镇化新格局的实现,就非常重要而且必要。这样的研究不仅有助于我们更好地把握中国城镇化加速背景下的户籍、农地、征地制度与相关财政、社会保障体制所存在的问题,也有助于我们深刻认识这些问题之间紧密的相互联系,从而有助于政府形成整体性的改革思路并制订具有可操作性的配套解决方案。作为一个处于全球化背景下经济快速发展的大国,中国城市、产业和人口都已经而且将进一步在全国范围内实现重组,城镇化进程加速中的人口大规模迁移和空间扩展是必然的趋势。所以,在中国经济与社会快速发展中,如何通过建立相关的新机制和体制,在实现效率兼顾公平的条件下完成"人口城镇化"和"空间城镇化",真正在集约、有效利用农村内部土地和城市、工业建设用地的同时,实现流动人口逐渐转化为城市永久居民的"人口城镇化",并推动农村内部土地产权的稳定和农业生产规模的扩大,就成为我国当前城镇化新格局形成过程中必须解决的重大理论问题和政策问题。城镇化与户籍制度改革相互支撑、相互促进。加快城镇化进程,能够带动户籍制度改革;推进户籍制度改革,能够促进城镇化水平提高。构建有效机制,实现城镇化与户籍制度改革的良性互动,是加快城镇化发展的战略举措。

三、深化户籍制度改革应围绕增加就业机会推进

改革开放以来,我国经济持续发展,工业化、城镇化加速推进,为保持今后一段时期经济平稳增长打下了扎实基础。但城镇化不能仅仅理解为城市空间的扩大和城镇人口的增加,城镇化的内涵十分丰富:"人口的增加或转移"是其前提和表现形式,"经济活动的集聚"是其主要内容,"社会经济结构的转变"是其实质和核心,"社会现代化的实现和人民福利的提高"是其根本目标。因此,我国户籍制度改革必须与我国城镇化的发展阶段相适应,必须能够推进城镇化的平稳发展。

第一,由于我国地域辽阔,各地的经济发展水平差别很大,不同地区户籍制度改革应该有其针对性,允许各地根据其特殊情况制定各自的政策法规和措施,发达地区可以先行先试,即允许各地有先有后。

第二,我国城镇化的发展历来有两条途径的争论:一个是"离土不离乡"的小城镇发展;另一个是具有规模效应和集聚效应的大城市发展。2014年7月30日国务院发布的《关于进一步推进户籍制度改革的意见》明显倾向于前者。农村转移人口来到城镇,最主要的目的是获得就业机会,有就业、有产业,才能让农村转移人口真正在城镇中立足,安身立命,如果没有起码的就业机会,人口城镇化就无从谈起。也就是说,户籍制度改革还是以围绕就业机会的增加来推进,哪里的就业机会多一些,哪里的户籍就应该宽松一些;什么样的户籍制度能够提高和促进就业,就应该加以提倡和推广。而从我国目前的经济发展阶段来看,参照国外相关的经验,只要提高相应的城市管理水平,继续吸纳相当一部分农村人口是完全有可能的。

第三,我国经济的区域发展极不平衡,由此,沿海地区外来劳动力城镇化的压力很大,为均衡经济发展乃至人口的合理分布,建议在中部乃至西部地区通过相应的配套政策,促进和发展出一两个像北、上、广、深的特大型城市,这不仅仅是发展中西部经济的需要,也有利于我国城镇人口的均衡分布。

第四,《关于进一步推进户籍制度改革的意见》要求到2020年,也就

是在5—6年的时间里,要有1亿人,即每年有近2000万农民离开农村,完成人口城镇化的阶段性目标。这些人口来到城市对于我国经济社会发展既是长期的机遇,又是短期的一个极大挑战。他们的生产和生活消费可以提高我国消费水平,刺激经济增长,但他们享受的各类社会保障待遇,主要包括安居工程建设、最低生活保障制度以及子女入学机会等,短期内会给地方政府造成很大的财政压力。在财税体制没有理顺前,地方政府对于相应费用的付出没有动力、激励和能力。建议为加快促进人口城镇化发展,中央财政向地方政府的转移支付水平要与地方政府吸引落户群体数量挂钩。从长期来看,要通过未来的经济增长和财政收入增加来逐步化解上述费用。经过测算,随着经济增长及财政收入的提供,这三项费用在预算中所占比例逐年降低,到2020年,仅占6%不到。

第五,人力资本含量过低,是农业转移人口进入城市获得更好就业机会的主要障碍。建议国家通过增加教育和技能培训等投入,提高进城务工农民及其全体农民的人力资本水平,以获得更多的就业机会。从长远看,人力资本的提升才是提高我国人口城镇化水平的关键。

第六,现有户籍制度改革措施是否会造成新的不公平须深入跟踪研究。比如,《关于进一步推进户籍制度改革的意见》中明确否定了所谓的"土地换保障",也就是"不得以退出土地承包经营权、宅基地使用权、集体收益分配权作为农民进城入户的条件"。这一措施从短期来看是保障了农民的利益,保障了农民对于城镇化的双重选择,可进可退,但实践中可能会碰到问题,如果这三种权利没有一个合适、可行且强制性的退出机制,进城农民肯定不会自愿放弃这三种权利。从历史看,我国江南地区的"不在地主"(Absentee Landlord)规模很大。如果没有制定土地的退出机制,大批农民"带着土地进城",农地将进一步细碎化,不利于适度的规模化经营,对我国保障重要农产品供给与粮食安全提出很大的挑战。

总的来说,户籍制度改革的最终目标应该是城乡差别的泯灭,改革措施的设计应该紧紧围绕就业机会的创造和提升,在现阶段应该进一步发挥大城市的经济集聚效应。另外,为促进全国经济活动和人口的均衡分布,在中西部应该形成若干个特大型城市。最后,中央政府应对城镇化进程中农业转移人口的社会保障和教育进行必要的转移支付,与地方政府形成合力,保障户籍制度改革的顺利推进。

第四节 人口流动模式与城市空间的扩张

社会经济发展到一定阶段后,必然会出现大量农村人口向城镇地区聚集的现象。我国从20世纪90年代中期开始进入城镇化快速发展阶段,人口流动的演变过程深刻影响着我国城镇化进程。在这一过程中,我国城市建设用地快速增长,城市空间范围不断蔓延。

一、人口流动引致城市空间扩张

从我国过去40多年城镇化发展历程来看,城镇化与城市土地利用存在密切的联系,具体表现为城镇化水平与城市土地利用程度呈现正相关关系。对此,不少学者也进行了研究。比如,尽管从短期来看,城镇化水平的提升并不能很好地解释建设用地扩张的现象,但是从长期来看,城镇化水平的提升对建设用地的扩张具有较好的解释力(吴次芳等,2009)。在城市建成区方面,建成区面积与常住人口、经济发展水平三者之间的关系也支持了城市人口流入与用地增加的正相关关系,只是增速有所不同(梁进社和王旻,2002)。从农地非农转用、经济增长与城镇化之间的关系来看,三者之间也存在长期的紧密关系,相较于经济增长,城镇化水平对农地非农转用具有更大的影响效应,而且进一步考虑时间趋势后可以发现,其长期效应要大于短期效应,同时,农地非农转用对城镇化水平的提升也具有正向的推动作用(高魏等,2010)。这些都表明城镇化水平持续提高会引起土地非农化,进而导致耕地数量减少,这是因为随着城镇化水平的提高,大量人口进入城市对城市空间提出了新的要求,需要扩大城市用地面积。据此,有学者指出,在城镇化背景下,人口增加和经济增长是城市建设用地扩张的最主要驱动因素(Lin et al.,2003;廖和平等,2007)。另外,进一步针对我国大城市进行考察也可以发现,相较于经济发展与道路交通因素,城市人口数量对城市空间扩张的主导驱动作用表现出更为显著的影响。

在城镇化过程中,人口流动与城市空间扩张的关系也可以表述为人口城镇化促进了土地城镇化,这两个概念已经成为讨论城镇化问题时的重要概念。本书认为,人口流动对城镇化进程产生推动作用,这一过程会对城市土地利用产生复合影响:一方面,人口向城市集聚对城市空间提出了新的要求,包括居住需求、公共设施与服务需求、道路交通需求等,促使农地特别是耕地转为城市建设用地,城市用地规模扩张,这是由城市新增人口的生活生产需要引致的空间扩张;另一方面,人口向城镇地区转移产生用地需求,也会对城市内部建设用地结构产生影响,比如工业用地、居住用地之间的权衡。概言之,在我国快速城镇化过程中,人口因素在城市用地的快速扩张中扮演了十分重要的角色,城市人口增长与城市用地扩张具有很高的关联度。

当我们将视野拓展至其他国家,城市建设用地的扩张与人口流入的关系仍然密不可分。从新加坡房地产市场中经济基本要素对公共和私人住房价格增长的贡献来看,尽管经济要素对价格上涨的作用很大,但是人口特征的影响最大(Wai et al.,2017)。同时,对于以色列人口密度变化与建设用地扩张的关系,以1950—1990年为例进行研究可以发现,建设用地的扩张超过了人口密度增加所需要的面积,这一比例超过了50%(Shoshany & Goldshleger,2002)。进一步而言,在城市建设用地紧缺与城市空间扩张"刚需"并存的情况下,一方面,土地价格的上涨会带动房价的上涨,导致部分房屋空置,土地利用低效;另一方面,随着土地价格的持续高涨,新开发的居住用地将会逐渐远离城市,最终会导致城市建设用地盲目扩张(Hirayama et al.,2007)。

由此可见,人口向城市集聚导致城市空间大幅度扩张已经是不争的事实,而土地利用结构的这种变化是由人口生活生产需要所导致的,包括住房、交通、公共服务设施等需求。本书认为,由人口流动引致的用地结构变化本身具有合理性,是城镇化建设和社会经济发展的内生要求。但是,在人口流动引致城市用地扩张的过程中存在无序扩张等不合理现象,即土地城镇化。

二、城市空间扩张进程中的问题

现代新型人地关系更加注重资源和效益在区域间的合理配置与优化组合。由上述分析可知,我国人口城镇化促进了土地城镇化,使得城市外围农地非农化,城市建设用地面积持续增加。人口对城镇化进程具有主导作用,是城市用地不断扩张的主要驱动力,对城市空间具有决定性影响。但是,目前我国土地城镇化的发展比人口更为超前,可持续发展受到人地不协调的威胁,且规模越大的城市人地失调性往往越严重。分区域来看,东部地区人地关系比西部地区更为严峻。高速的工业化和城镇化发展必然伴随着城市建成区和工业发展区的扩大,并产生对土地和劳动力的大量需求,由此会引起农村土地和劳动力的非农转移,而农村土地非农化(实质上是一种空间城市化)与农村人口的城镇化实际上是同时进行的。

事实上,早在2007年,陆大道等学者就提出了"土地城镇化"概念,并呼吁应遏制城镇化过程中的土地过度扩张的做法。虽然我国土地资源总量丰富,但是人口基数大,人均土地面积实则非常有限,需要走土地利用高效的集约型城市化发展道路。但是近十几年以来,我国土地城镇化快于人口城镇化的问题仍然较为严重。

目前,不同领域的学者对于土地城镇化和人口城镇化的测算方法也不尽相同。部分学者试图通过指标体系描述城镇化进程。例如,陈凤桂等(2010)通过人口结构、生活水平等维度构成人口城镇化的综合指标,利用投入水平、产出水平作为土地城镇化的综合指标。也有学者采用单一指标的方法描述人口城镇化和土地城镇化(金丹和戴林琳,2021)。无论采用哪种方法,主要结论基本是吻合的:在城镇化发展初期,人口城镇化的发展快于土地城镇化;而到2010年左右,土地城镇化的发展速度逐渐超越人口城镇化。不过,人口城镇化与土地城镇化之间的协调程度是逐渐上升的(陈凤桂等,2010;金丹和戴林琳,2021)。

第六章 户籍制度、人口流动与农村土地利用

我国当前的户籍制度有其特殊性,这是由我国人多地少的基本国情、新中国成立初期工业化基础薄弱的现实约束等众多因素决定的。自改革开放以来,我国的户籍政策实际上是朝着逐步有条件放松的演进方向发展的,全国范围内的人口流动日益频繁,流动人口的规模不断扩大,并且随着城市中的非农产业领域提供了大量就业岗位,我国城市人口总量持续增长。但是,在城乡二元户籍制度下,大量进城务工劳动力无法实现彻底转移,城镇化处于一种"不完全城镇化"状态,这对农村土地利用产生了负面影响。

第一节 我国农村土地制度的变迁历程和内在逻辑[①]

新中国成立以来,我国农地制度经历了土地改革、农业合作化运动、人民公社制度的重大变迁。在20世纪80年代,随着人民公社制度的逐步解体,代之而起的是现有以集体所有制为基础、以"按人"平均土地使用权为核心、以家庭取代人民公社成为最基本的生产单位为主要特点、以赋予家庭剩余产品索取权为激励机制的家庭联产承包责任制。这种农地制度在给农业带来发展的同时也由于自身存在的缺陷而限制了农业进一步发展,如农地大小调整产生的残缺产权影响农民长期投资的积极性(Wen,2010;Jacoby et al.,2002;Ali et al.,2011),损害农业进一步发展的潜力。并且,由于农地是"按人"而不是"按劳"分配,公平优先于效率,由此所产生的土地细碎化(Land Fragmentation)现象造成农业生产中的规模不经济,浪费大量农田,降低农业产出水平(Nguyen et al.,1996;Wan et al.,2001;Wu et al.,2005)。此外,由于农地属于集体所有,在征地过程中农民的利益受到极大损害,并没有在我国飞跃式发展的城镇化过程中受益(文贯中,2007)。因此,农地制

[①] 本节内容为项目"城镇化背景下我国城乡土地结构变化的动力机制"(16AZD012)的阶段性成果,原文刊载于国内农经重要期刊《农业经济问题》2019年第1期,文章标题为《合久必分,分久必合——新中国农地制度的一个分析框架》。相较于原文,本节内容有所删减。

度需要进一步深化改革与创新。为了深入改革,有必要系统梳理总结我国农地制度变迁历程,从而把握农地制度变迁的内在逻辑,并在此基础上分析这一制度的未来变迁方向。

一、我国农地制度变迁历程

一般而言,农地可分为一般农地和城郊农地,农地制度也包含所有制形式和农业生产经营方式两个层面上的含义。本书以一般农地为研究对象,探讨新中国成立以来我国农地制度两个层面"分分合合"的变迁历程。

新中国成立以来,我国的农地制度无论是所有制形式还是农业生产经营方式,其变迁轨迹正如《三国演义》中描述的那样,"合久必分,分久必合",在70多年中经历了分分合合的变迁。如图6-1所示,在农地所有制形式变迁方面,从新中国成立前的解放区土地改革开始到初级社建立,我国逐步将封建地主土地所有制转变为农民土地所有制,而所谓农民土地所有制的实质是农民土地私有制。1947年《中国土地法大纲》和1950年《中华人民共和国土地改革法》都明确规定:农民的土地可以自由经营、出租以及买卖。此时,农地所有制形式仍然为私有制,但由于全国经历了以"中间不动两头平"为特征的土地改革运动,每一个农民包括原先的佃农、雇农等都获得一定面积的农地,其平均化程度大幅度提高,远远高于土地改革前的水平,因此,这是"分"。

从初级社的建立到农业社会主义改造完成之前,我国的农地所有制形式处于由农民私有向集体所有的过渡阶段,其最明显的特征就是在集体经营中,土地分红所占总收益的比例被逐渐降低直至取消。社会主义改造的完成标志着过渡阶段的结束。此后,随着"大跃进"的推进,我国开始了人民公社化运动,农业合作社被不断合并,组成更大规模的人民公社,土地等生产资料实行更大规模的公社所有,实现高度集中。土地的合作社、公社所有相对于合作社建立之前的土地私有来说,是"合"。

经过1959—1961年的困难时期之后,我国的农地所有制形式又有所调整。1962年实施的《人民公社六十条》将土地所有制由公社所有转变为主要以生产队所有,不适合生产队所有的土地划归为公社或者生产大队所有。农村家庭联产承包责任制实施后,1982年《宪法》规定,土地为集体所有。此后,《土地管理法》(1986)、《物权法》(2007)等多部法律对"集体"的代表者进行了细化,但是细化的原则是承认现状,即承认人民公社时期的土地实际所有者为"集体"的代表者。由此可知,农村家庭联产

所有制形式（产权）		生产经营方式
封建土地所有制→农民土地私有制	1947	土地改革，农民个体经营
	1949	
农民土地私有制→集体土地所有制	1953	初级社发展，个体经营→集体经营（有退出权）
社会主义改造完成，集体土地所有制确立	1956	
	1958	人民公社，集体经营（政社合一，无退出权）
（农地经营权、收益权归农民）	1978	农村家庭联产承包责任制，集体经营→个体经营
《宪法修正案》：（农地经营权可以转让）	1988	
《中共中央、国务院关于当前农业和农村经济发展的若干政策措施》：（农地承包期延长30年）	1993	
《农村土地承包法》：（农地转让权归农民）	2003	
（土地承包关系长久不变）	2008	
《关于完善农村土地所有权承包权经营权分置办法的意见》：（农地所有权、承包权、经营权"三权"分置）	2016	

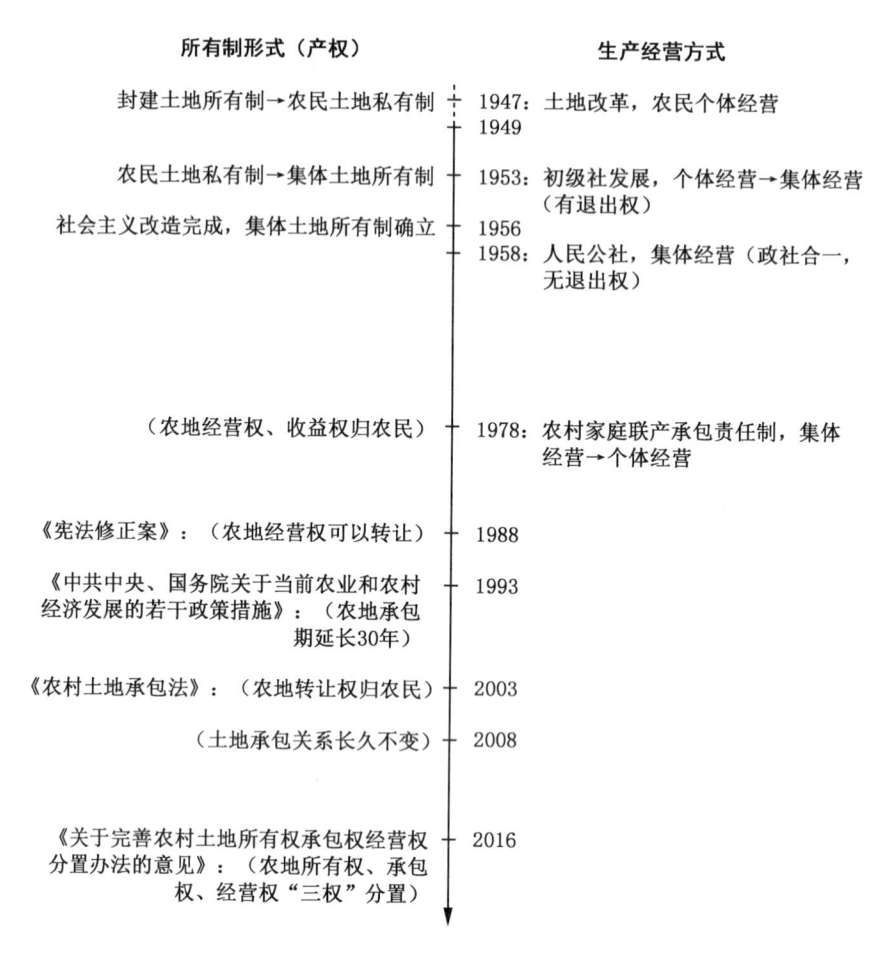

图 6—1 新中国成立以来我国农地制度的变迁历程

承包责任制时期，国家并没有对人民公社时期的土地所有权分配格局进行实质性调整。虽然此时的集体所有相对于人民公社初期的公社所有来说是一种"分"，但是它们的区别只体现在"集体"规模的大小上，而不是集体所有与个人私有的区别，我国的农地自社会主义改造完成至今一直为集体所有，其间没有发生根本性的改变。

然而，如果从产权（Property Rights）的角度出发[①]，自社会主义改造完

---

① 这里有必要对所有权与产权进行区分。我国《民法通则》(1987)第71条规定：所有权是法律赋予所有权人对财产的占有、使用、收益、处分的权利；而《新帕尔格雷夫经济学大辞典》(中文版，第3卷，第1101页)将产权定义为"一种通过社会强制而实现的对某种经济物品的多种用途进行选择的权利"。由此可知，产权包含所有权中的部分或者全部权能。

成后尤其是农村家庭联产承包责任制实施以来,其变化是分层次、有步骤、循序渐进的。一般而言,完全产权包括使用权、收益权与转让权(Cheung,1973)。农村家庭联产承包责任制实施之初,农民获得了农地的使用权与收益权,转让权缺失。1988年《宪法修正案》规定农地的使用权可以转让,但没有规定该项权利是属于集体还是农户,因此,在现实中缺乏可操作性。而2003年《农村土地承包法》这一配套法律的正式实施,农地的转让权被正式赋予农民(承包方)而不是集体(发包方)。但这种产权理论上而言是有期限的,必须在承包期限之内。2008年,党的十七届三中全会将农民的土地承包关系规定为长久不变;进一步地,2016年,中共中央、国务院发布《关于完善农村土地所有权承包权经营权分置办法的意见》并指出,现阶段深化农村土地制度改革,顺应农民保留土地承包权、流转土地经营权的意愿,将土地承包经营权分为承包权和经营权,实行所有权、承包权、经营权(简称"三权")分置并行,从而使农地转让权得到了充分保障。由此可知,当前农户获得了农地某种意义上的"完全产权"[①]。

与农地所有制形式变迁类似,农业生产经营方式也经历了分分合合的变迁历程。由土改运动开始,农民逐步实现了"耕者有其田",以家庭为单位进行小农生产,这是"分"。随着合作化运动的开展到人民公社的全面建立,农业生产由以家庭为单位的小农生产逐渐整合,规模日益扩大,最终形成集体化大生产的局面,生产的基本单位为人民公社。人民公社在生产经营上要接受国家的计划指导,因此也没有完全的自主权。国家、集体经营相对于农民个体经营来说是"合"。但自农村家庭联产承包责任制实施后,农业生产的最主要形式又恢复成小农生产,以家庭为基本单位,再一次出现"分"。

农村家庭联产承包责任制实施后,国家从直接生产领域以及基层制度建设中逐渐退出,集体与农户获得了农业生产经营的自主权。因此,各地区可以依据自身资源禀赋、生产力发展现状以及农民具体诉求来安排农业生产经营方式,各地区的农业生产经营方式呈现出复杂多变的形态。姚洋(2000)总结了以下六种安排形式:第一种是最为普遍的"大稳定,小调整",一般而言,土地调整分为"大调整"和"小调整",不定期举行;第二种是以贵州省湄潭县为代表的"生不增,死不减",除了

[①] 此处的"完全产权"并不是说农民获得了农地的完全产权(很明显的例子就是现阶段农地不能买卖,从而转让权是不完整的),而是指当前的农地产权分配格局能够保证农民获得来自农地的全部收益,关于这一点的分析详见下文。

1984年进行过一次农地调整之外,当地没有再进行土地调整;第三种是以山东省平度县为代表的"两田制",所谓的"两田"分别为"口粮田"和"承包田","口粮田"由农户个体经营,"承包田"由集体招租进行规模经营,这一模式既考虑了公平,又兼顾了效率;后三种分别为"温州模式"、"苏南模式"和"南海模式",它们都在保障农户产权的基础上实现了农地的规模经营。其中,"温州模式"主要是通过市场化的土地流转实现土地的集中经营,"苏南模式"实行机械化的集体耕作,而"南海模式"则由集体通过股份制形式将土地集中后发包给农户进行规模经营,与前两种规模经营模式相比,这一模式可以说完全模糊了农户与各地块之间的直接联系。

事实上,"两田制"由于在实施过程中存在侵犯农户承包权问题而被中央政府禁止,因此在现阶段,该种经营方式几乎不存在了。同时,另一种经营方式,即合作经营,开始有所发展。合作经营是农民在自愿基础上,在产前、产中、产后的社会化服务方面进行合作。

由此可知,我国现阶段的农业生产经营方式既有"分"又有"合",但是,那些实现"合"的地区大多具备非农产业高度发展、农业劳动力能够顺利转移的条件,而这类农村仍然只占我国农村的少数。尽管合作经营模式也存在于非农产业不发达的地区,但是,该模式仍然处于起步阶段。因此,对于大部分缺乏非农产业的农村,农业生产处于分散化经营的状态。此外,虽然我国现有的农业生产经营方式多种多样,各地区的差别很大,但总体而言是农民自我选择的结果,而不是外部强加的政策。其中,最明显的就是土地调整。虽然中央政策所规定的"15年不变"或是之后的"30年不变"乃至《农村土地承包法》明文规定在承包期限内不许调地,但是现实中,这一规定却在绝大多数地区得不到贯彻实施(冀县卿和黄季焜,2013)。Kung和Liu(1996)的调查显示,农户偏好这种土地安排的形式,因为他们觉得这是公平的做法。而作为"生不增,死不减"政策的起源地并深受其影响的湄潭县,则有超过90%的农户同意进行土地调整(刘守英和邵夏珍,2013)。这表明,在农业生产机会成本并不高的很多地区,调地需求是内生的。在土地集体所有的前提下,农户通过土地的重新划分来保障其就业权,以应对家庭周期所造成的家庭规模和结构的变化。因此,定期或不定期重分土地的要求一定来自农民内部,绝不是从外部强加给农民的,至少是拥有产权的集体对农民要求做出的反应,否则就不能解释"大稳定,小调整"这一模式为什么在我国大多数地区得以存在。

二、农地制度变迁的内在逻辑

以下具体分析新中国成立以来农地制度变迁的内在逻辑。

在农地所有制形式变革方面,新中国成立前夕,中国共产党通过土地改革将封建土地所有制变为农民土地所有制主要是出于政治策略上的考虑。我国历朝历代的兴旺更迭都与农地的兼并和分配有着密不可分的直接关联,虽然孙中山提出了"平均地权"的理想,但是中国国民党并不愿意也无力在全国范围内加以推行。共产党代表了最广大人民的根本利益,继承孙中山"平均地权"的思想,致力于在全国范围实现"耕者有其田,居者有其屋"。新中国成立初期,地权仍集中在地主手中,因此,共产党颁布《土地改革法》,变封建地主土地所有制为农民土地所有制。

农地由农民私有变为集体所有的因素有以下几点:第一,意识形态因素。中国共产党是马克思主义政党,而马克思主义要求生产资料全民所有,而不是农民私有,虽然新中国成立前夕的土地改革实现的是农民土地私有制,但这只是为了满足当时农民对土地的迫切需求,并不是最终目的。第二,巩固政权的需要。我国历史表明,农地私有制没有也不可能阻止农村很快到来的"两极分化"。中国共产党正是在这样的背景下,以"打土豪、分田地"为号召,得到农民的支持与拥护,取得了政权。然而土地改革后不久,由于种种原因又出现了土地买卖和两极分化现象。为了不让土地兼并的历史重演,维护革命的胜利果实,只有将农地私有制变为公有制。第三,是由农村社会的主要矛盾决定的。土地改革完成后,我国农村社会的主要矛盾是"农民同富农和其他资本主义因素的斗争。斗争的内容,就是关于发展社会主义或发展资本主义的两条道路的斗争"。[1] 因此,土地所有制必须由农民私有制转为社会主义公有制。第四,当时的决策者认为公有制的效率更高。[2] 以上四点决定了农地的所有制形式为公有制,但公有制包含国有和集体所有两种形式,当时选择集体所有的主要原因在于,决策者认为集体所有制更符合我国的现实情况,并且可以通过

---

[1] 转引自《中共七届中央委员会关于农业合作化问题的决议》,1955年10月31日。
[2] "全国大多数农民,为了摆脱贫困,改善生活,为了抵御灾荒,只有联合起来,向社会主义大道前进,才能达到目的。"——转引自毛泽东:《关于农业合作化问题》,1955年7月31日。

集体所有制的不断发展向全民所有制过渡。①

此后,在理想主义影响下,为了尽早建成共产主义,我国土地所有制形式逐步由高级社时期的"三级所有、队为基础"变为公社所有。然而,在经历了1959—1961年的困难时期之后,人民公社的土地所有制形式又恢复到三级所有、以生产队为主要所有者的集体所有制阶段,而这主要是为了克服"一大二公"的弊端,调动基层生产积极性,并且这种土地所有权分配格局一直持续至今。由此可知,中央政府在所有制形式的选择方面,逐渐由意识形态、理想主义回归到现实。这种现实主义的倾向对农地所有制形式的选择产生了两个重要影响:

其一,决策者在进行农地所有制形式的选择时更加关注现实因素。如在农村家庭联产承包责任制中,决策者选择集体所有制主要考虑的因素是,通过它可以有效保障农户的承包权与经营权,防止出现大量的无地农民,维护社会的稳定。而这又可以缓解我国工业化过程的压力,主要表现为当农民工在城市失业时,他们可以从事农业,而当城市就业形势好转时,他们又可以回到城市就业。这种方式有效缓解了工业化过程中的劳动力供求不均形势,避免过度城镇化带来的城市病,如贫民窟、高犯罪率等,从而为我国的工业化、城镇化提供了一个相对宽松的环境(贺雪峰,2014)。

其二,决策者在进行农地所有制形式的选择时更加注意将自身目标与农民目标融合,从而寻求制度的均衡点。对于农民而言,他们的目标是收入最大化,因此,国家虽然没有改变农地集体所有制性质,但如前文所述,却通过赋予农民高度完整的农地产权(使用权、收益权、转让权)保障了他们获得农地的全部收益。

以下分析造成新中国成立以来农业生产经营方式"分分合合"的变迁因素。

新中国成立初期,进行小农经营主要是为了保障粮食安全。粮食安全的要义不仅仅是粮食总量要满足全社会的需求,更重要的是要保证最贫困的人口有获得食物的权利(Sen,1983)。在旧中国,土地分配极度不均,占乡村人口总量10%的地主、富农拥有70%—80%的土地,而占乡村人口90%的贫农、雇农、中农及其他人民却总共只占有20%—30%的土

---

① "人民公社建成以后,不要忙于改集体所有制为全民所有制,在目前还是以采用集体所有制为好,这可以避免在改变所有制的过程中发生不必要的麻烦……由集体所有制向全民所有制过渡,是一个过程,有些地方可能较快,三四年内就可完成,有些地方可能较慢,需要五六年或者更长一些时间。"——转引自《中共中央关于在农村建立人民公社问题的决议》,1958年8月29日。

地,他们受尽剥削、终年劳动,却不得温饱。中央政府通过土地改革,公平分配生产资料,形成小农经营的局面,正是在这样的情况下,由于农民的生产积极性得到充分的调动,农业产出大大增加,产品分配也更加均衡,从而有效地保障了粮食安全。

从农业合作化运动开始到人民公社的建立,我国农业生产经营方式由"分"走向"合"。其原因主要包含以下几个方面:第一,保障我国粮食安全的需要。土地改革调动了农民的积极性,粮食产量有所提高。然而,一方面,城镇就业人口,尤其是工业就业人口的增加,加大了对粮食的需求;另一方面,人民的人均粮食消费量相比之前有所增加,粮食需求量相对供给量而言有了更大的增长,这导致粮食供应紧张。在此情况下,私商与农民囤积粮食、待价而沽,使得局势更加恶化。因此,中央政府采取"统购统销"的办法统一调度粮食,实行粮食按计划分配(杜润生,2005)。为了使这一政策顺利实施,农业集体化生产就成为降低国家统购难度的一个重要手段。这样,国家只需要与公社而不是与个体农民协商统购事宜,大大降低了交易成本。第二,确定发展战略之后的必然选择。新中国成立后不久,决策者将优先发展资本密集型的重工业作为其战略目标,在当时一穷二白的情况下,为了完成我国重工业发展的资本积累,必然需要将农业生产中的剩余转移出来。此时,以扭曲产品和要素价格为特征的"统购统销"政策成为汲取农业剩余的重要工具。[①] 而同样是出于降低该政策交易成本的需要,原先出于自愿性质的合作化运动速度势必加快,最终形成了整齐划一集体化大生产的人民公社(林毅夫等,1999)。第三,提高农业生产效率的需要。因为集体经营可以进行大规模开荒、修建大型水利工程,从而增加耕地面积和有效灌溉面积。此外,组织起来的农民可以用集体的力量搞积肥、改良工具和种子、改进耕作技术等,从而使得依靠个体农民难以单独进行的多种增产措施得以实现。这就意味着,在这一阶段,决策者在选择发展模式之后,在农地的效率与公平之间更倾向于效率,而并非公平。

然而,事实证明,集体化大生产的效率并没有如决策者预期那么高。其主要原因在于:由于农业生产的特殊性,在集体化大生产的过程中,集体难以准确计量劳动者劳动的质和量并与报酬挂钩;并且在早日实现共产主义"按需分配"美好愿景的感召下,在产品分配方式上采取平均主义

[①] 由此可知,"统购统销"政策既有保障粮食安全又有为工业化提供资本积累的功能,事实上,该政策在制定之初主要是为了粮食安全,而后来它客观上为工业化汲取农业剩余提供了一种方法(杜润生,2005,第43页)。

的办法,这导致激励机制缺失,劳动力利用效率不高。此外,国家为了工业化的需要,在农业经济增长有限的情况下最大化地提取了农业剩余,没有为农业和农民留下足够的积累,再加上十年"文化大革命"的影响,农民陷入困境。这些因素导致农民长期处于仅能勉强维持基本生存的状态,生活上无法得到应有的改善。残酷的现实与农民对人民公社制度的美好预期相差甚远,从而引发农民对该制度的质疑与否定。因此,农业生产经营方式的进一步改革也成为历史的必然,这是农村家庭联产承包责任制产生的内在动因。

从决策者的角度来说,推行农村家庭联产承包责任制的动因主要有两方面:一方面是农业生产经营目标的转变。经过20多年的工业化建设,我国的工业化基础已经初步建立,然而,由集体化大生产的低效率、长期的农业支援工业以及"文化大革命"所造成的农民长期贫困状态亟须得到改善。在这样的情况下,国家由原来的重工业优先发展战略开始转变到工农业同时发展战略,在农地制度设计方面更加注重农业自身的发展以及农民收入水平的提高,从这个角度来说,旨在为工业化发展汲取农业剩余的人民公社制度完成了其历史使命。另一方面是决策者思想认识的转变。事实上,农村家庭联产承包责任制在20世纪50年代末人民公社刚刚建立时以"包产到户"的形式悄然出现(周其仁,2008),这一形式可以有效地降低监督成本,避免社员"搭便车"现象(Lin,1992),只是当时由于思想认识的缘故,被作为"资本主义复辟"而加以取缔。但随着人民公社体制的弊端越来越显著,这一农业生产的经营或组织形式在20世纪70年代又再次出现。在这样的大背景下,全国范围内掀起了关于"实践是检验真理的唯一标准"问题的讨论,这次讨论大大地解放了人们的思想,决策者从极"左"的意识形态逐渐回归到现实(蔡昉,2008)。面对人民公社制度下农民生产积极性不高的事实,就像邓小平所说的那样,"不管黑猫白猫,抓到老鼠就是好猫",只要新的农业生产方式能够提高农民的生产积极性、提高农业产出,从而保障粮食安全、提高农民收入,就值得肯定。因此,"包产到户"这一农业生产经营方式不但被容忍了,而且还在全国进行推广。

由此可知,农村家庭联产承包责任制下"包产到户"的实施是决策者与农民共同推动的结果,从而达到了制度供给与需求的均衡。事实上,在此之前的农业生产经营方式的变迁中,除了人民公社制度下的集体化大生产之外,其他的都是由决策者与农民共同推动,而不是决策者依靠政权力量强制推行。这主要表现在:土地改革初期,分散经营满足了农民对公平的要求;

在此之后,经营方式由分散经营向合作经营的转变解决了当时个体农民的生产资料、劳动力、财力不足等问题。因此,这些农业生产经营方式的变迁符合农民的利益,也得到了他们的支持。但是,人民公社时期的集体化大生产则更多地体现了决策者的意愿,制度供求是不均衡的。从这些生产经营方式变迁的绩效上可以看出,均衡性的制度变迁往往能够带来高效率,而非均衡性的制度变迁往往引致低效率。本书认为,决策者正是意识到这点,才在后来的农地制度改革中更加尊重农民的主观意愿,注意发挥农民的首创精神,这也正是我国当前农业生产经营方式呈现多样化的原因。

本部分内容可以这么总结:决策者在农地所有制形式选择上既受意识形态、理想主义等因素的影响,又受现实因素的制约,改革开放以来,意识形态、理想主义等因素的影响力逐渐下降,在农地所有制形式选择上更加注重考虑现实因素。而造成我国农业生产经营方式分分合合的因素主要包括决策者在不同时期的不同农业生产目标(改革开放前是为工业化提供资本积累,而之后则主要是提高农民收入)以及为实现目标在公平与效率之间所作的权衡。但无论在哪个阶段,保障粮食安全始终是决策者在选择农业生产经营方式时首要考虑的因素,因为粮食安全关系着社会的稳定,而社会稳定是一切问题的核心。此外,改革开放以来,鉴于"大跃进"的经验教训,决策者从理想主义回归到现实,在农地制度的选择上更加注重将自身目标与农民目标相结合,从而寻求农地制度的供求均衡点。因此,可以预期的是,只要现实主义仍然是决策者坚持的原则,制度均衡状态仍然是其在未来农地制度变革时所追求的重要目标。

三、对当前农地制度改革的讨论

通过前文分析可以看出,在当前阶段,决策者在农地制度选择上有自身的目标,主要表现为在所有制形式上是维护社会稳定,在生产经营方式上则是保障粮食安全、提高农民收入。此外,决策者从现实主义的角度出发,寻求制度的均衡点;而对于农民而言,无论是在农地所有制形式还是农业生产经营方式的选择上,他们追求的目标都是收入最大化。[①] 根据

[①] 从理论上讲,因为当前农地为集体所有,所以在未来农地制度变迁时,我们需要将集体的目标函数纳入进来,从而寻找中央政府、集体与农民三者目标函数的交集。对于集体而言,它们的目标函数显然也是实现自身利益的最大化。但是,由于本部分研究的对象是那些不具备级差地租收益的农地,无论是所有制形式还是经营方式的变革,它们从中获益都不大,因此,它们对于农地制度变革抱着无所谓的态度。鉴于这些因素,下文中不单独考虑集体的目标函数。

这些条件,我们可以预测今后农地制度变迁的方向。

关于农地制度中的所有制形式,现有的集体所有农地制度相对于农地私有而言,是一种"合",而相对于原先人民公社体制之下,对没有处置权的农地集体所有而言,却又是一种"分"。因此,如果对农地的所有制加以变革的话,无非就有三种可能:农地私有("分")、农地国有("合")或保持现状。对于农地的国有化极少有人提起,因为农地国有化的缺陷是明显的,如果农地由集体所有变为国家所有,就我国固有的集权传统而言,各地区不同的资源禀赋、生产力发展状况以及农民的不同需求必然被忽略,因而抹杀了各地区的个性和特殊性,自发性的制度创新必然又回归到过去那种国家强制性的制度安排,这自然不利于基层的积极性和创造性以及生产力水平的提高。但对于土地私有化,倡议者较多(蔡继明,2005;文贯中,2007;许成钢,2012)。因此,对于私有化是否具有可行性,本书认为有必要对其作进一步的分析,而考察的重点自然应该在农地私有化是否符合中央政府和农民的目标函数上。

在中央政府方面,前文曾提到,改革开放后,中央政府选择集体所有制的主要目的是保障农户的土地承包权与经营权,避免因土地兼并产生大量的无地农民,从而维护社会稳定,推动我国工业化、城镇化健康有序地发展,这些都是在农地私有制的条件下难以完成的。但是,如果私有化所产生的无地农民数量不多,集体所有制的上述优势可能就没有那么明显。然而,我国人口基数大,农村人口又占了总人口的多数。据王士海和刘俊浩(2007)统计,如果农地私有化,未来30年我国将会出现1.64亿无地农民,占当时农村总人口的1/4。如果他们不能被二、三产业消化吸收(这种可能性非常大,因为二、三产业同时也是吸纳城市人口以及农村有地农民的,并且这部分人口相对于无地农民而言有禀赋上的优势,从而更加容易被非农产业吸收),同时在农村社会保障体系仍然不健全的情况下(如果这种情况真的发生,大量无地农民的社会保障支出对于国家财政来说也是难以承受的),这些无地农民要么成为佃农、雇农,要么成为城市流民,必然对社会的稳定产生负面影响。由此可知,对于当前的农地私有化思潮,决策者应该保持高度克制;否则,当初公有制的"大跃进"造成的巨大伤害也可能由此而发生。正因为如此,当前中央政府虽然已经赋予农民高度完整的农地产权,但是依然保留集体土地所有权;而且,在农地"三权分离"的方案中,也明确规定能够进行流转的只能是土地的经营权,承包权是农户的集体成员权,它是不能够流转的(陈锡文,2013)。事实上,如果要从根本上杜绝无地农民的出现,中央政府不但要保留集体的所有权,还应该允许集体根据人口的变化对农地进行适度调整。从这个角度来说,虽然当前农地调整有违中央政策,但其并没有采取措施强制制止,笔者认为,其中的原因除了尊重农民的自我选择之外,农地禁止调整所引起的无地农民问题也是决策者重要的考虑因素。

此外,中央政府不进行农地私有化还可以防止"反公地悲剧"现象的出现。"反公地悲剧"是与"公地悲剧"相对应的一个概念,是指在有限的资源中拥有过多的产权主体,每个产权主体在利用该资源时,往往受到其他产权主体的制约而导致资源难以得到充分利用的现象(Heller,1998)。"反公地悲剧"在农地上主要表现为,在我国人地矛盾尖锐的情况下,一旦农地私有化,农业生产经营所必需的公共品建设(如水利设施、机耕道等)将会由于农地的产权主体过多产生高额交易成本,进而导致公共品供给困难甚至无法提供,从而大大降低农地的利用效率。

从农民的角度来说,他们是否有农地私有化的意愿取决于私有化所带来的收益与成本的对比。在私有化的收益方面,如前文所述,当前农民已经获得高度完整的产权,包括使用权、收益权、转让权,这些权利已经保障了他们获得来自农地的全部收益。然而,倡议私有化的学者(杨小凯,2002)则认为,农地私有化还可以从以下几个方面提高农民的收入水平:第一,农民的收益可以因土地买卖而增加;第二,遏制农地调整,从而有利于农户进行长期投资并加快土地流转,提高农地经营效率;第三,防止集体对农户承包权的侵犯,从而维护农民利益。

本书认为,这些观点似是而非,以下分别进行讨论:首先,第一条观点最大的问题在于没有对农地进行严格区分。对于城郊农地来说,由于其特殊的地理区位,一旦非农化,将产生巨额的级差地租。在当前的征地过程中,由于所有权缺失,农民所得到的级差地租份额有限,而农地私有化有利于他们获得这部分收益。但是,对于一般农地来说,其价值主要体现在农业产出上,即使土地能够买卖,也只不过是未来产出的变现,而当前的农地经营权流转已经保证了这一过程的顺利实现。因此,从城郊农地的角度出发得出农地私有化能够增加农民收益的结论并不适用于一般农地。其次,看第二条,避免土地调整的方式有多种,未必要进行农地私有化,中央政府通过保持土地承包关系长久不变就能够很好地解决该问题。而当前之所以仍然存在土地调整,如前所述,主要原因在于,它满足了农户公平分配生产资料的需求,降低了农民收入的不平等程度(许庆等,

2008）。因此，土地调整是农户自我选择的结果（Ho，2014），也是符合他们自身利益的。事实上，虽然土地调整可能会影响农民对农地的投资积极性，降低农地生产效率，但是其负面影响没有想象的那么大（许庆等，2005），更何况效率与公平是对立统一的，过度追求效率而忽视基本的公平往往会导致效率与公平都不可得。正因为如此，中央政府虽然强调农地承包关系稳定，但对于农民自发的调地行为没有强制制止；并且，在当前农地确权时，中央政府选择尊重农民的意愿，由原来的"确权确地"唯一方式，变成了既可"确权确地"也可"确权确股不确地"的多种确权模式。最后，再看第三条，在税费改革之前，因为面临强大的自上而下收取税费的压力，地方政府与集体为了能够顺利完成任务，往往形成利益共同体（贺雪峰，2010）。因此，虽然集体的某些行为侵犯了农民的承包权与经营权，但只要该举措有利于税费的收取，地方政府往往采取"睁一只眼，闭一只眼"的态度，这也是"两田制"在执行过程中遭到扭曲的重要因素。但是，农业税取消之后，该利益共同体已经不存在了，并且在中央政府日益强调保护农民承包权与经营权的环境下，地方政府对于集体侵犯农户承包权与经营权的行为没有理由不制止。同时，由于没有收取税费的压力，再加上一般农地并不具有级差地租的收益，集体也没有侵犯农民土地承包权与经营权的动力。因此，在当前情况下，集体侵犯农民承包权与经营权问题实际上是一个伪命题。①

由此可知，在现有的条件下，农地私有化不能使农民的收益进一步增加，但是，他们却要为此付出相应的成本，主要表现在两个方面：其一，在农地私有化情况下，农民可能会因为天灾人祸而被迫出卖土地。在这样的情况下，由于客观上形成了买方市场，农地出售的价格会低于其正常价值。此外，在农村社会保障仍未健全的情况下，农地是农民生活的重要保障（包括失业保障和社会保障），一旦丧失，将会给他们带来巨大的福利损失。其二，如前所述，农地私有化增加了公共品建设的难度，不利于农户开展农业生产，这是当前农地抛荒的重要原因之一。当前的集体所有制

---

① 需要再次强调的是，本部分的研究对象为一般农地。事实上，对于城郊农地来说，由于存在潜在巨额的级差地租收益，地方政府与集体的利益共同体依旧存在。在该利益共同体下，如前所述，农民的利益往往得不到应有的保障，因此，当前的级差地租分配并不合理。但是，通过私有化方式把级差地租全部归于农民则只会加剧这种不合理性。主要表现在农民不是级差地租的直接创造者，由他们完全享受级差地租并不利于社会公平；同时，政府和集体也应该得到应有的份额用于提供公共服务。因此，对于当前农民在级差地租中所得份额偏低的情况，应该通过征地制度改革的方式来保障农民利益，而不是农地私有化。

既明确了集体作为土地所有者所需要承担的公共品建设的责任,又为其开展公共品建设提供了有利的条件。一些学者指出,当前集体丧失了"统"的功能,难以担当此任,因此主张通过农民合作组织实现这一职能(高翠玲等,2011)。本书认为这种观点是值得商榷的,公共品是不具备排他性和竞用性的产品,而农民合作组织是有明显的产权边界的,在这样的情况下,农民合作组织在提供公共品时就难以控制非组织成员的"搭便车"行为,从而会降低合作组织成员供给公共品的积极性,造成公共品供给不足的局面。由此可知,公共品的性质决定了其只能由政府或集体提供,政府虽然可以作为公共品的供给方,但是一般也仅限于那些数量少、投资额大的公共品。对于一些小型的又为农业生产所必需的公共品(如支渠、毛渠、机耕道等)的建设与维护,由于数量众多、交易成本过高,由政府提供显然不现实,并且相对于基层的集体来说,政府更加难以把握农户的需求,因此,其所提供的公共品与农民最需要的公共品往往不一致,从而造成公共品供给的结构性失衡。由此可知,集体应承担起建设公共品的责任以弥补政府的不足。当前集体之所以难以发挥作用,主要是因为其缺乏经济来源。农村家庭联产承包责任制实施初期,集体的经济来源主要分为两部分:第一部分来自农民上交的各种费用,如"三提五统";第二部分为非农收入,主要表现为经营社队企业(1984年改为乡镇企业)的收入。但是,自20世纪90年代中末期以来,大量的乡镇企业倒闭或者改制,集体的经济实力被大大削弱。2004年实施的税费改革取消了农民上交集体的费用,集体来自农业的收益被切断。伴随着集体经济实力的弱化,其所能发挥的作用也就被大打折扣。因此,为了提高公共品供给效率,政府在难以提供全部公共品的情况下,需要在如何增加集体经济实力上下功夫,而不是将公共品供给的希望寄托在农民合作组织上,党的八届三中全会的决定提出要发展壮大集体经济正是这方面的体现。

由此可以总结,在农村人地矛盾依然尖锐并且农村社会保障体系尚未健全的情况下,中央政府与农民都没有农地私有化的意愿,保留集体所有制既有利于维护社会稳定,又有利于提高农业生产所必需的公共品供给效率。因此,农地集体所有制将会长期存在,不可发生变动。

很多研究表明,我国自20世纪70年代末到80年代中,农业生产飞速发展与家庭联产承包责任制的推广和实施有着密不可分的联系(Mcmillan et al.,1989;Lin,1992;Huang et al.,1996)。也就是说,改革开放初期,我国农业的增长、农民收入的提高以及城乡收入差距的缩小主要来自农业生产经营方式的变革,与农地所有制形式的变革没有直接的关联。因此,是否可以考虑,我国农地制度改革的方向并不在农地所有制形式的变革上,而应该在农业生产经营方式上加以努力呢?现有的农业生产经营方式就人民公社而言,是一种"分",但是,小农生产具有脆弱性,如抵抗自然风险、市场风险能力低,难以取得规模经济效益等。因此,将零散的农户整合起来,即将他们"合"起来,是关于农地制度改革的一个最可能的选项。但是,这种可能性是否具有可行性,仍然需要考虑中央政府与农民的目标函数,以下分别进行讨论。

从当前中央政策来看,其意图通过农业的规模经营来实现保障粮食安全与提高农民收入的"双重目标"。然而,这两个目标之间往往是存在冲突的。为了说明这点,需要简单论述规模经济、规模报酬与规模经营之间的关系。规模经济是指随着经营规模扩大而平均成本下降的效应,在其他条件如农产品价格不变的情况下,这会增加农民的收益。规模报酬是指生产要素同比例增加时产出的状态。当产出以更大比例增加时,就是规模报酬递增,在其他条件不变时,平均成本下降。因此,规模报酬递增可以产生规模经济。农地作为一种生产要素,虽然多数研究不支持其存在规模报酬递增,即农地的经营规模与土地产出率呈负相关关系(刘凤芹,2006),但是,由于引起规模经济的因素除规模报酬递增之外还有很多,如规模经营引起的固定成本被摊薄、要素的大规模采购所享受到的折扣优惠、规模经营更加容易获得政府的补贴等,因此,即使在规模报酬不变甚至递减的情况下,农地规模经营仍然会存在规模经济(许庆等,2011)。这就意味着农地规模经营将带来两个影响:一是农业总产出不变甚至下降,对粮食安全产生影响;二是产生规模经济效益,从而农民收入增加。

需要说明的是,以上分析只考虑了农业劳动力市场出清情况下的经营规模大小与农地产出和农民收入之间的关系,而没有考虑农业劳动力市场非出清的情况。事实上,我国人多地少,虽然单产较高,但是由于种植规模小,导致农民从事农业的总收入相对非农就业来说较低,大量农村青壮年劳动力转向非农就业,农村中大量耕地处于抛荒或者隐性抛荒的状态。在这样的情况下,规模经营的土地生产率显然更高,意味着中央政府的规模经营的两个目标都可达到。不过,我国地域辽阔,各地区资源禀赋的差异较大,在非农就业机会不多、农业中仍然滞留大量人口的地区,由于资本相对于劳动力来说更加稀缺,价格也会高于劳动力,此时,以资本替代劳动力为主要特征的规模经营难以发挥比较优势,从而增加农民的生产成本。因此,中央政府进行规模经营的两个目标皆不可得。根据以上分析,可以将不同农业劳动力市场条件下的规模经营结果与中央政府政策目标的吻合情况用表6—1表示。

表6—1　　　　不同农业劳动力市场情况下农地规模经营
的结果与中央政府政策目标的吻合情况

农业劳动力市场状态	保障粮食安全	提高农民收入
供给＞需求	否	否
供给＝需求	否	是
供给＜需求	是	是

资料来源:笔者整理。

对于农民来说,从事生产经营的主要目的就是增加收入,因此,其与中央政府的目标存在一致性。而由表6—1可知,只有在农业劳动力不足时进行规模经营,中央政府与农民的目标才能都实现;而在农业中仍滞留大量人口的地区,进行规模经营既不利于提高土地产出,也不利于农民收入的提高,因此,中央政府与农民的目标都难以实现,这显然不会是制度变迁的均衡点。

正因为各个地区的客观条件千差万别,对于规模经营,中央政府的改革体现出了明显的渐进性特征。一方面,积极采取措施,鼓励有条件的地方进行规模经营,如制定土地流转政策、加大对规模经营主体的扶持力度、推动人口城镇化进程等;另一方面,对于不适合规模经营的地方,不采取行政命令的手段进行推动,充分尊重农民的自主选择。对此,中央政府在2014年颁布的《关于引导农村土地经营权有序流转发展农业适度规模经营的意见》中就明确指出:规模经营要因地制宜、循序渐进,不能搞"大跃进",不能搞强迫命令,不能搞行政瞎指挥;土地经营权流转要以农民为主体,坚持依法、自愿、有偿的原则。

对于中央政府的这些政策,本书认为总体上是符合我国实际的,但是对于具体的方案,有一些还是值得商榷的。如《国务院关于进一步推进户籍制度改革的意见》规定"不得以退出土地承包经营权、宅基地使用权、集体收益分配权作为农民进城落户的条件"。如果土地承包权和经营权与进城落户脱钩,将会导致前文所提到的"不在地主"重新出现并从中获取收益,这更增加了经营者的耕种成本。农业生产的收益本来就不高,经营者在难以承受时就会放弃,这极不利于发展土地规模经营。为了促进农业的规模化、现代化经营,在户籍制度改革中,不但土地承包权和经营权不能够与进城落户脱钩,而且还要在城乡社会保障体系都不断完善的基础上保留原先那种向城市倾斜的社会保障措施,因为只有维持社会保障体系向城市必要的倾斜,才能增加农民进城落户的动力,从而提高留在农村人口的人均耕地面积,为规模经营创造条件。

此外,"合"的方式多种多样,规模经营只是其中的一种,在那些不适合进行规模经营的地区,农民之间的"合"主要表现为生产资料采购、产品贮存和销售等方面的合作。对于这些"合"的形式,中央政府应该与对待规模经营一样,既要高度重视,在宏观上加以引导,同时又需将"合"的最终决定权归于农户,尊重他们的自主选择。

综上所述,在当前农地制度改革方面,鉴于我国农村人地矛盾依然尖锐的现实,在所有制形式改革上的国有化、私有化以及在生产经营方式变革上全面实施规模经营仍然不具备可行性。当前仍然需要健全和完善农地的集体所有制,而在农业生产经营方式上,需要创新"合"的方式解决农户分散经营的不足。

四、总结

农地可分为一般农地和城郊农地,它们的性质不同导致其所适用的农地制度也有所差异。农地制度包含两层含义,它既是一种农地的所有制形式,也是农业生产经营方式,它们之间没有必然的联系,同一种所有制下可以有不同的经营方式,同一种经营方式也可以适用于不同的所有制。因此,在研究农地制度时,需要将它们进行严格区分,不能含混不清。基于以上认识,本部分以一般农地为研究对象,在分析新中国成立以来我国农地制度两个层面"分分合合"的历史变迁历程及其内在逻辑基础上,探讨我国今后农地制度变迁的方向,得到了如下三点结论:

第一,造成我国农地制度中所有制的"分分合合"变迁,既有意识形态因素,也有现实因素。新中国成立初期实施农地私有制主要是为了满足农民对土地的迫切需求,在农业合作化以后转变为集体所有制则主要是为了防止土地兼并的历史重演。而造成农业生产经营方式的变迁因素既包括决策者在公平与效率之间的权衡,也包括不同时期的不同农业生产目标,如农业集体化时期是为工业化提供资本积累,农村家庭联产承包责任制实施以后则主要是提高农民收入,但是不论在哪个阶段,决策者唯一不变的目标是保障粮食安全(粮食安全既包括粮食总量满足社会需求,也包括社会的贫困者能够获得足够的食物),而这点正是决策者在公平与效率之间做选择的内在动因。

第二，改革开放以后，鉴于以往的经验教训，决策者无论是在农地所有制形式还是在农业生产经营方式的选择上，都更加注重将自身的目标与农民的目标相融合，寻求制度变迁的均衡点。尤其在生产经营方式的选择上，决策者更加尊重农民的自我选择，注重发挥他们的首创精神。因此，我国现有的多种多样的农业生产经营方式，包括土地调整的存在，都是内生的，都是农民对于公平持有生产资料的直接诉求，并不能说这是外在强加的结果。

第三，农地私有化或国有化的改革在当今阶段不是决策者和农民的选项，而农地制度在农业生产经营方式这一层次上的改良或变革是今后我国农地制度变革的主要方向，如何在自愿的基础上把农民整合起来，组成合作化组织，是我国今后农村改革的主要课题。

第二节　现行户籍制度下的人口流动与农村土地利用

新中国成立初期，我国重工业优先发展战略客观上需要从农业中提取剩余，确保工业资本积累以发展重工业，在这样的背景下，催生了将人口划分为城镇户口和农村户口来严格管控的城乡二元户籍制度。过去几十年的发展历程表明，这种城乡二元户籍制度在很大程度上阻碍了中国的城镇化进程。

当前的城镇化建设过程中，亟待为近3亿农村转移劳动力建立完善基本的社会保障机制：农村进城务工劳动力在城市没有稳定的住房，也不能平等享受医疗、养老等待遇，难以在城市稳定下来并真正融入城市生活。其结果是大量农村进城务工劳动力不得不处于季节性、候鸟式迁徙的"不完全城镇化"状态。这种"不完全城镇化"从中国历年春节返乡大潮中便可窥见一斑，尤其是在广东、广西、湖南、四川四地之间流动的农民工春节返乡摩托车队现象，更充分反映出中国当前城镇化建设的不完全、不彻底。并且，长期以来，由于制度性社会保障的缺失，土地对于农民来说发挥着重要的社会保障功能。因此，大量农村劳动力即便常年进城打工，也不会轻易放弃农村的土地，"离乡不离土"、"进城不弃地"成为绝大多数农民工的选择，这就是现实中大量农民半工半农的兼业化转移方式。

在这样的情况下，农村地区目前现实中已经基本脱离农业生产的"非农户"难以真正转为非农户籍，从而无助于实质性地改变农村人多地少、农户小规模分散化经营的现状,增加了承包地流转的交易成本与土地流转供给的"短期化"特征。并且,由于农村进城务工劳动力难以顺利实现完全迁移到城市,所在农村的宅基地仍是其安身立命之所。在我国城市建设用地日益紧缺的情况下,农村集体建设用地却处于闲置、低效利用的状态,十分有必要探索进城农户自愿、稳定、有序退出农村土地的长效机制,为城市发展所需建设用地增加空间。

此外,本书认为,在城镇化过程中,虽然中央政府积极推进农村土地制度改革,并取得了一定成效,但是在现行户籍制度安排[①]、农村制度性社会保障长期缺失、城乡和区域发展不平衡且不充分的背景下,大量农村劳动力"离农"却没有"离地"、"进城"却没有"弃地",可能会导致"不在地主"重新出现,制约农村土地制度改革,造成乡村系统的内在驱动力激发不足,影响城乡要素的整合重组和优化配置。具体而言,其一,"不在地主"重现会对粮食生产与农业发展产生负面影响。"不在地主"持有土地往往是出于储蓄(养老)或者投资的目的,并非自己耕种,为了从土地中获得更多收益,"不在地主"会根据实际需要把土地分割为不同的小块流转出去,这加剧了土地的细碎化,使得农业生产的规模经济效应无法发挥;同时,"不在地主"还可能会提高流转租金,进而增加了农业生产者的种植成本,农业生产的收益本来就不高,经营者在难以承受时就会放弃,这极不利于发展土地规模经营,影响国家粮食安全。从调研的情况来看,目前上海郊区等一些地区已经出现大规模土地转入者逃跑弃耕的现象,主要原因就在于流转租金逐年增加,每亩土地高达每年1 000多元。若是再加上人工成本、物化成本,种植粮食作物收益很难得到保证,甚至亏损,降低了农民的种粮积极性。应特别警惕"不在地主"大量并长期存在背景下对土地充分利用的危害(张红宇,2019)。其二,大量小规模"不在地主"的出现,特别是当前存在大量跨省(区、市)农民,使得土地制度及其他农村改革需要面对数量众多、空间分布零星离散的交易主体,无论是对于承包地、宅基地流转与退出,还是对于集体经营性建设用地入市的顺利推进和收益分配,都大大提高了改革成本,增加了改革难度。从城乡融合发展来

---

① 为了维护好进城农民的合法土地权益,《国务院关于进一步推进户籍制度改革的意见》(国发〔2014〕25号)明确规定:"现阶段,不得以退出土地承包经营权、宅基地使用权、集体收益分配权作为农民进城落户的条件。"资料来源:《国务院关于进一步推进户籍制度改革的意见》(国发〔2014〕25号),中国政府网,http://www.gov.cn/zhengce/content/2014-07/30/content_8944.htm。

看,"不在地主"的出现为实现乡村振兴和新型城镇化的战略耦合与协同治理带来了巨大挑战。

从我国城镇化发展情况来看,2019年,我国农民工总量达到2.91亿人,常住人口城镇化率为60.60%,户籍人口城镇化率提升至44.38%,比上年提高1.01个百分点[1],预计2030年我国常住人口城镇化率将达到70%[2]。换句话说,在现行制度安排下,"不在地主"群体将会呈现不断扩大的趋势。为更顺利有效地深化农村改革,提高土地及其他要素配置利用效率,推动实现乡村振兴和城镇化发展,还应在兼顾进城农民土地权益和乡村发展需要的基础上,改革完善户籍、社会保障等政策,引导长期进城落户的非农户自愿、有序退出农村土地,避免"不在地主"重现带来的负面效应。

第三节 人口流动与农村内部土地利用结构

党的十一届三中全会以来,以所有权与承包经营权分离为主要特征之一的农村家庭联产承包责任制取代人民公社,调动了农户的生产积极性,取得了令人瞩目的制度绩效。然而,随着现阶段工业化和城镇化不断发展,我国劳动力市场具有大量非农就业岗位,在家庭联产承包责任制和户籍制度下,农地按人均耕地承包所形成的农地细碎化经营方式使务农收益低于外出务工收益,大量青壮年农民进城务工,从而农地抛荒以及农业从业人员老龄化成为普遍现象(钟甫宁和向晶,2013;陈锡文,2013)。与此同时,农业劳动力的非农就业也促进了原有的所有权与经营权"两权"分离转向所有权、承包权与经营权"三权"分离,大量农户在保留承包权的同时流转其经营权。农地流转有利于促进农地适度规模经营,提高农业比较效益,从而缓解农地抛荒以及农业从业人员老龄化现象,促进农业增产、农民增收以及保障国家粮食安全。因此,中共中央、国务院在2014年颁布的《关于引导农村土地经营权有序流转发展农业适度规模经营的意见》中明确提出,要实现在所有权、承包权、经营权三权分置的基础

---

[1] 资料来源:《国家统计局:2019年中国城镇化率突破60% 户籍城镇化率44.38%》,新浪网,http://k.sina.com.cn/article_1663612603_6328b6bb02000p5vr.html?from=news&subch=onews。2021年《中国统计年鉴》对历年城镇常住人口和城镇化率进行了调整,故此处文件中的数据与表1-4存在出入,特此说明。

[2] 资料来源:《卫计委:2030年常住人口城镇化率将达70% 老龄化再提速》,《21世纪经济报道》,http://epaper.21jingji.com/html/2016-07/06/content_43029.htm。

上放活经营权,引导农地经营权有序流转。

从我国农地流转的实际情况看,1999年的农地流转率只有2.53%,2008年达到8.6%(罗必良等,2010)。此后,我国的农地流转速度有所加快,到2014年6月,这一数据已达到28.8%。① 何欣等(2016)对29省(区、市)的农户调查也表明,参与农地流转的农户比例由2013年的24.1%上升至2015年的31.4%。尽管如此,农地流转的期限多在5年以下(黄延信等,2011),这与我国长久不变的农地承包期限相比,存在明显的差距。并且,流转形式的非正规化严重,其中,比较普遍的现象是,转出户将土地流转给亲戚朋友代耕,而不签订流转合同。此外,农地流转中也出现了一些矛盾冲突,与其他利益主体相比,农民处于相对弱势的地位,加上当前农民地权的不稳定性,从而容易在矛盾冲突中利益受损(Jacoby et al.,2002)。由此可知,农地流转尚存在诸多问题。

如何才能促进农地流转？很多研究(黄季焜等,2012;严冰,2014;马贤磊等,2015)强调农地确权的重要性。程令国等(2016)认为,土地流转高效顺畅的前提是土地的产权或使用权得以清晰界定并受到有效保护。然而过去20多年间,中国农地制度安排的一个显著特征是土地产权的残缺和不稳定,既表现为农户承包地的空间属性与物权属性没有在法律层面得到清晰的界定,也表现为现实中土地经常因为家庭人口变动、迁移和土地征用而发生增减调整,残缺且不稳定的土地产权所产生的高额的交易成本阻碍了农地流转。Jin et al.(2009)认为,"农地调整",降低了农地产权的稳定性,这种不稳定性降低了农户长期投资的预期,从而降低了农地转入的意愿;而对农地转出农户来说,在地权不稳定的情况下,农户为了降低租约到期后收回土地的交易成本,也往往会以非正式流转的形式将农地转给亲戚朋友耕种,甚至宁愿土地长期抛荒。付江涛等(2016)认为,农地确权对农地转出具有显著的正向影响,而对农地转入行为的影响则不显著。此外,周其仁(2014)认为,随着土地流转的不断增加,客观上也要求对农户的土地使用权进行确权,以免在土地流转过程中农民的利益受到侵害。

另外,也有很多学者研究劳动力流动对农地流转的重要性。Zhang et al.(2004)认为,随着农业劳动力转向非农就业,农业收入在农民收入中的比例不断下降,由原来的主要收入来源变成了辅助收入来源,农地对

---

① 中国新闻网,https://www.chinanews.com.cn/sh/2014/12-04/6846323.shtml。

农民收入所起的作用在逐渐减弱,这就为农户转出土地提供了空间。金松青等(2004)认为,农地经营的低收益产生的"推力"与非农就业的高收入产生的"拉力"推动了农地流转市场的发展。沿着该逻辑,姚洋(1999)和 Sikor(2009)认为,那些劳动力转移更充分的地区,农户土地转出率应该更高,并且那些非农活动越频繁的地区,其农地流转市场发展程度也越高。张务伟等(2009)和林善浪等(2010)认为,劳动力流动的特征(距离、时间)对土地流转具有显著的影响。然而,值得注意的是,由于现行城乡二元户籍制度等原因,农业劳动力难以实现彻底转移,从而形成"离农"却没有"离地"、"进城"却没有"弃地"的局面,既固化了人地矛盾,也使人地关系发生扭曲,进而不利于农地流转(陈浩和陈中伟,2013;钟文晶等,2013)。

以上研究对推动农地流转而言颇有价值,但仍存在一定的不足,主要表现为当前研究割裂了农地确权、劳动力流动与农地流转三者的内在联系。现有研究或者考察了劳动力流动对农地流转的影响,但没有将农地确权因素纳入考察范围;或者研究了农地确权本身的经济效应(如降低交易成本)对农地流转产生的直接影响,而对其间接影响,尤其是农地确权通过影响劳动力流动而对农地流转所产生的影响研究不足。然而,在中国农村人多地少、人地矛盾尖锐的情况下,劳动力非农转移就业是农地流转的重要条件。因此,在当前农地确权步伐不断迈进的背景下,为了更全面地考察农地确权对农地流转的影响,需要研究农地确权通过影响劳动力流动而对农地流转产生的间接影响。并且,从该研究视角出发,可以将农地确权、劳动力流动与农地流转三者进行有机统一,从而可以有效解决现有关于劳动力流动对农地流转影响的研究对农地确权重要性考察不足的问题。

基于以上分析,本书以农地确权为逻辑起点,在考察其对农地流转的影响的同时,进一步考察其影响机制,即研究劳动力流动在农地确权影响农地流转过程中发挥的重要作用,并运用中介效应的方法对其进行实证检验,在此基础上为促进农地流转提供相应的政策建议。

一、理论分析与研究假设

考察农地确权通过作用于劳动力流动而对农地流转产生的影响,理论上需要说明两个问题,即农地确权是如何影响劳动力流动的以及是如何通过劳动力流动这一中介因素影响农地流转的。

首先，分析第一个问题。农业劳动力是否转向非农就业主要取决于其所带来的成本与收益的对比：当成本大于收益时，农户选择不转移；反之，则转移。农地确权则通过影响劳动力转移的成本与收益而影响转移决策。具体而言，一方面，农地确权保障了参与非农就业劳动力的土地权益，降低了他们的转移成本，从而激励他们转向非农就业。我国农村人多地少，人地矛盾非常尖锐，人均耕地面积仅有 1.38 亩，仅为世界平均水平的 40%（韩俊，2009）。这样的耕地规模使农户难以实现充分就业，从而导致其从事农业的收入远远低于非农就业收入，因此，农户有从事非农就业的意愿。但是，在农地产权不清晰和不稳定的情况下，农户从事非农就业又将面临丧失土地承包经营权的风险，从而难以将农地作为其在非农失业后的就业保障，并且随着国家取消农业税以及与农户承包地相挂钩的各项补贴逐渐增加，农地的财产性功能特征也变得更加明显。因此，一旦丧失农地承包经营权，农户将面临巨大损失。由于自身经济实力有限，农户抗风险能力较弱，并且户籍制度导致农户难以获得城镇的福利。因此，在地权不稳定的情况下，为了降低从事非农就业可能产生的就业保障损失和财产损失，即使他们有从事非农就业的愿望，也不会真正彻底地从农业中转移出来，这也是当前农户兼业化的重要原因之一，而农地确权可以通过降低劳动力非农转移过程中的失地风险来降低转移成本，从而激励他们非农转移。

另一方面，一些研究（Ali et al.，2011；黄季焜等，2012）认为，农地确权能够稳定农户对未来的收益预期，从而加大对土地长期投资，有利于提高农地生产效率。因此，农地确权增加农村劳动力转向非农就业的机会成本，进而阻碍劳动力向非农产业转移。对此，本书认为：第一，需要对长期投资进行区分。农户对农地的长期投资可以分为与具体地块无关的长期投资（如购置农用拖拉机、收割机、水泵等）和与具体地块联系的长期投资（如修建机耕道、水利灌溉设施等）。就与具体地块无关的长期投资而言，农地确权对其并不会产生影响，因为影响这类长期投资的因素主要与农户的耕种土地规模有关，而与农户耕种的具体地块无关，农地确权主要是稳定农户与具体地块之间的联系，但并不直接影响其耕种规模。而对与具体地块有关的长期投资来说，农地确权肯定会对其产生影响，但是，与具体地块相联系的长期投资往往具有公共品性质，依靠单家独户难以完成，因此，农地确权对这种投资也不会产生很大影响（许庆等，2005）。第二，农地确权对农户长期投资所产生影响的大小与农业收益在农民收入中的重要程度有关。改革开放初期,农民缺乏其他的就业渠道,农业收入是其重要甚至唯一的收入来源,因此,他们愿意对农地进行长期投资。但是,在当前情况下,由于非农行业的发展和非农就业机会的增加,再加上农业比较效益低下,农户选择外出务工,他们将农业副业化,甚至将耕地长期抛荒,对农业的长期投资倾向并不高。由此可知,在现阶段,农地确权所产生的长期投资效应并没有那么明显,从而难以对劳动力非农转移产生阻碍作用。

结合以上两方面,课题组认为:农地确权有利于促进劳动力向非农就业转移。

其次,看第二个问题,劳动力非农转移影响农地流转。当劳动力难以非农转移时,土地是大多数中国农民最可靠的生活保障,甚至是维持基本生存的主要手段,并且中国人多地少,农户所拥有的土地数量远远低于其耕种能力,在这种情况下,农户不会将农地转出。而伴随着劳动力的非农转移,农户有其他替代活动和更高的非农收入来源,因此,其理性选择是将农地转出以获取农地租金。此外,伴随着土地流转市场的供给增加,仍留在农村的劳动力可以通过转入农地以扩大农地的经营规模,从而提高其从事农业的收益。

据此,本书认为:劳动力非农转移有利于农地流转。

根据以上分析,提出假设:农地确权通过促进劳动力向非农就业转移而对农地流转产生正向影响。

对该假设的验证将分两部分进行:第一部分,考察农地确权对农户是否流转农地以及流转数量的影响;第二部分,通过验证中介变量——劳动力流动(主要是劳动力流出,即劳动力向非农部门转移)——的作用,对农地确权通过作用于劳动力流动而对农地流转产生影响的机制进行检验。

二、结论与政策启示

伴随着越来越多的劳动力转向非农就业,以及受城乡二元户籍制度的约束,我国农地由家庭联产承包责任制实施初期的所有权与经营权两权分离,变为所有权、承包权与经营权三权分置且经营权流转的格局。农地流转有利于解决目前的农地抛荒以及农业从业人员老龄化等问题,促进农民增收,保障国家粮食安全,当前中央政府进行农地确权的目的之一就是促进农地流转。在这样的背景下,基于劳动力流动的视角,先从理论上分析农地确权对农地流转的影响以及劳动力流动在此过程中发挥的重要作用，并在此基础上，运用2011年"中国健康与养老追踪调查"(CHARLS)数据对其进行实证检验，研究结果表明：农地确权保障了农户的土地权益从而激励劳动力转向非农就业，进而显著提高了农户的农地转出概率和转出数量。结合本研究结论，为了促进农地流转，可以从以下几方面着手：

首先，需要进一步加大农地确权的力度。尽管目前我国农地确权的步伐在不断推进，但农地调整的现象依然存在。因此，需要深入剖析农地调整的内在动因并采取相应的解决方案，从而提高农地确权的效率。

其次，为了使农地确权更大程度地促进劳动力流动，进而进一步提高农地流转的效率，还需要排除影响劳动力流动的其他制度性障碍，尤其是需要推进户籍制度改革。当前，中国有大量的农村劳动力向第二、三产业转移。《中国流动人口发展报告2015》显示，截至2014年底，我国的流动人口多达2.53亿人，其中大部分为农民工。受户籍制度的限制，他们在城镇还不能平等享受教育、就业、社会保障、医疗、保障性住房等方面的公共服务，因此，他们难以实现在城镇定居，未来仍将回到农村。也正因为如此，这些人口为了防范可能的非农失业风险，他们不会将农地长期流转出去，这是当前农地流转呈现流转周期短、流转过程非正规的主要原因之一。由此可知，在中国农村劳动力没有实现有效转移，从而人地矛盾尖锐的情况下，农地流转效率将难以得到有效提高。因此，要加快户籍制度改革，为农业转移人口的永久迁移创造条件。

此外，尽管农地确权保障了农户的土地权益，激励其转向非农就业，进而促进农地流转，但是，如果非农就业岗位不足，那么即使农地确权，劳动力也难以有效非农转移。因此，我国在产业结构升级的过程中仍需要大力发展劳动密集型产业，提供充足的非农就业机会。从我国的现实情况看，虽然当前有大量的农业劳动力转移到第二、三产业中，但第一产业的劳动力存量依然庞大，直到2009年其就业总人数仍然高于1978年，这说明农业劳动力非农转移的任务依然艰巨。

需要说明的是，本书主要从劳动力流动的视角考察了农地确权对农地流转中转出层面的影响，但是，如果要全面研究农地确权对农地流转的影响，还需要深入考察其对农地流转中转入层面的影响及其作用机制，这是今后的研究方向之一。

第七章　人口流动驱动城乡
土地结构变化的动力机制小结

　　人口流动是城镇化发展过程中的重要内容。大量农村劳动力进入城市务工,意味着城市非农产业的蓬勃发展创造了足够的非农就业机会,对农村劳动力形成了巨大的吸引力,并由此引致了大量的住房需求。非农产业发展和城镇人口生活用地需求,共同催生了旺盛的工业建设用地需求和商住建设用地需求。为了满足这些用地需求,每年要将城市周边农业用地甚至是耕地转化为城市建设用地。加上土地资源在农业部门与非农产业部门之间的收益差异以及其他因素,土地不断由农业部门向非农产业部门转移。

　　与此同时,由于大量农村人口长期工作居住在城镇,农地利用方式也发生了变化。以农地利用为例,分散的农地逐渐集中到更有意愿、更有能力从事农业生产活动的人手中,经过土地整治,扩大生产投资,农业规模经营得以发展,提高了农业生产效率。但是,在这一过程中也出现了农村土地和住房的闲置、无序、粗放利用等现象。比如,在农地使用中,耕地抛荒或隐性抛荒(如复种指数下降)现象在全国多地出现;在宅基地使用中,超标占地、一户多宅、长期闲置、乱占耕地等问题大量存在。

　　综上所述,人口流动对城乡土地结构变化的驱动作用,在某种意义上可以认为是市场因素在起作用。但是,在特殊的城乡二元户籍制度背景下,我国人口流动呈现出明显的乡—城迁移不完全性,对城乡土地利用结构尤其是农村土地利用产生了复杂的影响。

　　城镇化过程中人口流动驱动城乡土地结构变化的动力机制如图7—1所示。

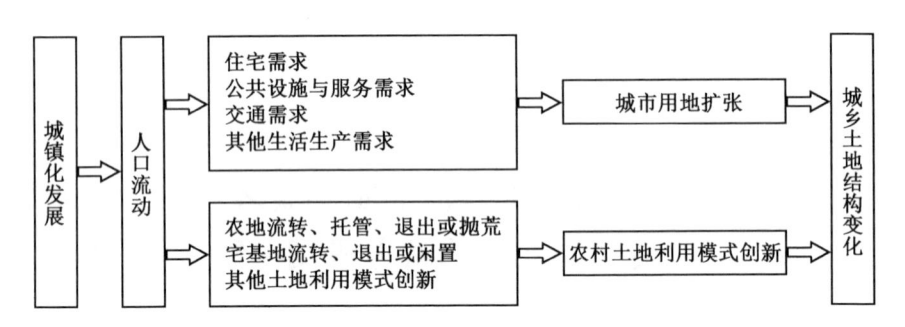

图 7-1 城镇化过程中人口流动驱动城乡土地结构变化的动力机制

第三篇

分税制改革、土地财政与城乡土地结构变化

前文表明,在城镇化过程中,人口向城镇地区流动所产生的居住、公共设施与服务、道路交通等生产生活用地需求,对城市建设用地提出了新的要求,推动土地由农业用途转为收益更高的非农业用途,以及农村内部土地利用和管理方式创新。在某种意义上,可以认为人口流动驱动城乡土地结构发生变化是市场机制在发挥作用。

然而,我国城乡土地结构的变化动因有其特殊性,主要体现在特殊的财政管理体制对城市用地扩张的影响。过去40多年里,我国财政管理体制发生了重大变化,经历了包干财政、分税制财政等形态,其中,分税制财政的实施是一个重要转折点。1994年分税制改革以后,中央政府和地方政府的财权、事权分配发生了实质性变化,财权不断向上集中,事权却不断下放,导致地方政府面临前所未有的财政压力。在我国特殊的土地供给管理制度背景下,地方政府凭借土地一级市场垄断权,开始在经营土地方面"大显身手",获取土地出让收入,催生了土地财政。加上政绩激励机制等因素,地方政府热衷于经营土地,大量农地甚至是耕地被征用,由此对城乡土地结构产生了巨大影响。

本部分内容重点考察分税制改革与我国城乡土地结构变化之间的关系。主要章节安排如下:首先,梳理分析我国分税制改革的历史

背景与主要内容；其次，分析分税制改革下土地财政的形成，以及对城市空间扩张的驱动作用；再次，考察政府驱动型城市空间扩张中的土地征用问题；最后是分税制改革驱动城乡土地结构变化的动力机制小结。

第八章 中国分税制改革的历史回顾

改革开放的过程也是制度变迁的过程。改革开放40多年以来,我国经济体制、社会保障制度、社会治理体制等制度发生了巨大变化,同样地,财政管理体制也经历了重大改变。在这一过程中,主要包括两种基本形态:一种是包干财政;另一种是分税制财政。

20世纪70年代末,随着农村改革的大幕被拉开,对财税、就业、教育、医疗、养老等社会经济各领域体制机制进行改革的呼声越来越高,计划经济体制下中央高度集中统一的局面逐渐被打破,这种作用也传导至财税管理体制,其结果是地方政府的财政权限逐步扩大。进入80年代,国家提出全面实施包干财政制度,其核心内涵可以概括为三个步骤:中央核定、地方包干、自求平衡。具体来说,就是中央政府以1979年各地方的财政收支数为基础来核定地方政府收支包干的基数,在此基础上,地方政府自行组织收入与支出,自求平衡。但是,这并不意味着地方政府在财政方面只能"自谋出路"、"自求多福",考虑到不同地区的经济发展水平存在较大差异,中央政府视包干后地方政府的财政收支情况进行调节,进行差异化对待:对于收大于支的地区,包干收入要按一定比例上缴;而对于支大于收的地区,中央政府会进行差额补贴,以调节地方收支平衡,比如针对欠发达的少数民族地区,中央政府会给予一定的补贴。并且,该制度规定,收入分成比例或补贴支出数额一旦确定,即保持5年不变。这意味着地方政府拥有了相对独立的预算制定权以及一定的财政自主性。包干财政的实施,使得我国地方财政模式由"吃大锅饭"向"分灶吃饭"转变,这是我国财政管理体制的一个关键转折点。

在整个20世纪80年代和90年代初期,我国在保持财政包干基本原则不变的基础上,不断对财政管理体制作出调整,总体上看,是在不断强化地方政府的财政自主性。这极大地提高了地方政府发展地方企业的积极性,为80年代乡镇企业异军突起发挥了重要支撑作用。与此同时,各类乡镇企业上缴的税收和利润也成为地方政府财政收入的重要来源,其中相当大一部分被用于地方公共品的供给。这为地方发展经济提供了制度激励,在很大程度上推动了我国尤其是东部沿海地区的工业化进程。

事实上,财政包干制就是中央对地方的财政分权,这种财政管理体制为地方政府谋求辖区经济增长提供了极大的激励(Qian & Roland,1998),对地方经济增长产生了显著的推动作用(孙秀林和周飞舟,2013)。但是,随着市场在配置资源中的重要性日益凸显,财政包干制的不足之处也渐露端倪。一个突出问题是,中央财政收入占全国 GDP 的比重、中央财政收入占全国财政收入的比重(简称"两个比重")迅速下降,如图 8-1 所示,中央财政收入占全国财政收入和 GDP 的比重分别从 1984 年的 40.51% 和 9.14% 降至 1993 年的 22.02% 和 2.68%[①],导致中央政府对宏观经济运行的调控能力逐步弱化。此外,在财政包干制下,地方大规模增加投资发展经济的行为受到了极大激励,在这一过程中,滋生了大量重复建设、以资源消耗和环境污染换经济发展、地方保护主义严重等问题。

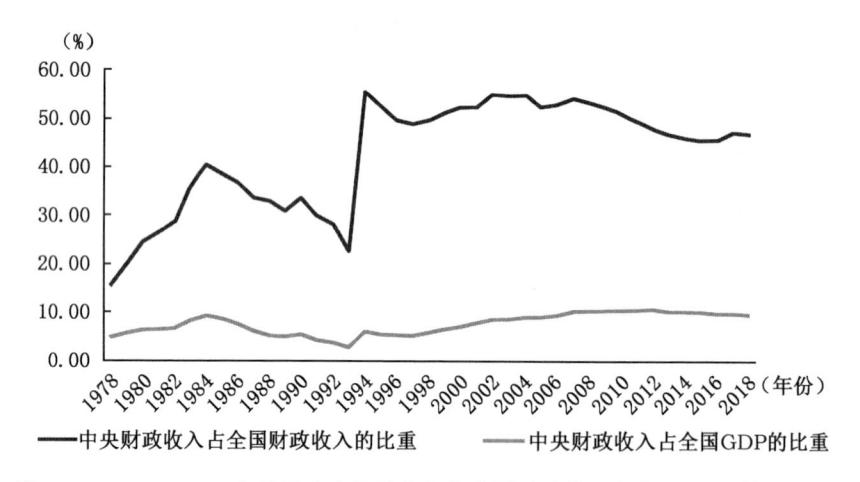

图 8-1　1978-2018 年我国中央财政收入占全国财政收入和全国 GDP 的比重变化

上述问题最终导致了 1994 年分税制改革的实行。分税制改革的基础是税制改革,即简化税制。经过改革,工商税中的税种由 32 个减少到 18 个,并建立了以增值税为主,营业税、消费税为辅的流转税体系。并且,在税制改革的基础上,中央和地方收入被重新进行划分,分为中央固定收入、地方固定收入以及中央与地方共享收入。其中,增值税作为一项重要的财政收入来源,被划归为中央与地方共享收入,但是中央分享的比

---

① 数据来源:《中国统计年鉴》(2019)。财政收入是指一般公共预算收入。

例高达75%。而1994年,增值税占税收收入的比重为45%(楼继伟,2022)。分税制改革以后,"两个比重"明显上升:中央财政收入占全国财政收入的比重在1993年是22.02%,到了1994年则急剧攀升到了55.70%;同时,中央财政收入占全国GDP的比重也由1993年的2.68%上升到1994年的5.98%[①],中央政府再次掌握了大部分财政权力。

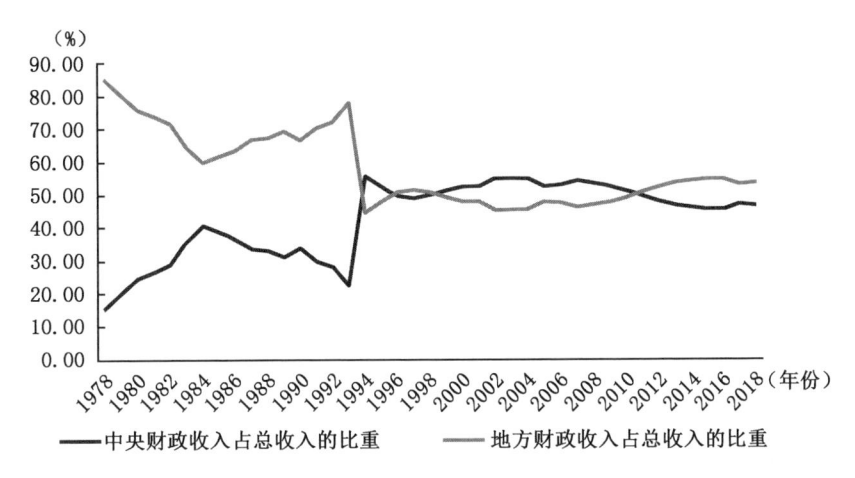

图8—2 1978—2018年我国中央和地方财政收入占总收入的比重变化

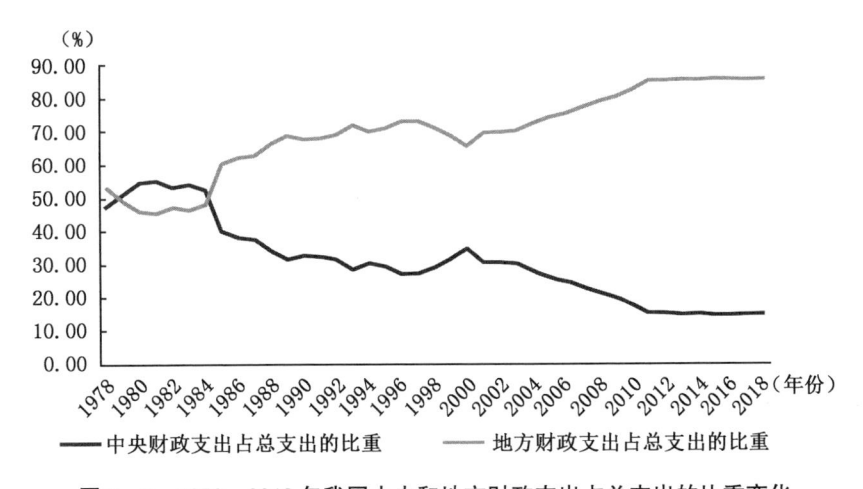

图8—3 1978—2018年我国中央和地方财政支出占总支出的比重变化

由此可见,分税制改革使得中央财政收入大幅增加,极大地改善了中央财政收入状况,中央在央—地财政关系中拥有了强劲的支配能力(周飞

---

① 数据来源:《中国统计年鉴》(2019)。

舟,2006)。但是,中央集中的收入远远超过中央对地方的返还收入,并且中央与各级地方政府间的支出责任并未进行相应调整,反而是地方财政承担了更多的公共支出责任,导致地方财政尤其是县乡级财政陷入困境,演变为"吃饭财政"。概言之,分税制改革的实质是财权向中央集中、事权向地方下放。

第九章　分税制改革、土地财政与城市空间扩张

1994年我国实行分税制改革以来,地方的财权被削弱,但事权却有所增强。这无疑加大了地方财政压力,迫使地方政府积极寻找更多收入来满足地方经济建设和社会发展的需要。在这一过程中,农村的"三提五统"收入和土地出让收入一度是地方政府预算外收入的主体(周飞舟,2010)。在免除农业税之后,通过出售土地资源以获取土地出让相关收入则成为地方政府尤其是市县一级基层政府最为依赖的财政收入来源。21世纪以来,土地出让收入总量持续扩大,其占地方财政收入的比重大幅提高,在部分城市甚至超过50%,地方政府对土地出让金等通过经营利用土地获取的收入产生了严重依赖。如此一来,土地出让金收入便理所当然地成为各级地方政府预算外收入的支柱(谢颖,2006)。一般而言,地方政府首先通过廉价甚至是负价格供给工业用地,然后通过工业集聚产生的集聚效应以及商住用地"招、拍、挂"垄断供给的形式,最大化商住用地的土地出让金充实地方政府收入(陶然和汪晖,2010)。由此可见,分税制改革与土地财政的形成存在紧密联系。

第一节　土地财政的含义与成因

尽管分税制改革与土地财政已经得到了广泛关注,但是关于土地财政的具体含义仍未统一,并且在分税制改革后中央与地方财权、事权发生深刻变化的背景下,有必要进一步探讨土地财政的成因。

一、土地财政的含义

从狭义上看,土地财政就是常说的土地出让所形成的收入。不过严格来说,土地财政这一提法并不准确。这是因为,财政收入是指一般预算

收入,且以税收收入为主,但是在财政预算核算中,并不包含土地出让收入。从地方政府竞争的角度来看,土地财政可以认为是地方政府利用土地取得土地出让金、土地税费以及利用土地进行投融资等获取收入的行为,即常说的"卖地",目的是在区域竞争中占据优势,发展地方经济。因此,土地财政实际上是一种由经营利用土地获得的收入在政府总收入中占据较大比例的财政运行形态,体现了以政府为主体的利益分配关系(通常又称之为"第二财政")。土地财政是围绕土地所进行的财政收支活动,随着土地出让转让收入规模的持续扩张,这项收入已经成为地方政府的重要收入补充来源,从某种程度上说,土地财政收入也为过去几十年中国经济的高速增长作出了独特的"贡献"。

在类别上,土地财政主要分为土地出让金以及与土地有关的税费收入两大部分(周飞舟,2007)。也可以把土地财政分为与土地有关的税收收入以及与土地有关的政府非税收入,其中,前者主要包括耕地占用税、土地增值税以及房地产和建筑业的营业税等,后者则是指土地出让金、土地租金及耕地开垦费等(黄小虎,2010)。还有学者将土地财政分为三类:第一类是土地税收收入;第二类是第一类与土地出让中的非税收入的总和;第三类则由第二类与土地抵押收入和其他收入构成(李尚蒲和罗必良,2010)。由此可知,土地财政收入的来源多元化,构成具有复杂性,土地出让收益只是土地财政收入中的一部分。

本书认为,无论推动土地财政是无奈之举还是冲动行为,土地财政收入都占据了地方发展支出的较大比重,对地区经济社会发展具有推动作用。1988年《宪法修正案》使得土地使用权转让制度正式确立,1989年5月国发〔1989〕38号文规定土地出让收入40%归中央、60%归地方,之后中央所占比例逐步缩减到5%。2000—2003年,土地转让收入从596亿元跃升到5 421亿元,增长了8倍有余,年均增长率达到了100%。[①] 如表9-1所示,城市维护建设资金支出逐年增加,由2002年的3 178亿元增加到2016年的13 833亿元,同时,土地出让转让收入占城市维护建设资金支出的比重也由2002年的8.91%上升到2016年的72.32%,由此可见土地财政对于地方经济社会发展的重要性。

[①] 1998—2017年的土地出让收入数据来源于1999—2004年《中国国土资源年鉴》及2005—2018年《中国国土资源统计年鉴》,2018年和2019年的土地出让收入数据来源于2019—2020年《中国财政年鉴》;地方财政收入数据来源于1999—2020年《中国财政年鉴》。另外,地方财政收入是指地方财政决算收入。

表 9—1　2002—2016 年我国土地出让转让收入与城市维护建设资金支出

单位:万元,%

年份	城市维护建设资金支出	土地出让转让收入	土地出让转让收入占比
2002	31 780 253	2 830 347	8.91
2003	42 479 605	5 067 562	11.93
2004	46 617 124	10 996 320	23.59
2005	52 757 240	5 944 707	11.27
2006	33 494 964	8 819 133	26.33
2007	42 473 049	16 686 751	39.29
2008	50 083 394	21 054 469	42.04
2009	59 270 667	26 360 164	44.47
2010	75 080 799	40 710 682	54.22
2011	87 390 666	65 865 142	75.37
2012	101 981 275	55 084 787	54.01
2013	108 047 393	87 954 341	81.40
2014	106 589 135	74 515 103	69.91
2015	124 386 269	68 907 494	55.40
2016	138 326 496	100 031 030	72.32

资料来源:《中国城市统计年鉴》(2002—2018);《中国城市建设统计年鉴》(2018)。

二、土地财政的成因

分税制改革是土地财政的制度基础。地方政府收入的主要来源包括一般公共预算收入和政府性基金预算收入,税收收入是前者的主要组成部分。分税制推行之后,税种被分为中央税、地方税和央地共享税三种,其中规模最大的增值税成为共享税,地方政府收入受到极大影响。据统计,分税制改革后,中央财政收入占总收入的比重由之前的 20% 左右增加到 50% 左右。在支出责任未得到相应减轻的情况下,地方政府不得不转而以政府性基金收入来补充财力,其中最重要的就是国有土地使用权出让收入,即土地财政。

为了应对分税制改革造成的财政压力,地方政府转而采用"经营城市"的模式,其关键环节是国有土地使用权的出让。一方面,政府维持商服用地、住宅用地的价格以保障城市信用;另一方面,压低工业用地价格进行招商引资,吸引人口和资金的集聚。更进一步地,地方政府还能够通过融资平台以担保和抵押的方式获得更大规模的贷款,形成土地收入—银行贷款—城市建设—征地这样循环增长的路径(孙秀林和周飞舟,2013)。

在分税制改革的背景下,地方政府不得不通过土地财政维持城镇化和经济发展所需资金。以往虽然出台了一系列政策文件,都对经营性土地招标、拍卖、挂牌出让提出了明确要求,但当时土地使用权的出让仍以行政划拨和协议出让为主。直到2002年7月1日,《招标拍卖挂牌出让国有土地使用权规定》(原国土资源部第11号令)施行,标志着经营性土地招标拍卖挂牌转让制度在全国范围的实施。该制度的施行进一步释放了土地价值,保障了土地财政制度的顺利运行。

第二节 土地财政与城市空间扩张模式

由上述分析可知,过去40多年里,我国城市增长的迅猛发展离不开地方政府的大力推动。地方政府作为社会经济发展的主导者,除了通过城市发展规划在宏观上调控城市化进程之外,还通过直接投资城市基础设施建设介入城市增长过程。在区域竞争中,地方政府采取低价出让工业用地和高价出让商业用地的方式,实现了最大化其财政收入(陶然和汪晖,2010)。在巨大的财政支出压力下,同时中央政府利用政治上的集权,通过政绩考核的方式,激励地方政府"为增长而竞争"(周黎安,2007),使得同一行政级别的官员,无论是省、市、县还是镇一级,均处于政治晋升博弈中(皮建才,2009),抑或处于政治锦标赛中(周黎安,2004)。因此,与经济分权相配合的政治上的中央集权所产生的"向上负责"的政治激励与治理模式(张军等,2007),导致地方政府行为发生了极大改变。

进入20世纪80年代,伴随着干部管理制度改革,政绩考核标准也发生了改变,并对政府行为产生了重要影响(李勇刚,2014)。具体而言,地方官员晋升考核标准由以政治忠诚度为主转变为以经济绩效为核心,GDP增长成为决定地方官员升迁最重要的因素,进而逐渐形成了以经济建设为中心的政绩观(王贤彬等,2011)。地方政府官员除了致力于辖区的经济扩张以获得更多财政收入外,还关心行政职务的晋升,这种激励在现实中可能更为重要。为了在政治锦标赛中胜出,以获得政治职务的晋升,地方政府利用手中所掌握的大量生产要素积极推动经济增长,其中,以经营利用土地要素最为重要。地方政府利用土地出让一级市场的完全垄断权,一方面低价出让工业用地吸引投资,扩大经济规模;另一方面高价出让住宅、商服用地获取收入,进一步加强城市建设,推动经济增长。而城市规模的迅速扩张和国民经济的快速增长,推动了城市工商业和住宅需求的迅速增长,进而形成土地开发、出让的热潮,并推动城市空间大幅度扩展。

在这一过程中,地方政府通过出让土地获得巨额预算外财政收入,集聚起大量建设资金,推动城市经济的飞速发展和城市空间的迅速扩张。如图9-1所示,1999—2017年间,我国土地出让面积呈现波动性扩张趋势。1999年,全国土地出让面积不到5万公顷;到了2017年,土地出让规模已经超过了20万公顷。其中,个别年份如2013年,全国土地出让面积甚至超过了35万公顷。

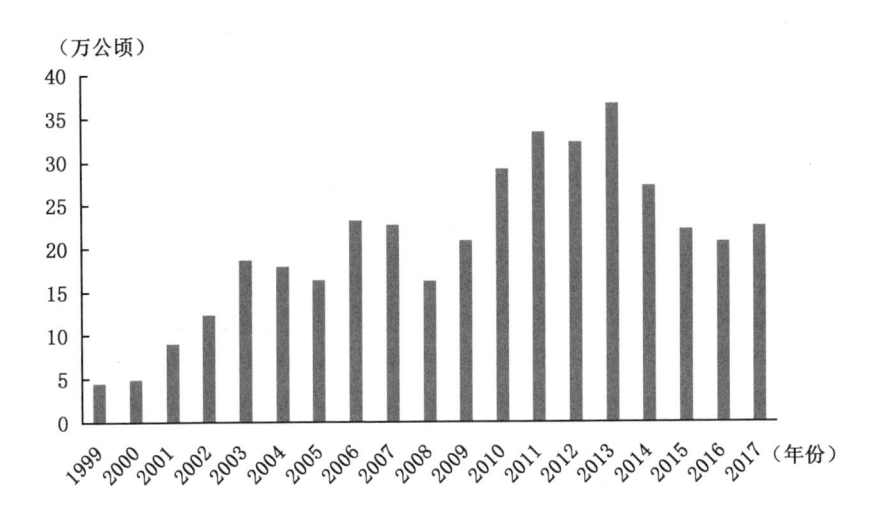

图9-1 1999—2017年我国土地出让面积

一、政府行为与土地征用

从全球范围内各国(地区)的城镇化来看,很多国家的城镇化建设在第二次世界大战后开始加速,并且经历了不同的发展历程。比如,美国的城镇化进程历时近百年,而我国大陆地区在过去40多年中城镇化水平前所未有地迅猛发展,完成了一些发达国家上百年才完成的城镇化历程。截至2019年底,我国城镇化率达到了62.71%,比1978年上升了44.79个百分点,目前全国约有8.8亿人口常住在城镇地区。不过,随着工业化和城镇化的快速发展,城市空间范围不断向外拓展,对土地的需求越发强烈,迫使土地利用结构作出改变。在城市存量土地趋于饱和的情况下,对土地需求的满足依赖于郊区土地的开发和征用。

关于郊区土地利用转换的研究认为,郊区土地利用是城镇化过程的组成部分,这种郊区化的明显变化特征就是人口与土地利用方式向城镇地区和非农产业转变,相关研究可见于 Golledge(1960)和 Johnson(1974)等。

在我国城镇化发展过程中,各地方政府在不同程度上发挥了主导作用。所谓主导作用,是指在中国事实上的"赶超战略"以及地方政府间的"锦标赛"竞争背景下,地方政府对政绩工程与土地财政的冲动,导致了农地的过速非农化(刘东和张良悦,2007)。具体来看:第一,经济发展是农地非农化的根本驱动力。但是在现阶段,城镇化的因果关系和内在动力出现了颠倒,即不是产业发展需要导致了城市空间扩张,而是首先进行大规模的园区建设以便于招商引资,其结果往往是园区建设得很好,但产业集群没有发展起来,形成粗放利用乃至闲置的非农用地。第二,土地财政融资机制放大了农地非农化。中国的城镇化主要依赖经营土地来获得城市建设收入,其后果要么是进一步扩大城市空间,要么是减少公共产品的供给。但现实中只能选择前一种方式,从而使得土地财政融资机制进一步放大了农地非农化。第三,"大量重复建设、无效与低效利用"等不正确的社会理念引导。在经济增长导向下,生产成为唯一的目的,资源禀赋与生态环境被忽视,这成为一种社会趋向。而从某种程度上来说,农地非农化就是农地(耕地)被征用的过程。并且,农地被征用为非农用地后,增量收益是客观存在的,进一步扩大了土地征用的规模。

二、我国土地征用情况

在现行财政管理体制和土地管理制度下,地方政府热衷于征地,以此来获得城市建设的资金,从而实现经济发展和行政职务晋升的双重目标。20世纪90年代,"开发区热"、"以地生财"等现象都反映了地方政府占有土地资本增值收益作为原始资本积累的行为特征,但是在土地增值收益中,农民只得到5%—10%,村集体经济得到25%—30%,60%—70%为政府各部门获取,土地出让收入成为地方的主要财政来源(温铁军,2005)。

从全国征地情况的纵向演变来看,随着城市建设不断推进,我国征用土地的数量不断增加。从2004年到2020年,城市建设征用土地面积由1 612.56平方公里增加至2 362.38平方公里,增加了46.50%。其中,征用耕地面积由618.27平方公里增加到999.14平方公里,增加了61.60%,

其增速远大于总征用土地面积的增速,这意味着我国城市建设过程中占用耕地的现象越发普遍。进一步计算征用耕地占总征用土地的比重可以发现,从2004年到2020年,这一比重由38.34%增加到42.29%,增加了3.95个百分点。此外,有研究指出,2001—2011年间,大约90%的城市建设用地需求是通过征用农村土地来满足的(国务院发展研究中心和世界银行联合课题组,2014)。

表9—2　　　　　2004—2020年我国城市建设征用土地情况　　单位:平方公里,%

年份	城市建设征用土地面积	城市建设征用耕地面积	征用耕地占比
2004	1 612.56	618.27	38.34
2005	1 263.5	604.5	47.84
2006	1 396.5	680.5	48.73
2007	1 216	447.6	36.81
2008	1 344.6	617	45.89
2009	1 504.7	564.6	37.52
2010	1 641.6	709	43.19
2011	1 841.7	775.3	42.10
2012	2 161.5	992.2	45.90
2013	1 831.6	782.9	42.74
2014	1 475.9	671.7	45.51
2015	1 548.5	707.9	45.72
2016	1 713.6	775.8	45.27
2017	1 934.4	841.3	43.49
2018	2 003.66	904.63	45.15
2019	2 684.81	1 189.27	44.30
2020	2 362.38	999.14	42.29

数据来源:《中国城乡建设统计年鉴》(2020);中国经济社会大数据研究平台,http://data.cnki.net/NewHome/Index。

第三节　城市扩张与城中村改造

一、城中村改造过程中的土地权利配置

面对城市化过程中日益紧张的用地矛盾,尤其是土地利用密度已经较

大的珠三角地区，由于城市空间资源难以增长，如何破解土地资源"瓶颈"和提升城市形象的可行做法之一就是改造城中村、棚户屋、旧厂房等。同时，通过这种城市改造和更新活动还有利于实现空间资源的可持续性利用。

但必须承认的是，如果利用传统的征地方式与补偿方式，实际上无法实现有效的城市更新和"三旧"改造，在城市更新和改造执行过程中存在扭曲行为，特别是在政府主导的改造模式下，各种因拆迁改造产生的暴力性、群体性等社会影响极大的事件此起彼伏、层出不穷。珠江三角洲地区的深圳、广州在城中村改造过程中，出现了由于原有居民房租收入很高，而拆迁补偿的价格很难谈拢，导致城中村改造无法推进的问题。暴力拆迁和无法拆迁是城市更新过程中的两个极端，就是因为没有处理好被更新地块的土地权利配置问题。土地权利的配置是不同利益主体相互博弈的结果，但不同利益主体间的博弈要受到土地相关法律法规的限制。

实际上，无论是深圳的城中村改造，还是广东其他地区的"三旧"改造所涉及地段，基本上都在土地利用总体规划确定的城镇建设用地范围内。如果按照《土地管理法》的规定，应该都纳入征地范围。但恰恰是传统的征地方式与补偿方式，无法实现有效的城市更新和"三旧"改造，才会有广东省"三旧"改造新政策的出台，也才会有深圳市《城市更新办法》的制定。这些改革的措施，其本质就是不调整征地制度本身，但调整征地方式，包括制定优惠的补缴土地出让金政策的方式，让集体建设用地通过一定程序转为国有，但赋予原土地权利人与开发者一定比例的国有土地开发权利，这样，就不仅在既有的征地制度框架内完成了对征地模式的突破，也合理地实现了土地收益的全社会分享和公平分配。

近年来在深圳多个城中村的调研表明，除极少数年纪较大的村民外，绝大部分村民对城中村改造后土地完成征转程序变性为国有土地不持反对态度。这里的关键问题是土地转为国有后的土地使用权给谁进行开发。如果除基础设施改善和公益事业用地之外，相当部分被转的国有土地使用权授予村集体与原住村民，或者村集体与开发商进行合作，而开发商在开发后的物业住宅上充分地保障了村集体与村民的利益，那么作为原土地权利人的村集体与原住村民实际上是大大受益的。这是因为，一方面，基础设施改善和公益事业用地提升了村集体和原住村民可以使用的土地的价值；另一方面，合法征转的国有土地使用权本身可以用于抵押融资，为城市更新与城中村改造提供资本。更重要的是，合法征转的国有土地上经过改造或重建的房屋具有大产权，这对村集体和村民无疑是一个巨大利好。因此,村集体和村民并不会反对国有,因为他们最需要的是获得自己原有土地部分的合法开发权和相应的收益权。

当然,这里还存在一个国有土地使用权出让年限的问题。比如,现有土地政策规定住宅使用地使用权出让年限为 70 年,那么 70 年出让期限到期后,村民所占有或开发的那部分土地是否需要收回?以什么方式收回?实际上,在目前的中国,不仅对于返还给村民的那部分土地存在这个问题,对于城市居民购买的商品住宅及其附带土地使用权也存在这个问题,这显然需要未来制定相关政策来解决。本书认为,考虑到这个问题所涉及利益的广泛性,如果出让期限到期收回并重新出让,或要求相关权利人重缴出让金所可能引起的巨大矛盾,以及未来长期中国地方财政将不再依赖土地出让金,而转向以财产税为主体的土地税收收入,未来政府很可能采取的政策是,对住宅用地出让期限到期后无偿续期或补缴象征性出让金后自动续期。

二、现行城市更新改造模式的优劣比较

我国集体建设用地用于抵押在法律上基本没有规范,在实践中也基本处于起步阶段。在实践中,要直接用集体建设用地进行抵押,尤其是进行商业住宅业开发,难度非常大。从全国各地实际经验和做法来看,大致有如下三种开发模式:一是开发商主导的开发模式;二是政府主导的开发模式;三是集体自行改造模式。

(一)开发商主导的开发模式

由于城市更新需要大量资金,单靠政府财力无法完成城市更新的任务,很多更新工程因此长期停滞,政府需要加快城市更新就不得不引入私人资本。在城市更新项目中,政府资本往往是作为诱导,用以吸引大量的私人资本。但是,私人资本参与城市更新也存在问题,尤其是私人资本投资往往要考虑改造地区潜在的开发价值、工程初期的投资数额、资金回报率和更新工程的地点选择等因素,这会导致城市更新私人资本目标与政府目标偏离。同时,私人开发商在长期开发中还会随时遇到各种难以预料的困难,严重者甚至使其破产或退出投资,从而影响整个城市更新计划的实现。

从深圳以及珠江三角洲的实际情况来看,目前,开发商在"三旧"改造,包括现有的城市更新项目中,确实普遍存在"挑肥拣瘦"的现象,即只选择最具有商业价值的地段进行开发,而这些地段往往是区位较好、原有容积率较低的城中村。这样做的结果是,不少改造价值稍差的村庄往往因不在核心地段而无法实现改造,基础设施与公共服务无法完善,即便进行有限的功能更新和综合整治也难有成效,让大量流动人口居住与生活品质无法有效提升。

在珠江三角洲,特别是深圳,还存在另外一个更严重的问题,就是在那些具体推动改造或更新的城中村里,不仅有旧村居,还有旧厂房,而后者拆迁改造成本低、收益高,同时又基本上是由作为村集体经济权利行使主体的村股份有限公司控制,因此,一些开发商就只选择与村集体进行合作改造厂房,以获得高额利润,却往往无心改造密度更高、拆迁麻烦且补偿更高的旧村居。这种只拆迁旧厂房、忽略旧村居的做法,不仅短期内使得旧村居的改造无法实现,而且还因占用了旧厂房地段,直接减少甚至消除未来旧村居改造过程中需要的腾挪空间,同时加大了村所在地段整体容积率,甚至占用了村里的非农用地指标,这就给未来旧村居改造制造了更大的麻烦。

除此以外,以开发商为主体的模式进行改造,即使改造过程中确实要改造旧村居,仍然可能存在以下问题:

第一,由于开发商必须在开发过程中满足村集体和村民的利益,一般开发商在改造过程中所建设物业有40%-50%需要补偿给被拆迁居民,所以往往被开发地段需要很高的容积率,这又很容易突破城市规划的要求,从而使城市规划出现统筹困难、影响周围地段的改造和滋生腐败。

第二,开发商以利润为根本驱动,可能与村干部合谋,在改造过程中损害部分村民利益,甚至可能以不利于社会和谐的方式进行改造。

(二)政府主导的开发模式

所谓政府主导的开发模式,实质上就是地方政府不仅仅是改造主体,还是主要责任人,在考虑地方财政能力的情况下,既要负责改造政策的制定,又要保证住宅拆迁和补偿工作的顺利进行,更要处理好原住村民安置问题(比如是"就地安置"还是"异地安置")。在这一城市改造和更新方式下,政府尤其是地方政府主要通过"招、拍、挂"等方式出让改造后的剩余土地,以获得土地的经济收益。

但这一模式也往往导致两个极端:在一些地方政府比较强势的城市,地方政府以"改造城中村"、"提升城市形象"为名主导大规模、运动式拆迁,对农民补偿严重不足,暴力拆迁、群体性事件发生频率大大提高;而在地方政府较弱势的地区,却往往出现部分村民要价过高、拆迁安置成本太大,政府和村民很难谈拢,使得改造难以推进等困局(陶然和汪晖,2010)。

(三)集体自行改造模式

所谓集体自行改造模式,就是由村集体自行进行资金筹措,完成诸如拆迁安置、原住民回迁和拆迁后土地利用建设等工作。其隐含的意义就是以现有村集体为基础,借助集体股份制改革等辅助性手段,完成属于本村集体的土地改造工作。该模式下的商品房建设主要采取滚动式开发方式,需要有较强大的集体经济实力才能实施,否则会产生诸多问题。比如,开发者融资能力差,难以获得贷款;开发的住宅质量相对较低,缺乏相对完善的基础设施;更为重要的是,村集体自行改造模式下的商品房多为小产权房,难以上市,从而政府也无法从中获得税收等。

第四节 城市扩张与城郊土地利用方式的变化

工业革命后,随着科技的不断进步、产业的迅速发展,全世界人口正快速地向城市移动,城镇化俨然已成为一个全球趋势。虽然世界各地的城镇化情况和城镇化速度因经济发展状况不同而存在阶段性差异,但无论是发达国家(地区)还是发展中国家(地区),都面临着相同的浪潮。因此,在城镇化这股全球的浪潮影响下,城市逐步向外扩张成长,对土地的需求越发强烈。由于城市周围土地拥有较大空间和便利的地理区位条件,吸引城市(镇)居民前往城郊,从而使土地利用出现转变。值得注意的是,这种转变随城镇化程度的提高而越来越明显,并且将会越来越重要。

从全球范围内各国(地区)的城镇化来看,发展中国家的城镇化在第二次世界大战后开始加速,比如美国的城镇化进程历时约1个世纪,而我国台湾地区仅经历40年时间就成功地实现了城镇化,大陆地区最近30年的城镇化率平均每年增长1%,截至2011年,城镇化率已超过50%,基本上实现了城镇化。必须承认的是,随着工业化和城镇化的快速发展及其所带来的人口增长,对土地的需求更加强大,在城市原有土地逐渐饱和的状况下,土地开发的沉重压力带动了郊区的土地开发和征用,并促使郊区乡镇的土地利用也逐步变迁。

国外关于郊区土地利用转换的研究皆认为,"郊区的土地利用是城镇化过程的组成部分,且土地利用转换上特殊的城市边缘地区(郊区乡镇)正转向一个以城镇化用地为主的地区";同时,这种郊区化的明显变化特征就是人口与土地利用方式的转变。如 Golledge(1960)以悉尼城市边缘地区为案例,认为城市边缘地区最明显的变化特征是人口的快速增加与土地利用方式的转换。研究中发现,悉尼边缘地区人口变化特征十分明显,1947—1954年人口增长速度甚至有出现高达100%的状态,这些主要的增加人口来自都市的移民,且年龄结构以0—9岁和20—34岁为主(这些人口的组成为小家庭的夫妇以及他们的子女)。而Johnson(1974)认为,郊区一般在城市、乡村土地使用混杂的地区,这个城乡之间的地带是由城市用地—乡村用地的土地利用转换造成的;城市周边地区最明显的特征是土地利用方式的转换和人口的快速增加。

一、城郊土地流转的制约因素

随着我国工业化和城镇化的快速发展,城市建设用地日益增加,对土地的需求不断增加,正以"摊大饼"的方式向郊区扩张,但在实际操作中,城郊土地的流转和征用受到以下因素的制约:

一是地方政府与郊区农民激烈的利益冲突。在现有的土地财政体制和征地制度之下,地方政府不断利用行政手段低价征收土地后,再以市场价格转手获取预算外财政收入,但土地被强制流转的农民既无法获取预期补偿,又失去了通过自发流转土地所能获得的利益。

二是地方政府强制征收缺乏合理的依据。在城市建设用地指标日趋紧张时,地方政府一般会以"脏、乱、差"的城中村或城郊村不适应现代都市的发展为由,通过行政权力推动城中村拆迁改造,这显然有悖于公益性征地原则。

三是郊区长期居住着规模庞大的流动人口。在政策性保障房难以覆盖流动人口的情况下,急行军式的拆迁改造必然使流动人口失去廉价住所,郊区土地事实上已经关乎人口城镇化和社会稳定的大局。

二、城郊土地流转和征用的困局

根据近年来的调查,郊区土地流转和征用存在两方面的困局:

一方面,通过城中村改造推动郊区土地流转,尽管能够提升土地价值,却无法保障郊区农民和流动人口的长远利益。城中村改造改善了市容市貌,提供了土地价值,但改造后的城中村大多变成了中高档商业区或商品房小区,被异地安置或者就地安置的原住村民获得了一次性补偿,却失去了细水长流的租金收入。流动人口则失去了廉价住所,也失去了群居的社会基础,这会成为社会的不安定因素。

另一方面,既有的城中村改造模式在执行过程中存在诸多弊端。一是由地方政府通盘主导拆迁改造的模式不仅缺乏效率,还容易引发社会冲突。如果政府和村民谈判确定补偿标准,只要部分村民要价过高,就会导致拆迁安置成本太大而无法开展城中村改造;如果地方政府强势推动拆迁改造,则会导致暴力拆迁、上访乃至群体性事件。二是村集体自主改造模式的最大缺陷在于资金难以到位,改造质量无法得到保障。村集体自主改造的优势在于对原住户知根知底,谈判工作相对容易开展,同时邻里关系等社会因素能在一定程度上防止"钉子户"的出现。但村集体必须自行筹集资金,从头到尾完成拆迁安置、改造、建设、房屋分配等全部工作。由于土地产权细碎化和城中村规划杂乱无章,村集体很难获取充裕的贷款,导致住宅开发质量低、基础设施配套不到位,郊区的商业价值也就无法得到有效体现。三是村集体与开发商合作改造模式尽管能缓解资金难题,但是由于开发商与城中村的利益不相容,容易使改造不深入或半途而废。

三、郊区土地流转的改革建议

在推动人口城镇化的宏观战略下,合理拆迁改造城中村必然成为郊区土地流转的突破口。城中村改造的理想结果是:(1)城中村地段基础设施完善;(2)土地利用率和资产价值提高;(3)原住村民收入稳定且能原地安置;(4)流动人口能获得廉价住所;(5)政府收入和房地产市场不受到重大负面冲击。对此,提出如下几点改革建议:

第一,地方政府先征收一小部分土地用于建设过渡房和公共设施,以打消村民对大规模改造的疑虑。值得注意的是,异地安置或者空头支票的安置承诺会给改造工作带来极大的阻力。因此,在改造之前必须就地建好过渡房。

第二,政府将是否改造城中村的决策权交给村民和村民组织。城中村是个小型社会,居民之间需要反复打交道,流言和羞耻感对"钉子户"的压力要远远大于政府的道德说教。无论是村委会还是大姓人家,都比政府有能力与单户居民就城中村改造进行谈判。政府需要做的就是居间协调,同时避免"倚强凌弱"的情况出现,而不是直接同村民进行无休止的谈判。

第三,政府将大部分升值土地的开发权赋予原住村民,同时限定这些土地只能建出租房,集体物业出租收益的分配机制由村民自治机制决定。政府通过基础设施建设提升土地价值,村民内部明晰土地产权,政府再向村民发放国有土地产权证,村民便可以利用土地向银行贷款用于土地开发,政府则通过开征出租屋管理费和物业税等保证税收来源。

第十章　土地财政驱动城乡土地结构变化的动力机制小结

作为超级人口大国,我国城镇化发展过程必然与其他国家存在差异,同时,由于我国特殊的财税管理体制,加之城乡二元土地、户籍制度,城镇化建设中面临的挑战更大、困难更多,城乡土地利用结构的变化也呈现出独特性。在过去40多年的城镇化建设中,政府发挥了积极的推动作用,尤其是1994年分税制改革以来,政府通过经营土地达到发展地区经济、获取职务晋升等目的,在这一过程中,城市空间大幅度扩张,土地城镇化远远滞后于人口城镇化。

城市空间扩张来源于土地征用,尤其是对农地(耕地)的征用,将农地用途转化为非农业用途。当前,在地方政府的征地冲动下,城市空间过度扩张、不合理占用耕地、失地农民生活保障等问题突出,城镇化背景下的城乡土地可持续利用面临着巨大挑战。城镇化过程中分税制改革驱动城乡土地结构变化的动力机制如图10-1所示。

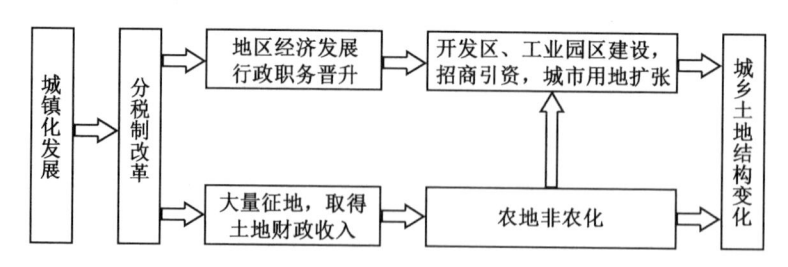

图10-1　城镇化过程中分税制改革驱动城乡土地结构变化的动力机制

第四篇

城乡土地结构变化中的福利问题

在城市外来迁移人口中,从来源地看,包括从其他城市迁移来的以及从农村迁移来的。其中,迁移自其他城市的人口可以在来源地享受市民待遇,而迁移自农村的人口(多被称为"农民工")则完全无法享受市民待遇,因此,需要格外关注这部分群体的福利问题。

近年来,我国虽然积极贯彻户籍制度改革和城镇化的决策部署,大多数基本保障和社会福利与户籍制度有所脱钩,但农民工在进城后仍无法享有平等的保障。而各地方政府在执行改革时,各自颁布政策方案,且政策标准不一,中央政府也并未颁布相关文件作为各地区的改革原则。于是,有些地区只追求片面的城镇化规模和速度,而不顾当地的经济发展情况;有些地区则一味放宽落户条件,不顾城市是否有足够的综合承载力;有些地区更是擅自突破国家政策,损害群众切身利益。因此,面对各地区出现的种种改革乱象,若不及时妥善解决和统筹规划,不但会影响城镇化有序的进程,对经济发展和社会安定也会造成负面效果,更会直接影响户籍制度改革的推进。有鉴于此,中央政府在"十二五"规划中建立了一套基本公共服务标准,以此规范各地推进户籍制度改革,并解决农民工进城所面临的各种权利保障的阻碍问题。

第十一章　城乡土地结构变化中的流动人口福利问题

第一节　中国城市社会保障制度的安排及其问题

自古以来,总有一部分社会成员需要政府、社会或他人的援助才能避免生存的危机,各国政府为了维持社会稳定,在很早以前就实施救灾、济贫等社会政策。虽然早在17世纪初期,英国政府就颁布了《济贫法》,奠定了其福利型国家的基础,但是现代意义上的社会保险制度却在18世纪末期的德国建立。

回顾现有关于社会保障的文献可以发现,无论是政府还是学界,对社会保障概念的界定存在着很大的差异,主要是由于各国的政治、经济、文化都存在着巨大的差异,各国依据自己的生产力发展水平与财力大小来制定社会保障政策,而且各研究者的研究角度与价值观不同,在理论上也形成了不同的社会保障内容,这些因素客观上均对社会保障的发展有着直接的影响。

一、现阶段城市社会保障的主要内容

(一)社会救助

社会救助是一种基于金融调查方式的社会福利,其预算由国家税收支出,而受益者并不需要付出任何费用。其审核资格的标准为最低生活费用,也就是我们一般所称的贫穷线(poverty line),贫穷线以下的人口即为社会救助对象。在我国社会福利发展中,社会救助是历史最为悠久的,过去社会救助照顾的对象为老弱残疾等无就业能力的"旧贫",然而随着社会经济结构的改变而陷入贫穷的"新贫"的产生,出现了对社会救助贫穷线规定放宽的要求。

在农业社会中,没有社会保险,也没有社会福利,社会保障即救灾济

贫事业。进入工业社会后,社会保险开始普及,社会福利也变得日益重要。

社会救助自发展演变至今,与一般慈善事业主要存在以下区别:(1)社会救助主要是依靠国家财政来扶助所有的贫困者,保障其基本生活;慈善事业则是依靠慈善机构和社会大众的力量有限地帮助部分贫困者解决困难。(2)社会救助是公民享有的权利并有国家法律的保证;慈善事业由于力量有限,并非所有的人都能享有,而且它本身带有恩赐、施舍、怜悯的性质。

(二)社会保险

广义的社会保险对象涉及全体社会成员,是国家在其患病、伤残、失业、年老等情况下给予物质帮助的各种制度的总称。狭义的社会保险仅对企事业单位职工和国家机关工作人员等用人单位的职工及其抚养、赡养亲属予以经济保障。广义的社会保险在内容上除包括职工的各项社会保险项目外,还涉及职工生活困难补助以及其他社会救助项目,在管理上也涉及民政、劳动、人事等多个部门。狭义的社会保险主要包括生育保险、疾病保险、工伤保险、失业保险及养老保险。对社会保险的定义尽管有不同的解释和不同的表述,但都包含了一些共同的内容:其一,它是一项法定的社会保障制度;其二,它是要求劳动者及其用人单位强制参加的;其三,它既是国家履行社会管理职能、向居民提供基本公共服务的具体表现,又是居民应享有的基本权利;其四,社会保险是社会保障的重要组成部分。

目前,城镇基本养老保险、城镇基本医疗保险、城镇工伤保险等制度共同组成我国城市社会保险体系的主要内容,同时还建立了单独的生育保险、遗属保险、护理保险以及灾害社会保险等制度。因此,城市社会保险制度其实是一个由多个项目组成的体系。表11—1至表11—6列出了2004—2012年我国城市主要社会保险的基本情况,包括参保和基金运行情况。由表可知,从2004年至2012年,全国城镇主要社会保险参保人数和基金收支总体上呈现上涨趋势。以城镇基本养老保险制度为例,2004年,全国城镇参加养老保险的人数约为1.6亿人,养老基金收支分别为3 502亿元和4 258亿元;经过8年的发展,截至2012年底,参保人数增加到3亿多人,增加将近1倍,基金收支分别增加16 499亿元和11 303亿元。

表 11—1　　　　2004—2012 年全国城镇基本养老保险参保情况　　　　单位:万人

年份	参加养老保险人数	在职职工参加养老保险人数	企业在职职工参加养老保险人数	离退休人员参加养老保险人数	企业离退休人员参加养老保险人数
2012	30 426.8	22 981.1	21 360.9	7 445.7	6 910.9
2011	28 391.3	21 565.0	19 970.0	6 826.2	6 314.0
2010	25 707.3	19 402.3	17 822.7	6 305.0	5 811.6
2009	23 549.9	17 743.0	16 219.0	5 806.9	5 348.0
2008	21 891.1	16 587.5	15 083.4	5 303.6	4 868.0
2007	20 136.9	15 183.2	13 690.6	4 953.7	4 544.0
2006	18 766.3	14 130.9	12 618.0	4 635.4	4 238.6
2005	17 487.9	13 120.4	11 710.6	4 367.5	4 005.2
2004	16 352.9	12 250.3	10 903.9	4 102.6	3 775.0

数据来源:国家统计局 2004—2012 年统计数据。

表 11—2　　　　2004—2012 年全国城镇基本养老保险基金运行情况　　　　单位:亿元

年份	基金收入	基金支出	基金累计结余
2012	20 001.0	15 561.8	23 941.3
2011	16 894.7	12 764.9	19 496.6
2010	13 419.5	10 554.9	15 365.3
2009	11 490.8	8 894.4	12 526.1
2008	9 740.2	7 389.6	9 931.0
2007	7 834.2	5 964.9	7 391.4
2006	6 309.8	4 896.7	5 488.9
2005	5 093.3	4 040.4	4 041.0
2004	3 502.1	4 258.4	2 975.0

数据来源:国家统计局 2004—2012 年统计数据。

表 11—3　　　　2004—2012 年全国城镇医疗保险参保情况　　　　单位:万人

年份	基本医保参保人数	职工基本医保参保人数	在岗职工基本医保参保人数	退休人员基本医保参保人数	居民基本医保参保人数
2012	53 641.3	26 485.6	19 861.3	6 624.2	27 155.7
2011	47 343.2	25 227.1	18 948.5	6 278.6	22 116.1
2010	—	23 734.7	17 791.2	5 943.5	—

续表

年份	基本医保参保人数	职工基本医保参保人数	在岗职工基本医保参保人数	退休人员基本医保参保人数	居民基本医保参保人数
2009	40 147.0	21 937.4	16 410.5	5 526.9	18 209.6
2008	—	19 995.6	14 987.7	5 007.9	—
2007	—	18 020.3	13 420.0	4 600.0	—
2006	—	15 731.9	11 580.3	4 151.5	—
2005	—	13 782.9	10 021.7	3 761.2	—
2004	—	12 403.7	9 044.4	3 359.2	—

注：城镇职工基本医疗保险参保人数不分地区合计中，包括中国人民银行、中国农业发展银行数。

数据来源：国家统计局2004—2012年统计数据，"—"表示数据缺失。

表11－4　　2004—2012年全国城镇医疗保险基金运行情况　　单位：亿元

年份	基本医疗保险基金 收入	基本医疗保险基金 支出	基本医疗保险基金 累计	职工医疗保险基金 收入	职工医疗保险基金 支出	职工医疗保险基金 累计	居民医疗保险基金 收入	居民医疗保险基金 支出	居民医疗保险基金 累计
2012	6 938.7	5 543.6	7 644.5	6 061.9	4 868.5	6 884.2	876.8	675.1	760.3
2011	5 539.2	4 431.4	6 180.5	4 945.0	4 018.3	5 683.2	594.2	413.1	496.8
2010	4 308.9	3 538.1	5 047.1	3 955.4	3 271.6	4 741.2	—	—	—
2009	3 671.9	2 797.4	4 275.9	3 420.3	2 630.1	4 055.2	—	—	—
2008	3 040.4	2 083.6	3 431.7	2 885.5	2 019.7	3 303.6	—	—	—
2007	2 257.2	1 561.8	2 476.9	2 214.2	1 551.7	2 440.8	—	—	—
2006	1 747.1	1 276.7	1 752.4	—	—	—	—	—	—
2005	1 405.3	1 078.7	1 278.1	—	—	—	—	—	—
2004	1 140.5	862.2	957.9	—	—	—	—	—	—

注：2007年及以后城镇基本医疗保险基金中，包括城镇职工基本医疗保险和城镇居民基本医疗保险。

数据来源：国家统计局2004—2012年统计数据，"—"表示数据缺失。

表11－5　　2004—2012年全国工伤保险参保及基金运行情况　单位：万人，亿元

年份	年末参保人数	享受工伤待遇人数	享受职业病待遇人数	基金收入	基金支出
2012	19 010.1	190.5	10.6	526.7	406.3
2011	17 695.9	163.0	9.2	466.4	286.4
2010	16 160.7	147.5	8.1	284.9	192.4

续表

年份	年末参保人数	享受工伤待遇人数	享受职业病待遇人数	基金收入	基金支出
2009	14 895.5	129.6	7.2	240.1	155.7
2008	13 787.2	117.8	6.3	216.7	126.9
2007	12 173.3	96.0	5.6	165.6	87.9
2006	10 268.5	77.8	—	121.8	68.5
2005	8 478.0	65.1	—	92.5	47.5
2004	6 845.2	51.9	—	58.3	33.3

数据来源：国家统计局2004—2012年统计数据，"—"表示数据缺失。

表11—6　2004—2012年全国生育保险参保及基金运行情况　单位：万人，亿元

年份	年末参保人数	享受待遇人数	基金收入	基金支出	基金累计结余
2012	15 428.7	352.7	304.2	219.3	427.6
2011	13 892.0	264.7	219.8	139.2	342.5
2010	12 335.9	210.7	159.6	109.9	261.4
2009	10 875.7	174.0	132.4	88.3	212.1
2008	9 254.1	140.1	113.7	71.5	168.2
2007	7 775.3	113.0	83.6	55.6	126.6
2006	6 458.9	107.9	62.1	37.5	96.9
2005	5 408.5	—	43.8	27.4	72.1
2004	4 383.8	—	32.1	18.8	55.9

数据来源：国家统计局2004—2012年统计数据，"—"表示数据缺失。

值得注意的是，社会保险的给付待遇虽然也是以保障受益者基本生活为目标，但给付水平却通常与受保障者的收入水平直接相关，因此缴费是受益的前提条件。

（三）社会福利

在历史上，西方的社会福利、慈善事业与济贫服务同义，在20世纪以前，西方的社会福利是在个人意志和私人善行的基础上，为少数人提供服务。在中国历史上也有类似慈幼院、施药局等官办或私人福利机构，但规模很小，受益对象也很少，称不上是现代化的社会福利。在改革开放前计划经济体制下，大多数城镇居民的福利事务由所在单位提供，乡村人口的福利由乡村集体提供，其他无依无靠的孤老残幼等特殊社会福利则由政

府民政部门提供。在相当长一段时间内,社会福利一直与救灾济贫、社会保险等相提并论,直至改革开放后出现社会保障概念时,社会福利才成为社会保障体系下的一个子系统。

二、现行城市社会保障制度存在的问题

一是人口结构发生变化,呈现老龄化、高龄化特征。我国人口年龄结构的变化,主要受两方面因素的影响:一方面,由于自20世纪80年代实施一胎化政策,随着出生率的下降,婴幼儿及少年人口比重下降,老年人口比重明显上升;另一方面,随着经济的发展,人民生活水平不断提高,医疗卫生事业进一步发展,人口的死亡率下降和平均寿命延长,60岁以上的老年人占人口的比重迅速提高,人口结构日趋老龄化。

表11—7　　　　2003—2013年全国人口构成情况　　　　单位:万人,%

年份	总人口数	0—14岁人口	65岁及以上人口	总抚养比	老年抚养比
2013	136 072	22 316	13 199	35.3	13.1
2012	135 404	22 287	12 714	34.9	12.7
2011	134 735	22 164	12 288	34.4	12.3
2010	134 091	22 259	11 894	34.2	11.9
2009	133 450	24 659	11 307	36.9	11.6
2008	132 802	25 166	10 956	37.4	11.3
2007	132 129	25 660	10 636	37.9	11.1
2006	131 448	25 961	10 419	38.3	11.0
2005	130 756	26 504	10 055	38.8	10.7
2004	129 988	27 947	9 857	41.0	10.7
2003	129 227	28 558	9 692	42.0	10.7

数据来源:国家统计局2003—2013年统计数据。

由于一般国家人口老龄化是一个缓慢渐进的过程,因此,当人口老龄化时都已具备该有的经济实力,但我国人口老龄化程度超前于经济发展,自1990年以后依赖率呈上升趋势,平均每6个职工负担一个退休老人的生活,估计到2030年每2个职工就需养活一个老人,这代表未来有更少的成年人口将承担更多老人的生计,若加上城市劳动人口的失业问题和农村劳动力的过剩,实际上,人口老龄化对社会产生的负担更为严重。

二是城镇化进程加快。改革开放40年来,我国城镇化率以每年1%

的速度提高,据预测,城镇化水平在未来一段时期内仍将以 1% 的速度增加,由此将带来两方面的问题:一方面是大量进城务工人员的就业、住房安置和社会保障问题;另一方面是在大量青壮劳动力向城镇转移的情况下,农村劳动力呈现老龄化和妇女化等特点,如何保障农业生产和粮食安全等问题。近年来,随着中国大陆城市化的进程加快,城市建设扩张,另一个衍生的问题是越来越多的城市郊区失地农民在身份和职业上变为城市居民,但无法融入城市生活而被边缘化。

三是就业压力和形式多样化问题,特别是城乡失业问题。城乡失业是农村大量剩余劳动力对城市就业的巨大冲击。长期以来,我国是一个农业人口占主要比例的发展中国家,以前的人民公社给每个农村劳动力就业机会,由于传统体制严格区分农民与城镇居民的户籍制度,农村劳动力的流动几乎是停滞的。20 世纪 80 年代改革开放以后,随着家庭联产承包责任制的实施,农村剩余劳动力大量涌入城市,农村劳动力与城市劳动力相比,具有较大的竞争优势,由于雇用他们只需较低的工资,即可得到近乎无限的供给,成本低又比较好管理,所以对城市劳动者的就业产生了置换和取代的情况,使得城镇劳动力的竞争力下降从而增加失业。比如,2004 年和 2008 年珠江三角洲出现的"民工荒"问题。

表 11-8 主要列举了 2008—2013 年城镇就业和失业人员情况。可以发现,2013 年末全国就业人员 76 977 万人,比上年末增加 273 万人;其中城镇就业人员 38 240 万人,比上年末增加 1 138 万人。2013 年,全国农民工总量达到 26 894 万人,比上年增加 633 万人,其中外出农民工 16 610 万人;全年城镇新增就业人数 1 310 万人,城镇失业人员再就业人数 566 万人,就业困难人员就业人数 180 万人。同时,2013 年末城镇登记失业人数 926 万人,城镇登记失业率 4.05%。

表 11-8　　　　　　　2008—2013 年全国就业情况构成　　　　　单位:万人,%

年份	2013	2012	2011	2010	2009	2008
年末就业人员	76 977	76 704	76 420	—	77 995	77 480
其中:城镇就业人员	38 240	37 102	35 914	—	31 120	30 210
农民工总量	26 894	26 261	25 278	24 223	22 978	22 542
其中:外出农民工	16 610	16 336	15 863	15 335	14 553	14 041
城镇新增就业人数	1 310	1 266	1 221	1 168	1 102	1 113
城镇失业人员再就业人数	566	552	553	547	514	500

续表

年份	2013	2012	2011	2010	2009	2008
就业困难人员就业人数	180	182	180	165	164	143
年末城镇登记失业人数	926	917	922	908	921	886
城镇登记失业率	4.05	4.10	4.10	4.01	4.3	4.2

数据来源:国家人力资源和社会保障部,《人力资源和社会保障事业发展统计公报》(2008—2013),"—"表示数据缺失。

第二节 城市外来迁移人口的举家流动行为分析

现代都市具有容纳异乡人的本质,无论从何处而来,异乡的都市都是他们流动生存的平面。正因如此,这群暂时停留、游荡于大都会间的异乡人,仿佛是都市之中不断迁徙流动的游牧民。从全球化时代脉络的角度切入,跨国性(transnationality)的移民流动,无论群体流动目的是休闲、逃避现实还是生存,跨境流动已是全球化时代的潮流,且并非单纯地由甲地迁移到乙地,而是在全球各角落不断漂泊移动。因此,我们可以说全球化的跨国性移动,是不同区域、城市或国家之间的游牧。从 Bauman(1995)对于异乡人的观察,我们可以感受异乡人自我划界背后所呈现的心理状态。

一、外来迁移人口的举家迁移概述

城市外来迁移人口的迁移模式多元化是流动人口的一个重要特征。举家式的家庭化迁移已经成为目前我国人口流动迁移的主体模式,新生代流动人口表现更为突出。调查显示,超过六成的已婚新生代流动人口与全部核心家庭成员在流入地共同居住。但大多数家庭不能一次性完成核心家庭成员的整体迁移,近七成的家庭中,家庭成员为分次流入,夫妻首先流入,再把全部或部分子女接来同住是最常见方式。家庭化迁移使得流动人口在流入地更容易产生归属感,有利于增强其幸福感。制定流动人口相关政策要适应家庭化流动趋势,满足流动人口家庭而非个人的需求。

(一)举家迁移原因

人类不会漫无目的地进行迁移,而是会选择往他们认为有机会生存的地方迁移(Weeks,2007)。但迁移决策会受许多因素的影响,地区间特性的差异是一种刺激迁移的动机,个人或家庭特性促使这种差异明显反映在迁移现象上。土地、住宅市场、租税、福利及公共设施等条件,对潜在迁移者而言,都是相当重要的决策依据(Greenwood,1985)。而环境的宁适性、生命周期所处阶段的不同(Rossi,1955),也都是影响决策的重要因素。Frey(1975)归纳了6项影响居住地选择的因素:(1)生命周期阶段;(2)移动的潜力;(3)与社会经济的连接;(4)空间考虑;(5)房屋结构;(6)背景因素等。而 Mather 和 Stimson (1994) 针对区域人口增长情形,分析他们迁移的原因,并将其分为自然吸引要素(如气候)、自然地理因素(如海滩)、结构性吸引要素(如经济因素)、社会文化要素(如社会网络、需要的基本建设与设施)。

1. 家庭或个人因素

个人与家庭因素中,最重要的一个项目为生命周期。生命周期是指一个家庭或个人由形成、壮大至结束的过程,并将此过程分为不同阶段,如一个家庭分为形成、扩张、萎缩和解体若干阶段。

2. 居住环境因素

居住环境空间的大小是迁移过程中主要的考量因素(Clark,1983)。对居家的满意态度、区位和居住压力是居住地选择时经常被考虑的重要因素(Brummell,1981)。在居家环境方面,居住地附近的条件是一项相当重要的因素,如自然条件、邻居特征、交通便利性、公共设施等。Richardson(1978)认为,生活宁适、公共服务完整、经济发达与社会福利充足是引发人口迁移的主要因素。Liu(1975)则认为,生活质量对人口净迁移率的影响最为主要,其次才是经济因素。此外,国内有许多研究也证实某些环境因子会影响人口迁移。如蔡宏进(1978)认为,犯罪问题、公共设施条件,以及地区贫穷情况和服务是否完善是影响人口迁移的主要因素。王国明(1984)研究发现,犯罪率、空气污染等生活质量变量将影响迁移决策。吴欣修(1993)则通过研究得知,服务机能、商业与服务业、公共财物与医疗的提供充足是影响人口迁移的主要因素。杨龙士和江宛瑛(1993)则以离市中心的距离、房屋形式、建筑面积为家户购屋选择住宅的主要区位变量。

3. 迁出地和迁移地的地方政策因素

回顾以往文献可以发现,地方财政结构与人口迁移之间具有相关性,中央政府与地方政府在公共支出上有所差异,地方政府之间也有不同的收入支出形式,人们在不同地区自由移动,以表达他们的偏好。通过这种"以脚投票"的过程,可以使地方公共财政与人口迁移达到最恰当的境界(Tiebout,1956)。徐中强(1984)的研究结果认为,医疗水平、服务水平有助于该地人口的增加。

(二)迁移家庭基本情况①

根据《中国流动人口发展报告 2012》,城市外来迁移人口家庭在居住时间、规模、收入等方面均有所提高。

从迁移家庭居住时间来看,迁移人口在现居住地平均居住时间超过 5 年,从事目前工作接近 4 年。跨省、省内流动人口在当地平均居住时间分别为 4.7 年、5.3 年。环渤海地区最长为 5.4 年,珠江三角洲地区为 4.6 年。外来迁移人口从事目前工作的平均时间为 3.9 年,全年平均回老家 1.5 次。

在居住家庭规模方面,外来迁移人口家庭中,约 70% 与配偶、子女或父母一同迁移流动。65.3% 的迁移人口家庭租住私房,租住单位/雇主房的迁移家庭比例为 6%,由政府提供廉租房的比例仅为 0.3%,不到 1%。其余流动家庭主要在借住房、单位免费提供的住房、自购自建房、就业场所以及其他非正规居所居住。

作为家庭财富的主要衡量变量,外来迁移人口家庭的人均收入增加较快,食品、住房等占总支出比例高达 73%。外来迁移人口家庭的人均月收入由 2010 年的 1 847 元增长到 2012 年的 2 253 元。2012 年,户籍为农业户口、非农业户口以及混合户口的外来迁移人口家庭人均月收入分别为 2 119 元、3 225 元以及 2 242 元。与 2010 年相比较,2012 年外来迁移人口家庭人均月支出由 896 元增加到 1 029 元,其中食品支出由 413 元增加到 493 元,住房支出由 244 元增加到 261 元。除此以外,外来迁移人口家庭收入差异较大,家庭人均月收入低于 700 元的家庭约占 1/3。同时,物价上涨对低收入迁移家庭在城镇生活影响很大,大约 30% 的外来迁移人口对日用品的价格上涨表示不满意。

二、举家迁移后农村留守老人发展状况研究

目前,农村老年人的生活和福利已经发生较大变化。根据全国老龄办测算,"十二五"时期,我国农村留守老人约 4 000 万人,占农村老年人口的 37%。

---

① 本节内容主要来源于《中国流动人口发展报告 2012》。

根据《中国流动人口发展报告2012》调查显示,现阶段农村留守老年人口的80%以上对经济来源不担心或不太担心。产生这一结果主要有两方面的原因:一方面是因为成年子女外出务工为留守老人定期提供经济赡养;另一方面可能是因为留守老人还有其他收入来源,比如农地生产经营收入、土地出租转让收入以及政府补贴等。农地经营收入是留守老人的基本收入。近年来,国家不断扩大对农业、农村和农民的补贴力度,土地收益率逐年上升。当老人年老体力不支时,将农地出租、转让农地经营使用权也是获取收入的重要来源,平均租金近年来呈现上涨趋势。政府补贴包括新型农村基本养老保险,农村60岁以上的老人每月享有55元的养老金;国家给予计划生育户每年840元的奖励扶助金,给予粮食种植户粮食补贴以及耕地保护补贴。另外,经济发展水平较好的地方政府也给予农户一些额外补贴。

在基本生活和生产支出上,一是留守老人食物需求基本得到满足,其日常食品支出主要用于购买粮食、食用油、蔬菜、肉、鸡蛋、水果以及豆腐等;二是在实施新型农村合作医疗制度后,老人生病后看病的比例大幅度上升,相比往年往往选择不治疗或者自己治疗,老年人的医疗保障水平显著提高。

诚然,留守老人也面临着日常照料不足问题,同时农村公共卫生与医疗服务亟待完善。老人在过去的农业社会时代是经验技术的传授者,享有尊荣,但随着社会的急速变迁,教育普及、科技昌盛,今日老人的处境可谓一落千丈,比不上妇女、儿童。照理说,老年在生命的历程中应是属于收获的季节,但真正从人愿的并不多,医疗卫生服务水平的提升,使出生率持续下降,寿命继续延长。同时,传统家庭结构解体、功能丧失,子女结婚之后,顾及就业与居住问题,多移居生活水平较高的地区,即使他们有心承欢膝下,但是碍于紧张忙碌的生活及高度竞争的现实客观环境,使他们自顾不暇,遑论奉养。留守老人在社区中所需要的福利服务大致有问安、咨询、关怀、协助、辅导、治疗等几项。另外,由于女性独居老人的ADL及IADL功能障碍发生率皆高于男性,因此在服务需求部分,以健康检查、电话问安、关怀访视、福利咨询、生活津贴为需求最高的项目,但除了健康检查及生活津贴之外,其余所有服务的使用率均甚低。社区照顾是以社区为基础单位,通过政府与社会资本的共同合作,即正式支援与非正式资源的有效结合,让那些需要被照顾的人得到适当的支援性或信息服务,使其能有尊严、独立地生活在自己的家里,或类似家庭环境的社区中。社区照顾是生命共同体的最佳表现,由社区内一群有照顾能力的人或组织提供整合性的服务,去照顾另一群需被照顾的社区人,让被照顾者可以留在自己熟悉的社区中得到完善的服务,不与家庭分离。如此总比离开家人与亲朋好友到一个举目无亲的机构受照顾要来得好,且也符合人道主义的原则。

多项研究资料显示,老人都希望在熟悉的环境中获得妥善的照顾与关怀,换言之,他们安土重迁,不愿接受强制性的机构式处遇,尤其是在晚年往往更需依赖同侪团体提供情感的支援,而这些支援通常无法一蹴而就,需要日积月累,因此对留守老人的照顾便是在其所处的村集体中提供"在地的"、"立即的"、"安心的"服务。

表 11—9　　　　　　　　　子女的日常照料　　　　　　　　　单位:%

	买食品	买衣物	陪看病	生病照料	买药	做家务事
经常	55.2	53.8	47.4	55.6	45.9	38.2
很少	37.8	39.2	39.8	35.7	41.8	48.8
完全没有	7.0	7.0	12.8	8.7	12.3	13.0
合计	100	100	100	100	100	100

资料来源:摘自《中国流动人口发展报告 2012》(2013)。

三、新生代农民工规模增加

表 11—10　　　　　　　2013 年新生代农民工规模　　　　　　单位:万人

	合计	本地农民工	外出农民工
新生代农民工	12 528	2 467	10 061
老一代农民工	14 366	7 817	6 549

* 主要指标解释:

农民工:指户籍仍在农村,且在本地从事非农产业或外出从业 6 个月及以上的劳动者。

本地农民工:指在户籍所在乡镇地域以内从业的农民工。

外出农民工:指在户籍所在乡镇地域以外从业的农民工。

新生代农民工:指 1980 年及以后出生的农民工。

老一代农民工:指 1980 年以前出生的农民工。

资料来源:国家统计局,《2013 年全国农民工监测调查报告》(2014)。

截至 2013 年底,1980 年及以后出生的新生代农民工有 12 528 万人,占农民工总量的 46.6%,占 1980 年及以后出生的农村从业劳动力的比重为65.5%（见表11—10）。由表11—11可知，2012年，全国农民工以青壮年为主，16—20岁占4.9%，21—30岁占31.9%，31—40岁占22.5%，41—50岁占25.6%，50岁以上的农民工占15.1%。调查资料显示，40岁以下农民工所占比重逐年下降，由2008年的70%下降到2012年的59.3%，农民工平均年龄也由34岁上升到37.3岁。

表11—11　　　　　2008—2012年农民工年龄构成情况　　　　　单位：%

年份	2008	2009	2010	2011	2012
16—20岁	10.7	8.5	6.5	6.3	4.9
21—30岁	35.3	35.8	35.9	32.7	31.9
31—40岁	24.0	23.6	23.5	22.7	22.5
41—50岁	18.6	19.9	21.2	24.0	25.6
50岁以上	11.4	12.2	12.9	14.3	15.1

资料来源：国家统计局，《2012年全国农民工监测调查报告》（2013）。

新生代农民工的主要特点是[①]：

一是受教育程度普遍较高。根据2013年全国农民工调查数据显示，新生代农民工中，初中以下文化程度仅占6.1%，初中占60.6%，高中占20.5%，大专及以上文化程度占12.8%。在老一代农民工中，初中以下文化程度占24.7%，初中占61.2%，高中占12.3%，大专及以上文化程度占1.8%。高中及以上文化程度的新生代农民工占到1/3，比老一代农民工高19.2个百分点。2012年，在农民工中，半文盲/文盲占1.5%，小学文化程度占14.3%，初中文化程度占60.5%，高中文化程度占13.3%，中专及以上文化程度占10.4%（见表11—12）。在外出农民工和青年农民工中，高中及以上文化程度分别占26.5%和36.4%。外出农民工的受教育水平高于本地农民工，农民工受教育水平又明显高于非农民工。与上年相比，30岁以下青年农民工组高中及以上文化程度比重增加2.4个百分点，明显高于其他组农民工。这也反映了目前我国农村劳动力多以老人为主，农业生产呈现老龄化结构。

表11—12　　　　　　　2012年农民工文化程度构成　　　　　　　单位：%

	非农民工	全部农民工	本地农民工	外出农民工	30岁以下青年农民工
半文盲/文盲	8.3	1.5	2.0	1.0	0.3

---

① 该部分内容来源于《2013年全国农民工监测调查报告》（2014）。

续表

	非农民工	全部农民工	本地农民工	外出农民工	30岁以下青年农民工
小学	33.8	14.3	18.4	10.5	5.5
初中	47.0	60.5	58.9	62.0	57.8
高中	8.0	13.3	13.8	12.8	14.7
中专	1.5	4.7	3.3	5.9	9.1
大专及以上	1.4	5.7	3.6	7.8	12.6

资料来源：国家统计局，《2012年全国农民工监测调查报告》(2013)。

从农民工接受培训层面看，2013年，接受过技能培训的农民工占32.7%，比2012年提高1.9个百分点（见表11—13）。同时，各年龄段农民工接受培训比重均有提高。

表11—13　　2012—2013年农民工接受培训情况　　　　单位：%

	接受农业技能培训 2012年	接受农业技能培训 2013年	接受非农业技能培训 2012年	接受非农业技能培训 2013年	接受技能培训 2012年	接受技能培训 2013年
合计	10.7	9.3	25.6	29.9	30.8	32.7
20岁以下	4.0	5.0	22.3	29.9	24.0	31.0
21—30岁	6.2	5.5	31.6	34.6	34.0	35.9
31—40岁	11.0	9.1	26.7	31.8	32.0	34.1
41—50岁	14.9	12.7	23.1	27.8	30.5	32.1
50岁以上	14.5	12.4	16.9	21.2	25.5	25.9

资料来源：国家统计局，《2013年全国农民工监测调查报告》(2014)。

二是主要集中在东部地区及大中城市务工。从新生代农民工就业的地域分布看，8 118万人在东部地区务工，占新生代农民工的64.8%；2 217万人在中部地区务工，占17.7%；2 155万人在西部地区务工，占17.2%。从新生代农民工就业地点看，6 872万人在地级以上大中城市务工，占新生代农民工的54.9%，老一代农民工这一比例为26%，新生代农民工更偏好在大中城市务工。

三是八成以上选择外出从业。在新生代农民工中，10 061万人选择外出从业，占80.3%；2 467万人选择本地从业，占19.7%。新生代农民工初次外出的平均年龄仅为21.7岁，老一代农民工初次外出的平均年龄为35.9岁，与老一代农民工相比，新生代农民工初次外出的平均年龄低14.2岁。2013年，87.3%的新生代农民工没有从事过任何农业生产劳动。

四是以从事制造业为主。新生代农民工中,39%从事制造业,14.5%从事建筑业,10.1%从事批发和零售业,10%从事居民服务和其他服务业。老一代农民工中,29.5%从事建筑业,26.5%从事制造业,10.9%从事批发和零售业,10.6%从事居民服务和其他服务业。从事建筑业的新生代农民工所占比重大幅下降,不及老一代农民工的一半。

五是在外务工更倾向就地消费。新生代农民工在外务工的月生活消费支出人均939元,比老一代农民工高19.3%;新生代农民工2013年人均寄回/带回老家的现金为12802元,比老一代农民工少29.6%。在外务工的新生代农民工更愿意选择租房居住,其中,单独租赁住房或与他人合租住房的占40.4%,在单位宿舍居住的占34.1%,在工地工棚居住的占7.3%。月租房支出人均为567元,占月均生活消费支出的60.4%。

第三节 城市外来迁移人口子女教育问题分析

随着我国经济社会的发展特别是城镇化进程的加快,大量农村人口、经济欠发达地区人口转移到城镇、经济发展水平较好的地区。然而,在城市涌入大量外来迁移人口的情况下,从流动迁移模式上看,家庭化迁移成为人口流动迁移的主体模式,随之而来的便是其子女入学教育问题。根据《2013年全国农民工监测调查报告》的抽样调查数据显示,截至2013年底,我国农民工数量达到近2.7亿人。在这庞大的流动人群背后是超过2000万留守儿童以及超过1200万随迁子女。[①] 这实际上表明,外来迁移人口的子女教育已经并仍将在今后相当长一段时期内是现阶段党和政府特别是迁入地方政府高度关注的重要问题。

2010年6月21日,中共中央政治局审议并通过的《国家中长期教育改革和发展规划纲要(2010—2020年)》[②]明确指出:"必须清醒认识到,我国教育还不完全适应国家经济社会发展和人民群众接受良好教育的要求。教育观念相对落后,内容方法比较陈旧,中小学生课业负担过重,素质教育推进困难;学生适应社会和就业创业能力不强,创新型、实用型、复合型人才紧缺;教育体制机制不完善,学校办学活力不足;教育结构和布

[①] 中国政府网:《2014年共有1294.73万随迁子女进城就读》,http://www.gov.cn/xinwen/2015-07/30/content_2905866.htm。

[②] 中华人民共和国中央人民政府网站:《国家中长期教育改革和发展规划纲要(2010—2020年)》,http://www.gov.cn/jrzg/2010-07/29/content_1667143.htm,2010年7月29日。

局不尽合理,城乡、区域教育发展不平衡,贫困地区、民族地区教育发展滞后;教育投入不足,教育优先发展的战略地位尚未得到完全落实。"该文件同时指出:"适应城乡发展需要,合理规划学校布局,办好必要的教学点,方便学生就近入学。坚持以输入地政府管理为主、以全日制公办中小学为主,确保进城务工人员随迁子女平等接受义务教育,研究制定进城务工人员随迁子女接受义务教育后在当地参加升学考试的办法。建立健全政府主导、社会参与的农村留守儿童关爱服务体系和动态监测机制。加快农村寄宿制学校建设,优先满足留守儿童住宿需求。采取必要措施,确保适龄儿童少年不因家庭经济困难、就学困难、学习困难等原因而失学,努力消除辍学现象。"

此外,党的十七大报告提出"保障进城务工人员子女平等接受义务教育",十八大报告进一步要求"大力促进教育公平,合理配置教育资源,重点向农村、边远、贫困、民族地区倾斜,支持特殊教育,提高家庭经济困难学生资助水平,积极推动农民工子女平等接受教育,让每个孩子都能成为有用之才"。然而,从实际情况来看,进城农民工子女接受教育仍然存在严重问题,"环卫工绳牵儿童"、"家政工背着孩子干活"等事件报道时有曝出。更需加以关注的是,进城务工人员担忧其子女异地高考问题,尽管教育部门以及地方政府已经出台相关政策,但是均存在准入条件过高等问题,让很多农民工及其子女"望梅止渴"。

一、外来迁移人员子女教育现状调查

针对城市外来迁移人员尤其是进城务工人员子女教育现状,笔者以实地访谈的形式进行了调查。访谈内容包括随迁子女的学校与家庭教育、学业能力表现、生活适应状况等方面。

访谈资料显示,随迁子女的数学课程学习情况最好,语文课程次之,文艺课程、外语课程等不甚理想,学习情况较差。由于随迁子女从农村地区进入城市,融入城市生活存在困难,并受多元文化冲击,从而影响随迁子女在学习上的适应问题。尤其陆续进入小学就读后,在相关领域学习上受到的冲击泾渭分明,其中数学和语文课程表现优良的比率较高,分别为54.0%和49.9%,且在中年级居于高峰;然而,在文艺、社会及自然与生活科技方面则较低,依次为47.3%、48.1%及49.1%,并随年级增加呈渐趋下降。

受访学童语言发展迟缓者占8.2%,但随年级升高而日益改善。就低年级而言，其比率为 10.1%，至中、高年级则分别下降为 6.7% 及 5.5%，教育功能的具体发挥可见一斑。此外，依据调查结果显示，父母语言沟通能力与受访学童的语言发展具有密切关系。沟通能力很差（语言不通隔阂多）者影响学童的语言发展，其迟缓比率达 24.1%，而流利（对答如流）者仅为 4.4%，两者相差近 20 个百分点，显示重视双亲语言沟通能力的加强尤为重要。

按学童属性分析，女学生放学后在家接受父母兄姐或亲属课程辅导的比例占 45.9%，较男生的 39.7% 高；而男学生放学后至教育辅导班的比例占 35.4%，较女生的 28.2% 高。从双亲课程辅导情况来看，双亲无法辅导子女课业的原因中，父亲主要是"忙于为生活打拼"，占 69.1%；母亲则为"语文能力差"，占 33.7%。从子女课程温习情况来看，近四成学童平均每天温习功课时间不到 1 小时，其原因主要为喜欢玩网络游戏，占 36.3%，其次是没人指导，占 33.8%。根据学童状况观察，放学后温习功课时间在 1 小时以下者，男生占 41.4%，女生占 34.3%；高年级占 41.9%，比低年级高 7%。

二、异地教育和高考问题

关于城市外来迁移人口的子女教育方面，最重要的问题便是农民工子女异地高考问题。为了做好进城务工人员及其他非本地户籍就业人员随迁子女接受义务教育后在当地参加中考和高考工作，2012 年 8 月 30 日，国务院办公厅转发了教育部、发展和改革委员会、公安部与人力资源和社会保障部四部门起草的《关于做好进城务工人员随迁子女接受义务教育后在当地参加升学考试工作意见的通知》（国办发〔2012〕46 号）。该通知提出："省、自治区、直辖市人民政府要根据城市功能定位、产业结构布局和城市资源承载能力，根据进城务工人员在当地的合法稳定职业、合法稳定住所（含租赁）和按照国家规定参加社会保险年限，以及随迁子女在当地连续就学年限等情况，确定随迁子女在当地参加升学考试的具体条件，制定具体办法。"从通知内容来看，外来迁移人员必须满足三个基本条件，其子女才可能实现就地高考：首先，进城务工人员在当地具有合法稳定的职业和住所，并且按照国家规定依法缴纳一定年限的社会保险；其次，进城务工人员子女在迁入地就学年限必须连续且达到各地政策要求的年限，具有什么条件的学生与本地生享受相同的升学考试政策，各地根据实际情况制定政策；最后，城市条件要根据发展需要和承载能力，各地提出具体的解决办法,各地状况不同,因此解决办法也不同。此通知强调因地制宜,并且确保符合条件的学生的合法权益,同时也要防止高考移民的状况。

(一)重点任务的规划①

1. 农民工子女升学考试工作的重要性

各地根据《国务院办公厅转发教育部等部门关于进一步做好进城务工就业农民子女义务教育工作意见的通知》认真贯彻落实,以流入地全日制公办中小学为主,保证农民工子女平等接受义务教育,并研究制定接受义务教育后在当地参加升学考试的办法。农民工子女在当地接受义务教育的问题得到初步解决,但随着农民工规模不断扩大,农民工子女完成义务教育人数不断增多,农民工子女升学考试问题日益突出。一些地方开始研拟农民工子女接受义务教育后在当地参加升学考试的办法,进一步做好农民工子女升学考试工作,这是坚持以人为本、保障农民工子女受教育权利、促进教育公平的要求,对于加强和创新社会管理、维护社会和谐具有重要意义。

2. 农民工子女升学考试的原则

必须坚持有利于保障农民工子女公平受教育权利和升学机会;坚持有利于促进人口合理有序流动;统筹考虑农民工子女升学考试需求和人口流入地教育资源承载能力;积极稳妥地推进农民工子女升学考试工作。

(二)农民工子女教育基本标准

1. 农民工子女升学考试因地制宜

各省、自治区、直辖市应根据城市功能定位和城市资源承载能力,确定农民工子女在当地参加升学考试的具体条件,制定具体办法。人口流入较集中的地区要掌握农民工变动和农民工子女就学情况,建立健全农民工管理制度,发展改革部门将农民工子女教育纳入当地经济社会发展规划;公安部门要加强对农民工的服务管理,实时提供农民工及其子女的居住等相关信息;另外,各级社会保障部门还应及时提供农民工的就业和社会保障相关信息。

2. 因地制宜,根据各地方实际情况做好外来迁移人员子女在迁出地和迁入地接受教育的统筹工作

---

① 本部分主要内容摘录自《关于做好进城务工人员随迁子女接受义务教育后在当地参加升学考试工作意见的通知》,http://www.gov.cn/zwgk/2012-08/31/content_2214566.htm。

近十多年来,我国工业化和城镇化快速推进,外来迁移人口特别是农民工数量逐年增加,同时随迁子女和留守儿童的数量也相应增加。随着民众教育和女性意识高涨,接受教育的机会趋近普及,进城务工人员及其子女日益要求获得公平的教育机会。需要注意的是,尽管我国存在规模庞大的流动人口以及随迁子女,但是这部分人口分布并不均匀,主要集中在经济发展水平较好的东部地区。从这一角度而言,国家教育部、发展和改革委员会应该针对流动人口流入量较大的地区符合当地升学考试条件的外来迁移人口子女,采取相对宽松的教育政策。具体措施包括:

就迁入地而言,依据农民工子女参加升学考试人数规模,采取有力措施,创造有利条件,合理调配教育资源,争取国家相应增加招生计划。一方面,在保障拥有迁入地户籍的本地居民子女的高考录取比例稳定的条件下,积极稳妥推进外来迁移人口尤其是进城务工人员子女升学考试;另一方面,将不符合迁入地高考政策的进城务工人员子女,积极配合迁出地政府工作,保障不同地域不同户籍的外来迁移人口子女享有公平高考的权益,合理地分流至迁出地,确保这部分随迁人员均等享有公平的教育机会。就迁出地而言,迁出地政府要加强同迁入地政府交流,积极配合迁入地政府的教育政策,做好异地教育政策对接平台,保障回流随迁人员子女能参加升学考试。

当然,在实施相关教育政策和措施时,为了防止"高考移民"等不良事件的发生,各级政府主管部门必须加强考生资格审查,严格监管进城农民工子女高考政策的执行,做到规范、公平、公开、透明。异地高考应成为户籍改革"破冰"之举。各地方政府需提前做好各方面准备,在设置门槛时应综合考虑各方因素,各地区、各有关部门要及时研究解决工作中出现的新情况、新问题,且尽快出台相关政策,把握机会,走向教育公平。

三、随迁人员子女教育的衍生问题

目前我国城市面临的移民问题,主要在进城务工人员方面,不仅是社会关心的重点,也是国家发展急需掌握的事项。尽管大量进城务工人员为我国城市建设和产业发展提供了主要的劳动力来源,但是也存在诸多问题。对此,开始有新闻媒体、报章杂志及社会研究案例的出现。外来迁移人员及其子女与原住居民因文化差异、风俗习惯不同及语言隔阂,无法在短时间融入城市生活环境;他们与城市原住居民的生活方式及价值观不同,在城市不易建立社区或亲友支持网络,当生活发生问题时缺乏求助对象。

讨论外来迁移人口子女可能面临的教育问题，一连串的答案指向仰赖学校，是否可发现新移民子女面临学习困境时，借由教育机会均等的理念建构圆满成长的教育环境？只是从学校教育层面出发，学校场所包含许多个体间的活动。大多数人对学校的印象多停留在升学主义观点下，对学生行使套装教育，有利于升学成果的展现。的确，在学校场所中对套装知识的主要传播者是教师，教师运用国家所赋予的合法性地位，以及自身受过专科训练的学历文凭背景，对学生从事知识上的传递。从这个观点上看，教师具有权力，得以对教学过程形成自我的一套教学方式，但其仅仅是法律与国家权力的代行者，教师上课内容仍不得超出教育当局所规定的授课范围。姑且不论在学校内知识的传递与国家权力的关系，但在此之外，是否仍有其他异于知识传递的观点给予我们思考？如学校在多元文化开展下，如何传递迁入地与迁出地之间文化差异以及通过再生机制消弭这种文化差异，促进随迁子女与当地社会生活的融合？这一切亟待深入研究，也必须被政策制定者和学界加以重视。

第四节　城市外来迁移人口居住状况分析

城市是开放、流动、相互连接与混杂的地方（王志弘，2009），无论是城乡迁移人口还是跨区域流动人口，绝大部分的迁移路径往人口密集的都市汇集，而在人群移往都市的过程中，不同文化在都市特殊的场域相遇，触发了彼此之间的差异。差异可能造成多元交流，同时也可能引起紧张与冲突，也正因如此，吸纳越多异乡人的都市，越可能带来众多的城市发展议题与人口迁移议题。其中，不容忽视的便是外来迁移人口的居住问题。简言之，如何保障居民的居住权利，不断满足城乡居民对基本住房的要求，从而实现"住有所居"的目标。由于中国经济发展水平区域性差异较大，基本住房保障要有明确的目标及原则。从实际情况来看，我国各级政府住房保障基本性服务主要包括：（1）廉租住房或补贴，主要对象是城镇低收入且存在住房困难的家庭；（2）公共廉租房，主要对象是具有稳定工作的进城务工人员、城镇中等收入但面临住房困难的家庭以及刚就业无房的职工；（3）城市棚户区、"城中村"改造；（4）农村地区的危房改造。

随着工业化和城镇化的快速发展，大量城市外来迁移人口的住房问题逐渐成为制约我国城镇化建设的重要因素。总体而言，现阶段我国各级政府通过实施廉租住房或公共租赁住房等保障性住房措施,以满足城镇外来迁移人口的住房需求。但必须加以注意的是,我国城市房价的快速上涨的确让许多人望"房"兴叹,尽管中国政府在私人住房之外也有推出住房保障体系、住房贷款制度,甚至提倡住房公积金的方式确保"居者有其屋",然而,由于中国不同城市居民的收入差距较大,加上房地产市场机制发展不完善、不合理,以及政府"宏观调控"政策执行力不足,还是有许多城市居民无力承担高昂的房价。房价的上涨极致分化了普通工人与高收入群体,从而滋生住房不公平的因素。

一、改革开放以来城市住房改革制度演变

中国住房在 1949 年以前大部分遭受战争而被破坏,人们的居住状况恶化。当时住房的形式仍很简陋,大部分房子为土坯房、草房或农舍,那时候社会尚未出现规划性的住房体制,发展相对缓慢。一直到 1949 年开始,中国住房的产权实行公共财产制,个人不允许拥有私房。城市中大约有 95% 的租赁住房与城市土地被归为国有化(Chen,1993)。人民的住房权利完全被国家垄断与剥夺。中国政府当时实施再分配经济,提倡全民均等主义,将住房以福利品形式通过单位分配给人民,全民进入"住房公有制"时代(Walder,1996)。但由于人口逐年激增,住房开始供应短缺。特别在 20 世纪 70 年代末期,"上山下乡"的运动陆续结束后,许多下乡的青年开始返回城市设立门户。这时城市的住房变得严重供给不足,人们的居住水平变得非常窘困。根据中国国家统计局的数据显示,当时全国城镇居民的人均居住面积不到 3.6 平方米(黄兴文等,2009)。

(一)住房改革的探索阶段(1980—1991 年)

1980—1991 年间,中国城镇的住房经历了史上最重大的历史改变。在此期间,我国城市住房制度改革大致经历了三个过程:(1)1981—1982 年,我国政府实施新旧公房全价试售政策,主要形式为"以成本价售房";由于是以全额价格出售,对当时收入有限的居民而言是难以承担的负荷,因此"以成本价售房"政策的收益不太理想,只好继而在房改政策上寻求转变,进入公房补贴时期。(2)1982—1985 年为我国公房补贴试售阶段,中央政府在河南省郑州市、湖北省沙市市(现荆州市)、江苏省常州市和吉林省四平市四个设区市开展试点。(3)提租补贴(1986—1991 年),"补贴试售"方案虽然吸引了一部分家庭掀起争相购房的热潮,但由于引起某些工作单位的干部反对,他们不愿意甚至无能力给付职工的购屋款,再加上

当时已分到住房者大多无购房的欲望,最终导致这方案遭到取消而停罢。

我国政府虽然在住房体制改革的一开始就急于寻求一种新的住房治理制度,但由于每一次政策的制定和实施与实际层面有一段差距,某些政策也只局限于某几个城市里进行试点,所能收到的成效有限。因此,这一阶段的制度改革,基本上可谓"摸着石头过河"的实验性阶段。中国住房改革经历以上三大方案的挫败后,吸取了一些经验与教训,使得后来的改革进展出现了很大的转变与成功。

(二)住房改革的全速推进阶段(1992—1999 年)

1992 年是中国经济体制改革历程中一个重要的转折点。同年 1 月,邓小平视察东南沿海各城市,其中包括深圳、武昌、珠海等地。他发现尤其深圳特区在实行经济建设以后,住房市场的开发取得非常成功的结果。于是,开始大力支持中国各地积极发展房地产市场。随即在 1993 年末,全国召开第三次房改工作会议,拟定配套的政策措施,制订加速住房产业发展、住房商品化的改革方案,以建立适应社会主义的市场经济制度。其中,具有历史意义的是 1994 年提倡的公有住房产权的转变。1994 年 7 月,国务院发布了《国务院关于深化城镇住房制度改革的决定》,首次提出两种供应体系的共存:具有社会保障性质的经济适用房体系以及以高收入家庭为对象的商品房体系。两种体系意味着两种住房价格的同时并存,其中单位职工可以按市场价格购买公有住房,并拥有住房的全部产权。若购买国家规定住房面积者,则只需支付标准的价格,即可拥有部分产权,形成部分社会成员享有住房福利制度保障。1995 年,中央政府推出《国家安居工程实施方案》,许多地方开始建设经济适用房,以解决广大中低收入户的住房问题。

截至 20 世纪 90 年代中期,住房改革的进程尚未完全呈现私有化状态,此时期大约有 2/3 的城市居民仍旧居住在单位公房里(Davis,2003)。周敏和 Logan(1996)的研究指出,广东省中山市尚保留许多再分配时期遗留下来的公房,造成公房的比例占有住房市场中为数最多。此一阶段产权的解放象征着住房能够以商品形式进入消费市场,城市居民可以通过买房、卖房、租房的自由形式取得住房的所有权与使用权。到了 1998 年 7 月国务院第 23 号文件的发布,中国政府正式宣告终结住房实物分配,住房全面由市场体制供应。

1994 年和 1998 年两个阶段的实质改革政策不仅改变了我国住房产权的结构,在某种程度上也解决了过去我国住房短缺的窘境。于是,我国住房体系在渐进式的改革中逐步迈入具有双重特性的双轨制度过渡时期。在双轨制度的改革模式下,城市居民可以从市场供应体制和单位体制处获取住房来源,甚至可以将住房变成私人财产(Davis,2003;李强和王美琴,2009)。

(三)住房商品化阶段(2000年至今)

2000年开始,我国房地产市场已经出现白热化现象,各地区住房的私有化进程加速发展。根据2000年第五次全国人口普查资料显示,通过市场购房的城市居民共达64%,而通过工作单位购房者则有30%(Feng,2003)。这足以证明当初由政府分配住房的制度已步入尾声,而人们拥有住房的财产权利的时代正式宣告到来。

二、外来迁移人口的保障性住房政策

为了解决我国城市中大量外来迁移人口住房问题,各级政府相继开展保障性住房建设工程。表11-14列出了2012年7月11日国务院印发的《国家基本公共服务体系"十二五"规划》(国发〔2012〕29号)中关于基本保障性住房的部分内容。由表11-4可知,基本住房保障的覆盖范围包括城镇低收入住房困难家庭、新就业的无房职工、城镇稳定就业的外来务工人员等。即便如此,外来人口的居住条件仍是政府治理面临的重要问题。

表11-14   "十二五"规划基本住房保障服务国家标准

适用范围	适用对象	保障标准	支出责任	覆盖水准
廉租住房	城镇低收入住房困难家庭	享有实物配租的,人均住房建筑面积13平方米左右,套型建筑面积50平方米以内,租金标准由市、县政府确定;享有租赁补贴的,租赁补贴标准由市、县政府根据当地经济发展水平、市场平均租金、家庭经济承受能力等因素确定	市、县政府负责,省级政府给予资金支持,中央给予资金补助	增加廉租住房不低于400万套,新增发放租赁补贴不低于150万户

续表

适用范围	适用对象	保障标准	支出责任	覆盖水准
公共租赁住房	城镇中等偏下收入住房困难家庭、新就业无房职工、城镇稳定就业的外来务工人员	单套建筑面积以40平方米左右的小户型为主,租金水平由市、县政府根据市场租金水平和供应物件的支付能力等因素确定	市、县政府负责,引导社会资金投入,省级政府给予资金支持,中央给予资金补助	增加公共租赁住房不低于1 000万套
棚户区改造	符合条件的棚户区居民	实物安置与货币补偿相结合,具体标准由市、县政府确定(有国家标准的,执行国家标准)	政府给予适当补助,企业安排一定的资金,住户承担一部分住房改善费用	改造棚户区居民住房不低于1 000万户
农村危房改造	居住在危房中的农村分散供养五保户、低保户、贫困残疾人家庭和其他贫困户	每户建筑面积一般控制在40—60平方米,户均中央补助不低于6 000元,地方补助标准自行确定	省级政府负总责,中央财政安排补助资金,省级财政给予资金支持、个人自筹等相结合	改造农村危房800万户以上

资料来源:《国务院关于印发国家基本公共服务"十二五"规划的通知》,http://www.gov.cn/zwgk/2012-07/20/content_2187242.htm。

在社会学的研究中,住房条件一向被认为是个人福利的重要指标之一(Walder,1986;Bian,1994)。在中国的改革进程中,房屋改革是重中之重。然而,有关研究表明(Logan,1996;Logan,1999;Davis,2003;Huang,2004;Logan et al.,2010),居民在住房取得的过程中仍存在较大的寻租空间,这一现象在住房私有化、商品化之后更加强烈得凸显出来。在具有福利性质的公房出售系统推动后,中国房地产市场开启福利性质(非市场)与商品性质(市场)双轨标准的运作模式。

第五节 城市外来迁移人口"三险"问题分析

从20世纪80年代开始出现的"农民工",今天已成为中国大陆一个规模庞大的社会群体(阶层),更是其经济增长贡献份额巨大的产业大军。在较长的一段时期内,对于进城的农村劳动力"称谓"的变化,由开始的"盲流"、"民工"、"外来务工人口",到"农民工"、"新移民"等,折射出社会对农民工态度的转变。换言之,数十年来,农民工经历了从被排斥(歧视)、打压到默许、认可,直至接纳、鼓励的过程。但到目前,大陆广大的农民群众却仍处于权利失衡与贫困之中,农民工在城镇打工始终处于尴尬的边缘地位。农民工这一"双重边缘人"的诸般不公平待遇,充分显示制度政策改革的复杂性和长期性。

农民工问题是一个涉及中国大陆经济、政治、社会乃至其他层面的综合性问题。现实生活中的城市农民工,不论身份、地位、收入等方面,都处于弱势状态。现阶段农民工是个绝对的弱势群体,且处于"制度障碍型的边缘化"困境,以致遭受多方面不公正待遇甚至歧视。总体上看,城市农民工还处于社会保障制度的空白地带。近几年,最重要的社会保障项目——社会保险方面,在中央要求下,一些城市已为农民工逐步建立养老、医疗、失业、工伤和生育保险等险种,农民工也初步享有公民社会福利权,但程度却很低。

当前,农民工社会保障制度的基本格局是:多种模式、各行其政,结构性缺失,整体社会保障水平低下。农民工社会保险的框架性、原则性规定,缺乏明确、可操作性的规章制度,制度不统一,关系转移接续不便捷,是现存主要问题。归结社会保险方面,主要问题包括:一是农民工工伤保险缺失严重;二是农民工几乎没有失业保险;三是养老保险"入多退少";四是农民工医疗保障制度严重滞后,医疗费用过高;五是女性农民工的生育保险严重缺失。

进入21世纪,超过1亿人的新生代农民工成为农民工的主体,但是他们成了无根的一代、失落故乡的一代,处于"经济接受,制度排斥"边缘化状态。新生代农民工既然来到所向往的城市,却又因为隔阂和歧视被城市排拒,游走于城乡边缘,从而成为城市与农村之中的"双重边缘人"。尽管他们融(入)城(市)愿望强烈,无奈迄今仍处在游离或边缘化命运,形成一个相对独立的社会单元(或阶层),摆荡在城乡之间。

长期以来,由于城乡二元结构的严重影响,中国社会保障制度主要以城市居民为保障对象,农民工基本处于一种保障水平低甚至无保障地位。"农民工"这一特殊身份,象征着一种时代创伤,且这种创伤让农民工难以完成向市民身份转变,并沦为企业主肆无忌惮地榨取他们剩余价值的社会基础。事实上,在二元社会保障制度框架下,城市(地方)政府也缺乏解决农民工群体问题与政策执行的专责部门。更为重要的是,农民工社保制度缺乏顶层设计,更加剧了各地运行的"碎片化"和区域化,致使农民工问题陷入"社会全面关注、政府极为重视、政策无法落实"的困境。

一、城市外来迁移人口办理"三险"现状

长期以来,外来迁移人口特别是庞大的农民工群体被排除在城镇社会保险体系之外,在农村社会保障制度尚未健全的条件下,他们越来越渴望改革现有状况。更为重要的是,农民工社会保障的缺失已经制约我国劳动力要素在城乡之间、跨区域的合理有效流动。表11-15列出了2008—2013年6年时间内城市外来迁移人口参加养老保险、医疗保险、工伤保险、失业保险和生育保险"五险"的比例情况。

表11-15 2008—2013年城市外来迁移人口"五险"参加比例 单位:%

	2008年	2009年	2010年	2011年	2012年	2013年
养老保险	9.8	7.6	9.5	13.9	14.3	15.7
医疗保险	13.1	12.2	14.3	16.7	16.9	17.6
工伤保险	24.1	21.8	24.1	23.6	24.0	28.5
失业保险	3.7	3.9	4.9	8.0	8.4	9.1
生育保险	2.0	2.4	2.9	5.6	6.1	6.6

数据来源:《2013年全国农民工监测调查报告》(2014)。

对年老、患病或丧失劳动能力的人给予物质帮助是公民的基本权利。养老保险是社会保障制度的重要组成部分。社会养老保险制度是指国民或劳动者在因年老丧失劳动能力时获得物质帮助,以保障基本生活权利的国家政策、制度和法规的总称。在我国,养老保险是国家和社会根据法律规定,为解决劳动者在达到国家规定解除劳动义务的劳动年龄界限,或因年老丧失劳动能力退出劳动岗位后的基本生活而建立的社会保险制度(马斌,2006)。从全国范围内看,尽管我国社会养老保险包括城镇居民基本养老保险和新型农村养老保险两个主要内容,但是缺乏一部专门适用于外来迁移人员特别是进城务工人员的养老保险制度。由于受传统观念的影响,农民工的社会养老保障意识不强,仍然采取传统家庭养老方式,加之现行社会养老保险基金保值增值能力有限,即使他们参加了新型农村养老保险,但绝大多数进城务工人员的参保积极性不高。同时,在养老保险管理层次上,存在多头管理,形成"群龙治水"的混乱现象。多部门管理养老保险,职责不清、效率低下,各种利益团体矛盾交错给养老保险工作带来许多困难。

随着社会经济发展和城镇化建设进入新时期,外来迁移人口的养老保险参与情况有所改善。由表11-15可知,外来迁移人口参加社会保障的比例总体呈现上升趋势。其中,在这一时期内,参加养老保险的比重增加了约6个百分点,但是2009年出现了小幅下降,由2008年的9.8%降至7.6%。

尽管参加工伤保险的比例在2013年达到28.5%,但是仍然有超过1.4亿进城务工人员没参加工伤保险(见表11-15)。这表明城市外来流动人口的工伤保险参保工作亟待加强。由于没有城市户口和缺乏职业劳动技能,进城农民工只能从事劳动密集型工作岗位,但这种工作往往劳动时间长、强度大、工作环境差而且具有很高的危险性,一旦发生工伤事故,在自身及其家庭法律意识不强和能力有限的条件下,绝大多数进城务工人员往往陷入工伤纠纷中,他们及其家庭遭受身体和心理的双重压力。

目前我国尚无针对外来迁移人口的专属医疗保险,只是出台了相关政策文件,规定外来迁移人口的医疗费用可以由城镇居民医疗保险、城镇职工医疗保险以及新型农村合作医疗制度等承担。但实际上,一旦外来迁移人口遭遇疾病和伤害,大部分人的医疗费用是全部由自己或家人承担,由城镇居民医疗保险、城镇职工医疗保险或新型农村合作医疗保险承担的比例很低。另外,还有剩余的一小部分由企业和个人共同承担。近些年来,参加医疗保险的比例由2008年的13.1%增加到2013年的17.6%,增幅为4.5%。一项针对福建省流动人口的社会保险权益问题的研究(朱宇等,2013)表明,与城镇社会保险制度对他们所起的保障作用不大形成鲜明对比的是,针对农村居民的社会保障制度倒是发挥了一定的作用,这其中又以新型农村合作医疗制度的作用尤其突出,48.1%的流动人口参加了新型农村合作医疗保险,为大量外来迁移人口获得医疗保障起到关键性作用。

另外,参加失业保险的外来迁移人口的比例以每年平均1%的速度增加,截至2013年底,参加比例超过9%;参加生育保险的外来迁移人口比例也从2008年的2.0%增加到2013年的6.6%。由于目前的失业保险制度只涵盖城镇居民,绝大部分外来迁移人口失业后只能依靠以往的家庭储蓄生活或者是亲朋好友的接济,真正靠失业补偿维持生活的人群数量可以说是微乎其微。流动人口是卫生和计生工作的重点人群和弱势人群。近年来,流动育龄妇女数量和比重在不断增加,流动育龄妇女在户籍地以外生育的比例逐年提高。2013年9月10日公布的《中国流动人口发展报告》显示,2012年,流动已婚育龄妇女约为6 307万人,占全国已婚育龄妇女的近1/4;流动人口家庭上一年出生的孩子数量约占全国同期出生数量的1/3,已孕妇女选择在现居住地分娩的比例已接近70%。在孕产期保健、儿童健康管理、预防接种等方面,流动孕产妇和儿童是应当关注的重点人群。同时,新生代流动人口婚前同居、婚前怀孕、生殖健康问题比较突出。这些都对流动人口卫生、计生服务管理提出了更高的要求。

二、影响城市外来迁移人员办理"三险"的原因

(一)缴费比例高是限制城市外来迁移人员办理"三险"的重要原因

2013年全国农民工监测调查统计数据表明,外出农民工人均月收入(不包括包吃包住)2 609元,主要用于流入地消费和给老家汇款的比例为45%—60%,可用于计划性或预防性储蓄和投资的比例为40%—55%,平均每月的储蓄额约为800—1 500元。这表明外来迁移人员已经具备一定的缴费能力。但是,外来迁移人口的社会保险参与情况不容乐观。针对福建省外来迁移人口的调查数据显示,当每月的社会保险额在50—100元时,40%的外来迁移人口愿意参加社会保险。每月50—100元的社会保险额占外来迁移人口的月平均收入的1.9%—3.8%,然而,这还无法满足现行城镇社会保险制度缴费标准。

(二)迁出地与迁入地之间保险转移接续存在困难

《中国流动人口发展报告2012》指出,由于城镇养老保险和医疗保险主要针对城镇居民设立,城市外来迁移人口在户籍地的参保率分别为19.2%和23.7%,高于其他险种的参保率。尽管还有一部分迁移人口参加了城镇居民养老保险和医疗保险,但是这部分人群可能包括征地拆迁人员。此外,为了解决农村劳动力的养老和医疗问题,我国政府实施新型农村合作医疗制度和新型农村养老保险制度。这样,外来迁移人口中农村户籍的流动人口在户籍地参加"新农合"和"新农保"的比例很高,但现行的社会保险制度实行城乡分办方式,城乡社会保险以及迁出地与迁入地之间保险的转移接续尚未形成,使外来迁移人口办理各种社会保险的积极性不高。

综上所述,要真正实现"人的城镇化",必须推进以基本公共服务均等化为重点的社会保障制度改革,让进城农民工心里有底气、活得有尊严。

首先是创新城镇住房制度，降低农民转化为市民的住房门槛，让农民工"住有所居"。具体而言，一是有效增加针对农民工的保障性住房，加强保障性住房的监管力度；二是探索解决农民进城住房问题的新机制，如开展"宅基地换房"试点；三是建立和完善农民工住房相关配套制度，如住房公积金制度、保障性住房的财税金融支持服务制度。

其次是完善城镇就业创业制度，推进改革收入分配制度，实现同工同酬，保障各类劳动者特别是农民工的合法权益，将农民工纳入创业政策扶持范围，对农民工进城就业进行免费职业教育和技能培训，以及提供就业服务平台等。

最后是健全和加强城乡统筹背景下的社会保障体系和衔接平台建设。比如，加强对企业社保缴费的监督力度，切实提高农民工享有医疗卫生服务，切实维护农民工随迁子女在居住地受教育的权利，切实保障农民工行使民主政治权利等。

第六节　城市外来迁移人口市民化分析

综合上文分析可知，半城镇化状态下外来迁移人口的福利问题尚未得到妥善解决。市民待遇是城市政府为户籍人口所提供的基本公共服务，而农民工则属于在城市中就业但未能享受到市民待遇的社会群体。大量研究表明，农民工的市民化对改变城乡二元结构、扩大内需、维护公平与社会稳定等方面具有重要意义(World Bank, 1996)。在中央政府高度重视下，各级地方政府采取如颁发"蓝印户口"、"积分入户"以及取消农业户口和非农业户口性质划分等措施，加快农民工市民化进程。但是，我国的非农率落后于城镇化率，并且它们之间的差距仍在不断扩大的事实表明这一进程并不顺利。

对于农民工市民化进程缓慢的原因，学者普遍认为有以下几方面：其一，城乡之间经济发展水平和公共资源供给能力不均衡，导致依附在城乡户籍制度上的公共福利的数量与质量存在巨大差异；其二，大中城市公共资源供给能力的有限性与户籍门槛降低后人们对大中城市公共资源需求的无限性之间的矛盾(周小刚, 2010；陶然等, 2011)；其三，也有学者认为是经济发展水平制约了农民工市民化进程，该进程需要完成诸如就业、医疗、教育、社会保障等方面的配套设施建设，这需要强大的经济力量做后盾，否则农民工市民化只是一句空话(赵兵华和黎莲芬, 2010)；其四，也有部分学者认为是农民工自身意愿影响了市民化进程(邹一南,2021;仇叶,2020)。

由以上学者的研究可以看出,他们将农民工市民化进程的缓慢主要归结于客观方面,从主观方面,即政府方面探讨农民工市民化困境的研究并不多。然而,作为农民工市民化方案的具体实施者,农民工流入地的地方政府扮演了非常重要的角色,它们的改革意愿和能力将直接关系到改革的成败。因此,本节将从地方政府的角度解释农民工市民化进程的缓慢原因,从而引出中央政府统筹的必要性,并对中央统筹的可行性进行研究,最后提出相应的政策建议。

一、农民工市民化中央统筹的必要性分析

从农民工流入地地方政府的改革意愿上看,它们在做出是否进行农民工市民化的决策时,会考虑很多因素,这些因素对地方政府行为产生作用力的方向是不同的,我们可以将其归结为推力和阻力。推动地方政府进行农民工市民化的因素有:(1)本地区的经济发展;(2)推进产业结构升级;(3)农民工维权力量。阻碍地方政府进行农民工市民化的因素有:(1)需要支付的费用;(2)改革所带来的风险;(3)既得利益者的阻碍,这主要表现为城市居民对户籍制度改革的抵制。

在推力方面,首先,农民工市民化有利于流入地的经济发展,加快工业化、城镇化以及农业现代化进程,属于帕累托改进。大量农民工往返于城镇和农村之间,城镇化、工业化与农民工市民化严重脱节,无法享受与市民同等的公共服务,从而也不可能达到与市民同等的消费水平。一旦完成农民工的市民化进程,城市消费水平将被拉高,甚至促进基础设施建设等投资的增长。其次,人力资本是城市产业发展的重要推动因素,而城乡两栖的生存状态难以促进农民工人力资本的积累。在制造业的技术进步、服务业的就业扩大等方面,都需要稳定的产业工人队伍作为支持。在这个意义上,推进农民工市民化,能够推进产业结构的优化升级。最后,农民工的维权力量也是进一步推动市民化的关键因素。随着农民工认知水平的提升、关系网络的扩大、见识的增长,城乡分离的户籍制度和社会保障水平必然引起农民工相对剥夺感的增加,并促使农民工进行维权。对于地方主官和政策制定者来说,农民工的合理诉求无疑是一种改革动力,是实现新型城镇化必须解决的问题。

在阻力方面,第一,农民工市民化所需费用高昂。张力和吴开亚(2013)

对全国45个样本城市的市民化成本进行测算后认为,多数城市的基本公共服务需求已经存在超出其财政能力的风险。第二,现阶段我国经济发展水平和就业机会依然存在巨大的城乡和地区差异,农民工为了谋求更好的发展,大量地向经济发达地区(如北京、上海、广州等一线城市)集中,从而给这些地区的资源、环境承载力形成巨大的压力,北京水资源短缺、雾霾严重就是很好的例证。而且,外来人口的大量涌入也要求当地政府必须有更强的公共服务供给能力以及城市治理能力,这些都对它们构成严峻的挑战,为了防范可能产生的风险,它们的理性行为是阻止农民工市民化。第三,由于地方人大代表基本上由本地户籍人口组成,他们代表的是本地居民的利益(李健英,2005),当政府政策对本地户籍居民的既得利益带来损害时,往往会因得不到地方人大的支持而不能获得通过。在农民工市民化问题上,本地居民是既得利益者,大量外来人口涌入会在一定程度上摊薄他们的福利水平。以异地高考为例,农民工子女一旦被允许在本地参加高考,那就意味着更多的生源竞争有限的招录指标,从而可能会降低本地学生的升学率,因此,他们更加倾向于维护当前的"二元"户籍制度。综合以上因素可知,地方政府在农民工市民化过程中面临的阻力大于推力。

从地方政府的能力上看,一方面,受经济发展区域不平衡性的影响,各地为户籍居民所提供的公共福利差异巨大,人均福利最高与最低的城市之差多达5倍(张力和吴开亚,2013)。此外,高福利城市的经济发展水平和就业机会一般也比低福利城市多,从而农民工的数量相对更多。因此,对于高福利城市而言,它们所面临的农民工市民化成本可能会超出自身的财政支付能力,为了保证各个城市都有能力支付市民化成本,中央政府需要制定合理的成本分摊机制。

另一方面,如前所述,农民工市民化所需费用极其高昂,包括农民工的住房成本、子女受教育成本以及最低社会保障等方面的支出。改革开放以来,随着我国经济的快速发展,全国的财政收入不断增加,制约当前农民工市民化进程的,不再是财政收入总量的不足,而是财政收入的分配方面存在问题。自1994年以后,中国实施分税制管理体制。改革后,地方政府的预算内收入被大大降低,其占国家财政总收入的比例由原来的70%左右下降到48%左右,但是,由于分税制改革的不彻底性,地方政府的事权并没有相应减少,国家财政总支出的65%以上集中在省以下的地方政府。21世纪以来,地方财政支出占总财政支出的比例仍逐年上涨,由2000年的65.3%上升到 2011 年的 84.9%。① 财权与事权的不匹配导致地方财政紧张,地方政府即便有意愿进行农民工市民化,也会因为缺乏资金而只能停滞不前,郑州市 2001 年户籍制度改革到 2004 年被叫停,就是一个很好的例证。

综上分析,地方政府既没有意愿也没有足够的能力进行农民工市民化,因此,这一进程的主导力量只能是中央政府。一方面,中央政府需要对农民工市民化进行顶层设计,而不是地方政府就事论事、单线直进地改革,许多改革收效甚微的原因就在于改革缺乏全局性和系统性;另一方面,在当前的分税制下,地方政府财力有限,难以承担改革成本,即使有这样的财力,地方政府在农民工市民化上的投资偏好依然很弱,这就需要中央政府统筹支付农民工市民化成本。因此,从支出的角度来看,农民工市民化实质上是一个中央政府的转移支付问题。

二、农民工市民化中央统筹的可行性分析

如前所述,当前农民工市民化的主导力量是地方政府,而地方政府在财政压力以及利益的驱动下并无支付农民工福利成本的积极性与主动性,因此,农民工市民化成本需要中央政府统筹解决。为了能够顺利地解决农民工福利问题,我们需要对中央政府支付农民工福利的方案进行可行性研究。因此,一方面需要设计方案测算农民工市民化成本,另一方面需要考察其支付能力。

(一)农民工市民化成本测算的方案设计

当前对农民工市民化成本进行测算的研究并不多,主要是农民工市民化成本项目难以确定,大多数学者采用定性研究方式。黄锟(2011)认为,农民工市民化成本包括一般性成本和制度性成本。一般性成本是指在农民工市民化过程中,纯粹由于身份转变所导致的生活方式、消费方式转变而带来的费用增加;制度性成本是指在农民工市民化过程中,由于城乡二元制度的存在而引起的费用支出。杨风禄(2002)则从更加宏观的角度论述农民工市民化的成本,如城市就业竞争压力加大和城市膨胀等。定性研究虽然能够从宏观上把握农民工市民化的成本构成,但是也存在问题:一方面,由于没有对改革成本进行细化,从而无法准确确定改革成本的项目,即无法确定依附在户籍上的各种公共福利;另一方面,由于定性研究没有对改革成本进行量化,从而也就大大降低了农民工市民化的可操作性。

---

① 数据来源:《中国统计年鉴》(2012)。

基于此,本书采取定量分析方法对中央政府的农民工市民化成本进行财务预算。为此,需要做以下三方面工作:首先,确定农民工市民化覆盖的人口规模。目前,农民工市民化迫切需要解决的是农民工福利问题。此外,在农民工市民化的过程中,城市不仅要解决他们的个人福利问题,还需要解决他们家庭人口的相关福利,包括随他们一起迁移的小孩与老人,否则这种迁移仍旧无法解决农民工的后顾之忧。因此,农民工市民化覆盖的人口应该为农民工数量以及随迁老人与小孩数量的总和。其次,确定农民工市民化成本项目。本书认为,农民工市民化成本应该是依附在城镇户籍制度上的农民工没有享受到的各项公共服务支出,当前主要包括农民工住房保障、子女义务教育以及最低生活保障三项(陶然等,2005、2011),而没有与户籍制度相挂钩的各项支出,如城市基础设施建设、就业岗位的创造以及社会保险等不应列入成本支出范围。最后,根据人口规模以及农民工市民化的成本项目计算改革的总成本。在方案设计中,考虑到迁移人口数量巨大(如下文计算,迁移人口总量达到 36 420 万人),为了不给中央财政造成太大压力,同时也为了防止人口大规模迁徙给整个社会造成混乱,我们设计用 20 年的时间转移这些人口,每年迁移的人口数量相同。迁移方案从 2014 年开始实施,到 2033 年结束,到那时,我国人口的城镇化率将会超过 70%。[①] 为了计算上的方便,我们只对方案执行前 10 年的农民工市民化成本进行测算,后 10 年农民工市民化成本的数据可以按照同样的步骤得到。

(二)农民工市民化成本测算过程

1. 需要迁移的人口规模

农民工的数量可由当年农村劳动力数量[②]和农村就业人口数量之差得到。当然,这种计算方法隐含了一个条件,即农村就业人口中不包含城

[①] 人民网:《新时期中国城镇化转型的方向》,http://theory.people.com.cn/n/2014/0711/c83865-25268066.html。

[②] 国际上通常将 15—64 岁人口规定为劳动年龄人口,本书参考这一规定。因此,农村劳动年龄人口数量=15—64 岁人口所占总人口的比例×农业户籍人口数量。对农村劳动年龄人口进行适当调整可以得到农村劳动力人口,具体调整公式为:劳动力人口=劳动年龄人口-具有农业户籍的在校学生数量-在该年龄段丧失劳动能力的人口+超出该年龄段但仍参加劳动的人口。在计算在校学生的数量时,本书没有将接受高等教育的农村户籍人口包括在内,主要原因在于农村人口升学时,往往将户口迁出,他们实际上已经不属于农村户籍人口。近年来,这种现象虽然有所改变,有部分农村人口升学时不迁户口,但一般只发生在那些农村土地具有升值潜力的地方,往往是城郊地区,对于广大农村地区来说,这毕竟是少数。此外,由于在劳动年龄丧失劳动能力的人口与超出劳动年龄仍参加劳动的人口数量非常少,而且在计算劳动力人口时,它们几乎可以相互抵消,因此,本书也不计算这两类人口。

市户籍的劳动力。在我国,拥有城市户籍的人口到农村就业毕竟是极少数,因此,这个隐含的假定还是比较合理的。伴随农民工迁移的小孩与老人的数量,可分别通过农村0—14岁人口总数和农村65岁以上人口总数与农村劳动力迁移率的乘积计算得到。由此计算出的1995—2011年中国每年需要迁移的人口总量如表11—16所示。

由表11—16可知,这些年来,该数量虽然有所波动,但是上升的趋势非常明显,每年需要迁移的数量由1995年的19 447万人上升到2011年的33 974万人,年均增长率为4%。据此,可以预测在我们的迁移方案执行前,该数量也一直呈现这样的趋势。这样,我们就预测2013年末需要迁移的人口数量约为36 420万人,并将其作为我们方案实施期的迁移人口总数。由于方案实施期是20年,因此,每年需要迁移的人口是1 821万人(36 420/20)。

确定了每年计划迁移的人口总数后,我们仍需要进一步确定在方案执行期间这些迁移人口中所包含的老人、劳动力以及小孩数量。中国当前的人口结构并不合理,虽然劳动力所占总人口的比例相对比较稳定,但是,小孩占总人口的比例逐年下降,2011年该比例已经由1995年的26.6%降至16.5%,相反,老人占总人口的比例逐年上升,2011年该比例已经达到9.1%。按照联合国定义,一个国家65岁以上人口占总人口的比例达到7%,表明该国已经进入老龄化社会。因此,我国需要调整人口结构以防止人口老龄化。在本书中,假定从2012年开始逐步调整人口结构,降低老年人口比例,提高小孩人口比例,争取到2033年将各年龄段占总人口的比例调整至2000年老龄化社会的临界点水平。为了达到该目标,0—14岁人口所占总人口的比例需要每年提高约0.29个百分点,而15—64岁、65岁以上人口所占总人口的比例则需要每年降低约0.2、0.1个百分点。如此,可以计算出2014—2023年各年龄段人口的迁移数量(见表11—17)。

表11—16　1995—2011年待迁移的农村劳动力及其家属数量　单位:%,万人

年份	0—14岁人口所占总人口比例	15—64岁人口所占总人口比例	65岁以上人口所占总人口比例	需要迁移的劳动力人数	需要迁移的小孩人数	需要迁移的老人人数	需要迁移总人口
1995	26.6	67.2	6.2	13 060.5	5 179.21	1 207.27	19 447.02
1996	26.4	67.4	6.2	11 754.5	4 615.69	1 090.39	17 460.62

续表

年份	0—14岁人口所占总人口比例	15—64岁人口所占总人口比例	65岁以上人口所占总人口比例	需要迁移的劳动力人数	需要迁移的小孩人数	需要迁移的老人人数	需要迁移总人口
1997	26.0	67.5	6.5	12 054.7	4 645.48	1 170.31	17 870.51
1998	25.7	67.6	6.7	12 386.0	4 719.01	1 230.23	18 335.23
1999	25.4	67.7	6.9	12 651.6	4 757.67	1 292.39	18 701.64
2000	22.9	70.1	7.0	17 020.2	5 567.11	1 692.66	24 279.98
2001	22.5	70.4	7.1	17 466.9	5 595.81	1 765.89	24 828.59
2002	22.4	70.3	7.3	17 214.3	5 500.85	1 793.91	24 509.03
2003	22.1	70.4	7.5	16 734.9	5 270.60	1 788.67	23 794.21
2004	21.5	70.9	7.6	15 108.8	4 599.29	1 622.18	21 330.27
2005	20.3	72.0	7.7	18 076.6	5 104.64	1 936.58	25 117.79
2006	19.7	72.3	8.0	18 885.5	5 175.85	2 085.21	26 146.57
2007	19.4	72.5	8.1	19 071.3	5 123.33	2 136.87	26 331.49
2008	19.0	72.8	8.2	20 526.7	5 359.19	2 333.12	28 219.06
2009	18.5	73.0	8.5	21 817.8	5 533.84	2 537.46	29 889.06
2010	16.6	74.5	8.9	24 428.8	5 454.44	2 914.56	32 797.82
2011	16.5	74.4	9.1	25 276.6	5 595.28	3 102.09	33 973.98

注:(1)需要迁移的劳动力、小孩、老人,以及需要迁移总人口,均是约数,因此前三项相加不完全等于需要迁移总人口。

(2)小孩指0—14岁的人口,劳动力指15—64岁的人口,老人指65岁以上的人口。

(3)相关计算公式:需要迁移的劳动力人数＝农村劳动力总数－乡村就业人数;需要迁移的小孩人数＝农村小孩人口总数①×需要迁移的劳动力人数/农村劳动力总数;需要迁移的老人人数＝农村老人人口总数②×需要迁移的劳动力人数/农村劳动力总数。

数据来源:总人口数量,0—14岁、15—64岁、65岁以上人口数量以及所占总人口比例数据来源于《中国统计年鉴》(2012),农村户籍人口数量来源于《中国卫生统计年鉴》(2012),乡村就业人数、在校学生数来源于《中国农村统计年鉴》(1996—2012)。

---

① 农村小孩人口总数＝农村户籍人口总数×0—14岁人口所占总人口比例。
② 农村老人人口总数＝农村户籍人口总数×65岁以上人口所占总人口比例。

表 11-17　　方案实施期间迁移的农村劳动力及其家属数量　　单位:%,万人

年份	0—14 岁 比例	0—14 岁 人数	15—64 岁 比例	15—64 岁 人数	65 岁以上 比例	65 岁以上 人数	年均迁移人口
2014	17.33	316	73.84	1 345	8.83	160	1 821
2015	17.62	321	73.64	1 341	8.74	159	1 821
2016	17.92	326	73.45	1 338	8.63	157	1 821
2017	18.21	332	73.25	1 334	8.54	155	1 821
2018	18.50	337	73.05	1 331	8.45	153	1 821
2019	18.80	342	72.86	1 327	8.34	152	1 821
2020	19.09	348	72.66	1 323	8.25	150	1 821
2021	19.38	353	72.46	1 320	8.16	148	1 821
2022	19.68	358	72.26	1 316	8.06	147	1 821
2023	19.97	364	72.07	1 313	7.96	144	1 821

数据来源:根据《中国统计年鉴》(2012)、《中国农村统计年鉴》(2012)、《中国卫生统计年鉴》(2012)的相关数据整理而来。

2. 住房支出

住房福利是农民工转移过程中政府需要首先解决的问题。对于农民工来说,只有住房稳定了,他们的心才能安定,也才愿意完全退出其农村的相应权利。我国的保障性住房有廉租房和经济适用房两种方式。由于经济适用房可以拥有产权,是农民的最佳选择。考虑到当前我国大部分城市将每人 15 平方米作为住房困难的标准,因此,我们将其作为政府提供经济适用房的标准。近些年,经济适用房的价格也呈现稳定增长的状态,由 1997 年的 1 097 元/平方米上涨到 2010 年的 2 495 元/平方米,年均增长率为 6.5%。考虑到土地资源的稀缺性以及居民住房需求刚性,我们假设在方案执行期内,经济适用房的销售价格将按照原来的增长率继续上涨。这样,我们可以计算出各年经济适用房的价格。由以上两个条件,可以计算出政府每年在迁移人口上所花费的住房成本。具体计算过程及结果见表 11-20。

3. 农民工子女义务教育支出

如表 11-18 所示,从 2001 年到 2011 年的 11 年间,普通小学生的年人均教育支出由 971 元上升到 6 117 元,普通初中生的年人均教育支出由 1 371 元上升到 8 157 元。由于小学与初中教育年限分别为 6 年和 3 年,我们可以将其作为权数来计算普通学生的年人均义务教育成本。具

体计算方法:年人均义务教育成本＝普通小学生年人均教育支出×6/9＋普通初中生年人均教育支出×3/9。由此,我们可以得出2001—2011年的学生年人均义务教育成本,计算结果如表11—18所示。

表 11—18　　　　2001—2011年学生年人均义务教育成本　　　　单位:元

年份	普通初中生年人均教育支出	普通小学生年人均教育支出	学生年人均义务教育成本
2001	1 371	971	1 104
2002	1 533	1 155	1 281
2003	1 668	1 295	1 420
2004	1 925	1 561	1 683
2005	2 277	1 823	1 974
2006	2 269	2 121	2 170
2007	3 485	2 751	2 996
2008	4 532	3 410	3 784
2009	5 565	4 171	4 636
2010	6 527	4 932	5 463
2011	8 157	6 117	6 797

数据来源:《中国教育经费统计年鉴》(2002—2012)。

由表11—18可知,学生年人均义务教育成本由2001年的1 104元增长到2011年的6 797元,年均增长率为19.9%。随着经济不断发展,国家对教育会继续加大投入;同时,受物价上涨等因素的影响,客观上也需要更多的货币支出,教育质量才能不至于下降。因此,我们假设在方案执行期间,教育支出继续以相同的增长率在增加。这样,我们可以计算出方案执行期内各年的学生年人均义务教育成本,将该成本与每年适合义务教育的小孩人口数相乘,就可以得出各年政府在迁移人口教育方面的支出,具体计算结果见表11—20。

4. 最低生活保障支出

当农民工迁入城市时,他们接受的是城市的最低生活保障。因此,我们需要按照城市的最低社会保障标准进行财务预算。如表11—19所示,2001年以来,我国的城镇最低社会保障率保持基本稳定,平均值为5.17%。因此,我们取该平均值作为方案设计的最低生活保障率。此外,城市最低生活保障额稳步上升,每人每月由2001年的147元增加到2011年的287.6元,年均增长率为6.9%。随着我国经济的发展,国家对社会保障投入也应该会逐年增加,从而我们假设在方案执行期内的社会保障额年均增长率不变。据此,我们可以计算出方案执行期内各年的城市最低生活保障额。根据各年的最低生活保障率、最低生活保障额以及每年迁移的人口总额,可以计算出每年政府在迁移人口最低生活保障方面的总支出,具体计算结果见表11-20。

表11-19　　城镇居民最低生活保障率以及最低生活保障额

年份	城镇最低生活保障人数(万人)	城镇人口数量(万人)	城镇最低生活保障率(%)	城镇最低生活保障额(元/人·月)
2001	1 170.70	33 452	3.50	147.0
2002	2 064.70	35 274	5.85	148.0
2003	2 246.80	37 677	5.96	149.0
2004	2 205.00	42 090	5.24	152.0
2005	2 234.20	41 128	5.43	156.0
2006	2 240.10	42 326	5.29	169.6
2007	2 272.10	44 374	5.12	182.4
2008	2 334.80	44 643	5.23	205.3
2009	2 345.60	45 156	5.19	227.8
2010	2 310.50	45 523	5.08	251.2
2011	2 276.80	46 214	4.93	287.6

注:(1)城镇最低生活保障率=城镇居民最低生活保障人数/城镇人口总数×100。
(2)城镇人口数量=全国人口总数-农业户籍人口数量。

数据来源:城镇居民最低生活保障人数以及最低生活保障额来源于《中国民政统计年鉴》(2002—2012),农业户籍人口数量来源于《中国卫生统计年鉴》(2012)。

三、中央支付能力的估计

根据以上指标,我们可以编制中央政府在农民工市民化中的财务预算表,见表11-20。

如表11-20所示,政府在迁移人口保障方面的总费用由2014年的9 038.12亿元上升到2023年的17 539.45亿元,同时期的中央财政收入由85 995.6亿元提高到404 444.63亿元。农民工福利支出占中央财政收入的比例最高为10.51%,最低仅为4.34%,并且每年都处于下降的状态。此外,农民工福利支出占中央财政预算支出的比例也具有类似特征,由2014年的11.39%下降到2023年的6.32%。与中央财政预算支出中的主要项目相比,这个比例并不高(见表11-21)。

表11-20 中央政府农民工市民化的财务预算

年份	2014	2015	2016	2017	2018	2019	2020	2021	2022	2023
累计迁移人口(万人)	1 821	3 642	5 463	7 284	9 105	10 926	12 747	14 568	16 389	18 210
每年迁移人口(万人)	1 821	1 821	1 821	1 821	1 821	1 821	1 821	1 821	1 821	1 821
劳动力(万人)	1 345	1 341	1 338	1 334	1 331	1 327	1 323	1 320	1 316	1 313
小孩(万人)	316	321	326	332	337	342	348	353	358	364
其中:6—14周岁小孩(万人)	190	193	196	199	202	205	209	212	215	218
老人(万人)	160	159	157	155	153	152	150	148	147	144
住房支出(亿元)	8 775.58	9 348.18	9 958.14	10 607.90	11 300.05	12 037.36	12 822.79	13 659.46	14 550.72	15 500.14
经济适用房销售价格(元/平方米)	3 212.73	3 422.36	3 645.67	3 883.54	4 136.94	4 406.87	4 694.41	5 000.72	5 327.01	5 674.59
人均住房面积(平方米)	15	15	15	15	15	15	15	15	15	15
最低生活保障支出(亿元)	39.77	84.96	136.25	194.32	259.84	333.50	415.97	508.84	612.10	727.56
低保概率(%)	5.17	5.17	5.17	5.17	5.17	5.17	5.17	5.17	5.17	5.17
人均低保额度(元/月)	352	376	402	430	460	492	526	563	602	644
补贴月数(月)	12	12	12	12	12	12	12	12	12	12
义务教育支出(亿元)	222.77	271.38	330.52	402.46	489.94	596.30	729.08	886.93	1 078.73	1 311.75
人均义务教育支出(元/年)	11 725	14 061	16 863	20 224	24 254	29 088	34 884	41 836	50 173	60 172

续表

年份	2014	2015	2016	2017	2018	2019	2020	2021	2022	2023
迁移人口的福利总支出(亿元)	9 038.12	9 704.52	10 424.91	11 204.67	12 049.83	12 967.16	13 967.85	15 055.23	16 241.55	17 539.45
当年中央财政收入(亿元)	85 995.60	102 137.55	121 309.45	144 080.04	171 124.83	203 246.11	241 396.77	286 708.56	340 525.68	404 444.63
当年中央财政预算支出(亿元)	79 360.46	91 197.27	104 799.56	120 430.67	138 393.19	159 034.86	182 755.30	210 013.69	241 337.73	277 333.84
福利支出占中央财政收入比例(%)	10.51	9.50	8.59	7.78	7.04	6.38	5.79	5.25	4.77	4.34
福利支出占中央财政预算支出比例(%)	11.39	10.64	9.95	9.30	8.71	8.15	7.64	7.17	6.73	6.32

注：(1)迁移人口的福利总支出＝住房支出＋最低生活保障支出＋义务教育支出。

(2)住房支出＝经济适用房销售价格×人均住房面积×每年迁移人口数量。

(3)最低生活保障支出＝低保概率×人均低保额度×补贴月数×累计迁移人口数量。

(4)6—14周岁小孩(适龄儿童)人数＝迁移总人数×6—14周岁小孩总人数×60%①。

(5)义务教育支出＝人均义务教育支出×6—14周岁小孩人数。

(6)中央财政收入根据1978—2011年年均增长率18.78%进行推算得到。实际上,进入21世纪,我国财政收入的年均增长率达到19.58%,从而这是一个保守的估计。中央财政预算支出根据1978—2013年年均增长率14.9%进行推算得到。中央数据来源来源于《中国统计年鉴》(2012),1978年中央财政预算支出数据来源于《新中国50年统计资料汇编》,2013年数据来源于中华人民共和国财政部网站(http://yss.mof.gov.cn/)。

---

① 适合义务教育的小孩一般是指年龄在6—14周岁的人口。我们把年龄作为权数,6—14岁小孩约占小孩总数的60%。适龄儿童人数＝小孩总数×60%。

表 11－21　　　　　　　中央财政预算的主要项目支出
数值以及占总支出的比例　　　　单位：亿元，％

		2009 年	2010 年	2011 年	2012 年	2013 年
国防	数值	4 728.67	5 190.82	5 835.91	6 503.11	7 201.68
	占预算支出比例	10.78	11.12	10.74	10.14	10.43
教育	数值	1 980.62	2 159.9	2 963.57	3 781.32	4 132.45
	占预算支出比例	4.52	4.63	5.45	5.90	5.98
社会保障和就业	数值	3 350.69	3 582.25	4 414.34	5 750.73	6 550.81
	占预算支出比例	7.64	7.68	8.12	8.97	9.49
农林水事务	数值	3 446.59	3 778.94	4 588.83	5 491.45	6 195.88
	占预算支出比例	7.86	8.10	8.44	8.56	8.97
交通运输	数值	3 446.59	2 119.19	2 866.91	3 565.93	3 973.86
	占预算支出比例	7.86	4.54	5.27	5.56	5.75
对地方税收返还	数值	4 934.19	5 004.36	5 067.99	5 188.55	5 052.79
	占预算支出比例	11.25	10.73	9.32	8.09	7.32
对地方一般性转移支付	数值	8 854.5	9 445.14	12 089.29	15 208.82	15 820.43
	占预算支出比例	20.19	20.24	22.24	23.72	22.91
中央财政预算支出总额	数值	43 865	46 660	54 360	64 120	69 060

数据来源：根据财政部网站（http://gks.mof.gov.cn/）以及中央政府网站（http://www.gov.cn/）的相关数据整理而来。

事实上，中央财政在支付农民工的城市福利时，农民工在农村的福利也会被相应取消，这将减少中央财政预算支出（主要表现为中央对地方的转移支付减少）。此外，农民工市民化也会大大促进经济发展，从而为中央政府创造更多的财政收入。宋扬（2019）认为，户籍改革的深化会进一步优化劳动力配置，由此引致的生产率提高能够完全覆盖改革成本。因此，从总体上看，资金约束已经不构成农民工市民化的障碍，中央政府完全有财力解决这个问题。

第十二章　城乡土地结构变化中的农民权益问题

中国的问题是农民的问题,而农民的问题是土地问题。在我国人多地少的基本国情、农情下,土地问题始终是一个令人无法忽视的大问题。在当前工业化和城镇化快速发展的背景下,农民就业选择多样化,收入来源多元化,依靠经营土地的农业收入早已不是家庭收入的主要来源,但是,土地仍然是农民的命根子。在农民进城就业遭遇困境后,可以返回家乡从事农业,土地为返乡农民工提供了就业保障。从宏观层面上看,20世纪90年代末亚洲金融危机和2008年次贷危机爆发后,城市就业岗位明显减少,失业率上升,但是农民工可以退回家乡继续经营土地,才不至于发生大规模的社会动乱,由此可见土地对于农民个人乃至社会稳定的重要性。

然而,伴随着工业化和城镇化的发展,政府大搞开发区、工业园区建设,占用大量耕地,造成了大量"种地无田,就业无岗,低保无份"的失地农民。为了获得竞争优势,地方政府以极不平等的优惠政策招商引资,却仅给予农民极少的象征性补偿,农民拿到的只占到合理征地补偿的极小一部分。这种以牺牲农民权益搞开发建设的模式必然不可持续。长期以来,大量失地农民处境艰难,失地农民利益诉求表达与回应受阻,土地征用过程中的矛盾不断累积,已经成为目前中国必须面对的重大社会问题。

第一节　农地征用对农民财产权益的影响

一、农地征用与农民财产权益被侵害现状

一般来说,农地征用收益分配主要包括征用环节的征地补偿费和土地增值收益分配两个部分。不可否认,中国现行农地征用制度的产生有其特殊的时代背景(周其仁,2004;肖屹和钱忠好,2005),它有效地保证了国家社会经济发展所需要的土地。但是,土地增值收益分配机制不合理,征地补偿标准过低,征地补偿费分配操作缺乏规划,农民缺乏参与权与知情权,而且

农民失去土地后的生存、就业等原由土地提供的保障并没有得到合理有效的安排,因此,农民对现有征地制度大多持有不满意的态度(王小映等,2006;钱忠好等,2007)。陈莹和张安录(2007)曾以武汉市为例分析了征地前后农民的福利变化,结果显示农户对征地政策不满意的比例高达93.18%,其中,77.02%认为是因为征地补偿金的问题。根据农业部提供的数据,涉及征地、土地流转等问题的信访数量始终占总量的一半以上,反映出当前征地过程中矛盾重重,其中一个突出问题是被征地农民生活水平下降。

二、农民财产权益被侵害的原因

很多研究就农地征用过程中农民权益被侵害的原因进行了探讨。一些研究认为,农民土地财产权益的受损是我国现行的财政体制及其征地过程中"公共利益"界定不清共同导致的。而分税制改革后,地方财政支出责任不减反增,面对巨大的财政压力,地方政府只有通过大规模征地来获得收入以发展经济和进行城市建设,由此土地出让金成为各地方政府预算外收入的重要支柱(陶然等,2005;黄小虎,2007)。在这样的情况下,虽然我国法律规定,国家出于"公共利益"需要时可以进行征地,但是并没有详细界定"公共利益"的范围,这就使得征地过程中地方政府有很大的自由裁量权,从而导致该限制被虚化,一些以商业开发为目的的土地征用被贴上"公共利益"的标签得以进行,导致农民利益受损。同时,征地范围规定过宽也是造成农民财产权益被侵害的重要原因。

另外一些研究则指出,农民在征地中利益受损的原因为政府对农民土地产权的不当限制。比如,周其仁(2004)指出,土地征收问题的症结在于现存土地管理体制仍然把政府强制征地视为农地非农化的唯一合法途径,这无疑为政府大规模征地提供了制度基础。政府对农民土地产权的不当限制使农民无法平等、合理地分享到农地非农化所带来的土地增值收益(高圣平和刘守英,2007),也就是说,法律对农地的过分限制大大削弱了农民的财产收益权(吕彦彬和王富河,2004)。此外,还有一些文献从产权模糊的角度对农民的土地财产权益受损进行解释。比如,农村土地所有权主体不明导致当事人缺乏维权的法律支持,农民的农地承包经营权缺乏排他性使当事人缺乏维权的自主激励,以及政府对农地产权的不当限制直接侵害了当事人的土地权益等(冀县卿和钱忠好,2009)。由于产权的模糊性导致利益边界、是非边界和行动边界模糊不清,造成了当前征地过程中的灰色化博弈。在利益边界得不到清晰界定的情况下,各利益主体为了追求自身利益最大化而进行灰色博弈,再加上是非边界和行动边界缺失,往往会在博弈过程中产生暴力冲突,引发征地矛盾。

三、保护农民财产权益的对策

关于如何保障失地农民的权益,现有研究分别从明确界定公共利益、规范政府土地征用行为、提高土地征用补偿标准、承认农村集体建设用地直接入市流转的合法性等多方面加以考虑(王小映,2003;周飞舟等,2010)。一些学者指出,土地征收是政府通过公权力强行剥夺个人或组织财产的行为,当政府行使征地权的时候,征地双方的地位本身就存在不对等,征收行为具有强制性,甚至补偿也不需要得到被征地者的同意,因此,政府必须首先明确并限定公共使用或公共目的,如此才能够保证政府征地权的行使具备合法性(Fischel,1998;曲福田等,2001;钱忠好和曲福田,2004)。然而,事情实际上要更复杂,比如应对"钉子户"问题,构成了征地权存在的理由(Miceli,1993)。此外,也有学者提出,需要构建多元化征地安置与补偿机制,充分保障失地农民的选择权与参与权;完善失地农民的社会保障体系,并为农民提供多元化的就业渠道。但是,从长远来看,市场化改革是制度发展的必然方向(曲福田等,2001)。

综上所述,大量失地农民的权益被侵害已经成为当前我国城镇化发展过程中亟待解决的问题。本书认为,应遵循以下思路保障失地农民的权益:一是以明晰土地产权的内容、归属以及不同主体可以行使的土地权利为着力点,完善农地产权制度。二是充分考虑各地实践特色,因地制宜,探索土地增值收益合理分配的体制机制创新。三是结合各地农村发展实际,在农民自愿的前提下,考虑采用一次性货币补偿、年租制补偿、集体土地入股、现金补偿与建设留用地补偿等多种方式对失地农民进行补偿。四是立足地区资源特色,发展特色产业,提供就业机会,这是解决失地农民问题的根本之道。五是从建立完善制度性保障体系的角度出发,尽快将失地农民纳入养老、医疗等社会保障体系之中,让失地农民"失地不失保",消除失地农民的后顾之忧,为其基本生活提供托底保障。

第二节 农地征用对失地农民就业和收入的影响

土地问题在中国始终是一个令人无法忽视的大问题。假如有一天,农民失去了赖以维生的土地,庄稼换成了厂房,锄头束之高阁,纯朴的农民能凭借什么糊口？土地是农民的命根子，自改革开放以来，我国经历了数次"圈地"热潮，让农村土地大量流失。所谓"以农促工"，各级政府以各种"开发区"、"科技园区"的名义，占用了数量惊人的耕地，造成至少4 000万"种地无田，就业无岗，低保无份"的失地农民（陆学艺，2006）。研究者甚至认为，失地农民的问题比当年"下岗"失业问题还要严重，如果这个问题未能妥善处理，势必将影响到中国经济发展和社会稳定（何治民，2008）。

中国自20世纪90年代开始，经济快速发展，伴随经济成长的是城市不断向外扩张，原来的城市郊区现已成为市中心区。为容纳城市发展所必需的公共建设，城市只好无止境地向四周延伸。中国的再次崛起是21世纪国际上的大事，但是中国能否全面性地、普遍性地超越城乡二元发展的障碍，创造一个"均富"的和谐社会，妥善处理好农业、农村、农民这"三农"问题是关键。

统计资料显示，中国大陆各地城市化进程中，仅"开发区"一项，其规划面积不仅超过了现有城乡建设用地的总和，总面积甚至比台湾地区还大。自1998年到2007年，中国大陆耕地总面积减少1.19亿亩。截至2007年底，全国耕地面积由1998年的19.45亿亩减少到18.26亿亩，已非常接近基本农田保护所设的红色警戒线。原国土资源部在2007年提及中国耕地面积减少的问题时指出："中国耕地面积每年要减少几百万甚至上千万亩。根据土地变更调查，到2006年10月31日，中国的耕地面积为18.27亿亩。而在1998年，中国的耕地数量还维持在19.45亿亩。近10年间中国的耕地少了1.18亿亩，人均耕地面积也由1.59亩降到1.39亩。面对现实，人们有理由担心，按照这样的减少速度，中国的耕地还能不能养活中国人？"[①]可见，城市化造成的全国耕地面积大量减少、失地农民人数大幅增加问题确已迫在眉睫。特别是近年来各种天灾不断，国际粮价上涨，粮食供应短缺，因耕地减少所引发的这些问题在短期内恐无法解决。

一、农地征用制度对失地农民就业的影响

现代社会城市化与工业化是必然的发展趋势，非农业生产活动将取

[①] 中国政府网：《守住全国耕地不少于18亿亩这条红线》，http://www.gov.cn/ztzl/tdr/content_647236.htm。

代农业成为主要的生产活动,非农产业也将成为国民经济的主导产业。同时,城市化发展也带来了资金、资源与人口向城市聚集。城市建设用地需求大增,使城市无法避免如"摊大饼"式地向周边扩张,农民失地在客观上有其必然性。正如同"圈地运动"①对英国工业革命和现代市场经济制度的意义一般,是历史发展的必然走向,任何政府或个人都无法与之抗衡,政府能做的只是使城市化所造成的负面影响降至最低,并提供失地农民更完善的社会保障。中国政府在致力于推动经济成长的同时,是否照顾到最弱势的农民、有无兼顾到各方的利益,深深考验着领导人的执政能力。城市化、工业化潮流固然无法阻挡,但是政府相关的配套措施必须准备好,才不至于以牺牲农民的利益来换取国家经济成长。

长期以来,各级政府对失地农民就业问题的解决办法坚持"谁处理,谁安置"原则,通常做法是由国有企业来收纳失地农民,提供农民工作与住房,顺利解决因征地造成的失地农民问题,也为发展工业提供了充足的劳动力。但是,20世纪90年代中期以后,随着国有企业的改革深化与乡镇企业的发展"瓶颈",政府不再强制干预征地的安置作业,失地农民问题的严重性才逐渐凸显出来。中国大陆现行的土地流转制度造成农村剩余劳动力在移向城市的过程中遇到很大的障碍,再加上一些制度性因素的干扰(例如社会保障制度、户籍制度以及城市政府对农民的不平等对待等),使得整个劳动力市场发展畸形。但最主要的因素还在于土地制度,如果改革土地流转方式,让进城农民可以从土地流转过程中得到土地增值的利益,其他障碍因素也可以用支付货币的替代性方案来解决,失地农民的现状将立即获得改善。

以内蒙古赤峰市元宝山区美丽河镇公格营子村为例,该村距离城区约6公里,全村有农户962户,农业人口3 611人,原有耕地面积7 102亩。自2005年以来,地方政府以各种"开发区"名义,强行征占村民的耕地,甚至"以租代征",由区政府与镇政府当保证人,每年仅象征性补偿每亩地550元人民币。根据当地村民表示,该村几乎已无地可种,少壮进城打工贴补家用,村里只剩下妇女和小孩,村民三餐吃的蔬菜、五谷杂粮也必须到市场上购买,从前一望无际的麦田已不复见,只看到一座座冰冷的厂房和高耸的烟囱。违法征地损害农民的不仅是目前的生存权,也妨碍

---

① 自15世纪末开始,英国一部分贵族、地主阶级使用暴力手段圈占农民耕地或公共土地作为农场或牧场,大批农民被迫离开世代居住的土地,此即莫尔在《乌托邦》中所抨击的"羊吃人"的圈地运动。

了农民后代子孙的发展。值得关注的是,公格营子村的现状并非特例,随着我国城镇化进程的加快,大量农村集体所有土地转为非农用地,使得失地农民总量逐渐增加。而这些失地农民主要生活在大中城市边缘,靠极少的征地补偿款维生,成为新兴弱势群体。其中,完全失去土地、没有工作机会、补偿费耗用殆尽的农民至少在 1 000 万人以上,约占失地农民总数的 20%,如此庞大的群体在中国社会底层流动令人担心。

除此以外,随着文化移民或科技移民政策的实施,高素质的外来劳动力进入城市劳动力市场将无法避免。尽管劳动力素质的提高有利于促进社会经济的发展和城镇化的建设,但是,对于缺乏知识和技能的失地农民而言,在劳动力市场和就业市场面临的竞争压力将会越来越大,从而使得他们获得就业机会的困难性大大增加,更遑论获得待遇良好的、体面的工作岗位。

二、农地征用制度对失地农民收入的影响

随着中国大陆经济的快速发展,各种"工业区"、"科学园区"在城市近郊如"摊大饼"式不断向外延伸,农村集体所有的土地也在配合各级政府的政策之下被低价征用,因而造成了大量失地农民。这些失地农民知识水平与城市居民相比普遍较低,在取得一次性土地征用补偿费之后,往往没有其他谋生技能,只能坐吃山空。年轻力壮的失地农民或许还可以进城打工,赚取微薄的生活费;大龄"超转"[①]农民或是妇女通常没有进城打工的机会,他们已成为中国大陆经济快速发展下的"祭品",是社会上新兴的弱势族群。此外,即使原来属于郊区的集体村已划入了市区,但农民在心态上还是农民,并未随之改变。城市相关部门也未给予这些失地农民如市民般的社会保障,因此,造就了数以千万计"种地无田,就业无岗,低保无份"的失地农民。

2003 年,国家统计局对 2 942 户失地农民进行抽样调查,抽样调查数据表明:耕地被占用前,农民每年人均收入为 2 765 元人民币;耕地被占用后,农民每年人均收入为 2 739 元人民币,约下降 1%。农民被征地后,生活能够"持平"的约有 11%,生活质量下降的占 46%,其中大多数是纯农业户。他们除了农业生产活动外,基本没有其他的生产经营活动,耕地

---

① 超转人员指的是在政府征收耕地之后,原来的农业户口转为非农户口,但是因为年龄已经超过一定标准(男性已满 60 岁,女性已满 50 岁),或是经检查后认定为无劳动能力者。

减少后收入自然下降。土地被征用后造成收入减少的农户,大多是未经营其他副业或未外出打工的纯农户。因为他们所在地理位置原本就不利于发展农村副业,所以当耕地被征用之后,收益自然随之下降,进而对生活造成影响。

三、影响失地农民发展问题的原因

任何问题的发生绝非单一因素所能造成,影响今日中国失地农民问题的原因也是各种单一因素的综合。自1949年新中国成立以来,经济发展和政策重心均集中在城市,政府对城市居民给予了各种补贴,而相对忽视了农村的发展。特别是统购统销和户籍制度建立之后,农村居民很难向城市迁移,农民子女除了考上大学、参军提干或是在城里找到工作,否则很难成为市民。

(一)城乡二元结构

随着中国大陆城市化进程的脚步加快,大量郊区农民涌入市区,由于城市提供的就业机会及工作待遇优于农村,年轻人宁愿进城打工也不愿留在家乡务农。城乡二元社会结构造成户籍管理以及附着在户籍背后的诸如就业、教育、住房、社会保障等各种社会福利在城乡之间的差距逐渐增大。城市居民受到政府完善的社会保障,不论是养老、医疗、教育还是失业,都有一定程度的保障;而农村农民一切都必须靠自己,日常生活所需皆由土地中换取,农民一旦失去了土地就失去了基本谋生能力。

(二)征地补偿标准不合理

土地征收—出让制度下,城市居民和农村居民持有的土地权利也不同。城市居民的房屋被征收之后,能够按照土地市场价格获得赔偿;而农村居民的房屋土地被征收之后,一度只能按照原用途获得补偿。依据《土地管理法实施条例》规定,土地补偿费并非直接拨给农民,而是归属于农村集体经济组织所有。地方政府靠征地招商开发筹措财源,由于土地一级市场被国家所垄断,土地价格从农民集体与政府之间转手到政府与开发商之间,其增值价差动辄以数十倍计算。这些价差已成为地方政府的第二财源,也为个别地方官员提供了贪污腐败的温床。《土地管理法》第55条规定,"新增建设用地的土地有偿使用费,30%上缴中央财政,70%留给地方人民政府,都必须专项用于耕地开发",但存在地方政府是否真正将新增建设用地的土地有偿使用费用于"耕地开发"的疑问。

此外,征地范围规定过宽也是造成农民失地的主要原因。我国土地实行公有制,又可分为"国有"与"农民集体所有"两种。《宪法》第 10 条规定,"城市的土地属于国家所有","国家为了公共利益的需要,可以依照法律规定对土地实行征收或征用并给予补偿"。《土地管理法》第 43 条还规定,"任何单位和个人进行建设,需要使用土地的,必须依法申请使用国有土地,但是兴办乡镇企业和村民建设住宅经依法批准使用本集体经济组织农民集体所有的土地的,或者乡(镇)村公共设施和公益事业建设经依法批准使用农民集体所有的土地的除外"。在 2019 年修正的《土地管理法》中虽然删除了该条款,但在现实经济活动中,开发商建设仍以从政府手中取得国有土地为主,征地仍是土地开发的前提条件。

(三)公共利益定义不明

改革开放后,随着用地主体的多元化,国家调整了若干供地政策,对一些"经营性用地"项目改为国有土地"有偿"使用。目前土地征用程序可分为以下两个阶段:第一阶段是申请阶段,即按照土地利用规划向上级主管部门申报,履行法律规定的审批程序。此阶段是启动土地征用权的问题,世界上大部分国家一般要经过国会或地方民意机关讨论通过后才能进行,而在中国大陆只需要得到上级主管部门审批。如此简易的程序,给地方政府滥用征地权和贪污腐败提供了条件。第二阶段则为实施阶段,即明确规定"两公告、一登记"的程序,公告征地方案、补偿安置方案和进行补偿登记。根据《土地管理法实施条例》规定,对补偿安置有意见的,可由政府协调,协调不成的可由政府裁决,但征地补偿安置争议不影响征用土地方案的实施。也就是说,在征地实施的过程中,政府始终处于主导性地位。规划征地的是政府,协调意见的是政府,最终裁决的还是政府。整个征地程序几乎成了政府单方面的行政行为,政府成了"一言堂",农民或农村集体经济组织基本上没有多少发言权。这种明显偏向政府一方的征地程序,使得农民处于非常不利的地位,因而造成农民土地权益受损也就无法避免了(王翠英等,2006)。

(四)土地所有权虚置

农村土地所有权属于农村"集体所有",依据《土地管理法》第 10 条规定,至少包含三方面意义:一是农村民众集体所有;二是乡(镇)农民集体所有;三是村内两个以上农村集体经济组织的农民所有(陈志科,2010)。在实践中,农村集体或农民集体是一个看不见、摸不着、抽象且没有法律意义的集合群体，是一个虚设的权利主体，无法真正行使权利、履行义务（李增席，2009）。政府拥有分配土地的绝对权利，土地归集体所有只是法律名词，集体充其量不过是土地的经营者或管理者而非所有者。正因为现行土地制度规范的不明确，造成农村集体土地所有权虚置及征地程序的不规范，为失地农民问题的发生埋下了伏笔。

（五）社会保障制度不健全

城乡二元结构也导致失地农民的社会保障没有着落，按照现行政策，失地人员社会保障资金来源主要是征地补偿费和商品房出售的收入，在绿化隔离带地区还要加上一些绿色产业项目收益。但农民的社会保障问题依旧无法解决，例如在绿化隔离带地区，政府只补偿每亩5 000元苗木费，每年每亩再补偿120元养护费，在扣除基本的水电、肥料、人事开销费用后所剩无几。此外，若干绿色产业项目目前还难以形成有竞争力、可获得巨额利润的产业（例如运动公园、森林游乐区等）。在商品房出售、出租问题上，由于地方政府缺乏长远的都市发展计划，没有相关配套措施，村民集体所有的商品房盖好后，往往因缺水、缺电或是没有联外道路，导致商品房滞销，使得村集体财产遭受重大损失，也让失地农民的社会安全保障基金存在极大的风险与不确定性。早期地方政府只是鼓励或道德劝说农民要缴纳社保基金，并未采取任何强制措施，由于失地农民对未来生活充满不确定性，多半不愿意把安置补偿费拿来缴纳社保基金，造成实际参加社保的人数不多。后来农民实际上只能领到安置费，土地补偿费不再直接发放到农民手中，而是用于统一缴纳社保基金，而且失地农民本身也要负担一部分社保费用，要农民自己再掏钱去参加保险，农民在心态上是非常排斥的。

农民失去土地后，身份上不再属于农民，又有别于城市居民，成为一个特殊的弱势群体。农民们既不享有土地所带来的生活保障，也不享有国家对城市居民的最低生活保障，像是处于社会上的夹缝阶层。由于辅导农民再就业十分困难，失地后收入不稳定，许多失地农民只能依靠微薄的征地补偿款来维持生计，几年后补偿款用完了，生活就无以为继。

四、保障失地农民权益的思路

从人类社会发展的进程来看，城市化是无法避免的时代潮流，农民土地被征占后，逐步转向非农产业发展，农村人口向城市集聚，这也是市场经济的发展规律。但是，追求经济发展不能以牺牲失地农民合法权益为前提，必须兼顾到各方的利益，才能使中国城市化、工业化的道路走得更为顺畅。因此,在城市化快速发展的进程中,政策制定者的视野必须开阔,以追求社会的可持续发展为理念,合理补偿失地农民因征地造成的损失,健全社会保障机制,让失地农民无后顾之忧,进而促进国家经济稳定发展,实现建立和谐社会的目标。

(一)完善农地制度的产权划分,明确土地的产权归属

改革农村土地征地制度的前提条件之一,便是必须完善农地产权制度的划分。可以说,土地征用过程中产生利益纠纷和各种社会问题的根本原因在于土地产权的模糊不清。

我国土地分为国有土地和集体所有土地,只有国家才是土地合法买卖的主体,农村集体所有的土地若要变更用途为商业用地、工业用地或是盖商品房出售,必须经由国家征地,使土地变更为国有后才能进行开发建设。换言之,国家垄断了土地开发利用的一切权利。现代法律概念中,一个完整的土地所有权,必须是能够自由使用、收益或处分该土地,并且具有排除他人占用、干涉的权利。但是,目前我国农村土地属于集体所有,承包经营权又属于个人所有。谁有权代表"集体",集体所有的范围缺乏明确规范,导致"权责不明"。因此,保障失地农民权益最重要的工作就是要先明确产权,哪些部分属于集体所有,哪些部分归个人所有,在法律上都必须规范明确。国家基于整体规划进行开发建设,依法征用集体所有的土地时,必须让农民有知情权、参与权和监督权,使整个土地交易的过程在公开透明的环境下进行,降低人为干涉因素的影响。虽然我国台湾地区与大陆在土地所有权的规范上存在本质差异,台湾土地允许私有,大陆土地均为公有(国有或集体所有),但不论所有权的形式如何,明确规范土地所有权的内容是推动土地改革的基础。只有在土地所有权完全没有争执的情形下,才能顺利推动土地改革。台湾农村推动土地改革就是将地主私有土地或当局公有土地,通过征收或放领的方式移转到农民手中,台湾当局对地主给予适当补偿,地主再将土地征收补偿投资工商建设,促进了台湾经济起飞。

(二)合理处置土地收益

征地补偿费是失地农民在城市化进程中获得的最直接的经济利益,补偿费多寡、补偿的对象及补偿方式影响重大。政府在征地补偿费发放的程序中,必须扮演公正的协调者与分配者角色,使征地补偿与土地增值利益分享公平化、合理化,才是解决失地农民问题的关键。而且政府必须

站在制高点上,宏观调控土地一级市场,适度调整土地流转收益分配比例,使农民能获得合理的征地补偿费。

在农户的农业收入比重逐渐降低以及土地补偿款层层截留的现实条件下,各级政府要切实做好两方面的工作:一方面,必须严格规范征地补偿款的发放,禁止各级政府、村级组织任意侵占或挪用;另一方面,也要适度提高征地补偿费,政府从征地中取得的利润,在扣除必要的管理费用及上缴部分后,大部分利益应该用于照顾农民(丁旭光,2006)。

征地程序不透明是造成农民权益受损的重要因素,所以要加强地方政府征地审批的协商程序,推行征地听证制度,让集体土地所有人有权利全程参与征地协商和谈判,拥有充分的监督权、知情权和参与权。此外,政府还必须加强征地补偿费的监督与管理机制。村级经济组织对于征地费的使用情况必须做到定期公开,政府主管机关要做到定期查核,只有公开一切账目,接受民众的监督,才能防杜地方干部贪污腐败,建立民众对政府的信心。再就是善用村集体建设留用地,政府在依法征用农村集体土地的同时,应依比例保存相当面积的建设留用地,以此作为农村集体经济的发展用地。村集体经济组织可将其用于经营企业、开办市场或办理出租,以稳定创收,获得的土地收益用于办理村民社会保险、生产生活安置与非农就业等项目。

(三)补偿方式多元化

失地农民对国家征地最不满意的就是征地补偿标准问题。由于《土地管理法》规定的征地补偿标准是以土地近3年平均农业收益为基础,但是现阶段的农业收益普遍较低,有些地方受到天灾、人祸的影响,甚至还出现负成长,以这种标准补偿农民因征地所造成的损失,显然不太合理。较合理的征地补偿,除考虑土地的现有收益之外,还要增加农民在土地上的"预期利益",例如未来20年内土地正常收益或土地的潜在收益损失,同时应参照当前物价水平及其上涨趋势等因素,实施多元化的土地补偿机制。

政府对农民征用土地的补偿方式应该朝向多元化发展:(1)一次性货币补偿方式,实施时应预先保留失地农民社会保障基金,然后采取一次性付清的方式给付农民补偿费。(2)年租制补偿方式,以年租地的方式逐年支付征地补偿,并随着土地的增值和物价水平逐年调整土地租金。(3)集体土地入股方式,将农村集体所有土地依农民个人承包土地范围大小,换算成股份,再作价入股,其风险由全体农民共同负担;换言之,农民集体以土地所有权参与用地项目的经营,自负盈亏,使被征地农民的生产生活有了较为可靠的来源,由农民身份转变为股东身份。(4)现金补偿与建设留用地补偿方式,即除了对农民进行一次性货币补偿外,还预留一块适当大小的城市建设留用地给村集体,获利由农民集体共享,这种方式是目前失地农民最希望采用的补偿办法,实践中也是争议最少、效益较大,可惜地方政府采用这种补偿方式的并不多。

(四)健全就业培训机制

失地又失业是目前中国被征地农民所面临的最大困境,农民在土地被征用后,客观上必须从务农转向从事其他行业。自20世纪90年代以来,各地方政府普遍采用的补偿方式为"一次性货币补偿",支付补偿金后双方"钱货两清",从此各不相干,被征地农民必须自谋出路。但由于失地农民除了种地一项技能外,几乎不具有任何现代生活所必备的专业知识,另谋新职可谓难如登天,即使有工作多半也是保安员、保洁员、环卫工等薪资微薄的工作,生活质量低劣。因此,政府除给予农民货币补偿外,还必须考虑到失地农民的长远利益,可筹设农民专用基金,用于失地农民的再就业培训,以提升农民的社会竞争力。

促进就业是解决失地农民问题最直接的手段。因此,各级地方政府必须采取切实有效的措施,立足本地区资源尤其是特色资源的实际情况,加快建立特色产业,统筹考虑失地农民的非农就业问题。中小企业的发展,不仅可以吸纳大量的失地农民就业,也为城镇的发展提供了良好的经济基础。提供失地农民职业训练机会、培养一技之长是解决失地农民生活问题的重要途径,因为只有再就业,才能为大多数失地农民提供稳定的经济来源。但是,失地农民的素质参差不齐,也未参与过任何就业培训,村组织和地方政府以往对这方面工作也不太重视,导致相关培训机构、训练计划、师资、课程均付之阙如。培训失地农民再就业的方式,可以善用农民所在地的农村集体经济组织,利用征地补偿费中村集体留存的部分,培训失地农民具有相关产业基本技能,并发展劳力密集型加工产业或服务业,"离土不离乡,进厂不进城",让失地农民就近就业。

(五)完善社会保障制度

土地是农民最大的保障,农民配合国家经济发展让出了土地,国家有义务向失地农民提供基本生活保障。因此,当农民的土地被征收后,各级政府应该本于职权尽速将失地农民纳入养老保险与医疗保险等社会保障体系之中。社会安全保障基金必须专户、专款、专用,基金的来源包括征地用地单位预先缴交的部分,失地农民再从补偿费中提拨一部分,政府从土地收益中提列一部分,农民集体经济组织经营绩效较佳者也可贡献社保基金,必要时国家以预算编列社保基金来照顾失地农民。总之,健全社会保障制度,让失地农民"失地不失保",充分照顾到失地农民的利益是社保基金的最终目标。目前中国农村社会保障制度尚未健全,土地被征用后生活无着落是失地农民最担心的问题。若是主政者能统筹各方资源,将土地增值利益提拨用于医疗、养老及保险等,将可消除失地农民的后顾之忧,有利于和谐社会的发展。

第三节　公共福利对农村土地利用方式的影响

农村土地利用方式转变能够影响农民的福利水平,反过来,福利的覆盖也能够引起土地利用结构的转变。本节以新型农村合作医疗制度(以下简称"新农合")为例,探讨新农合对农地流转的影响。[①]

一方面,农户在生产和生活中往往面临着更大的健康风险,而农户的健康状况则直接影响了其劳动力供给。据此,由于新农合改善了农户健康状况,从而增加了其劳动力供给,在农村剩余劳动力转移之后,农地流转的比例自然应当上升。另一方面,参加新农合具有一定的地域限制,影响了参合居民的转移意愿,从而新农合倾向于将农民限制在土地上。从这个角度来看,新农合又降低了土地流转率。为了检验究竟哪种机制起到了主要作用,下面利用中国健康与养老追踪调查(CHARLS)2011—2012年全国基线调查数据,构建了两部门模型进行检验。首先,考察新农合对农户是否流转土地的决策的影响;其次,进一步分析新农合影响土地流转的数量;最后,探讨新农合造成影响的机制。

通过相应的计量分析,结果显示,住院补偿给付结构显著增加了土地流转的概率,即新农合的住院补偿政策在一定程度上促使农户选择流转土地。这主要有两点原因:其一,新农合降低了参合农户在医疗方面的支出,家庭收支的结余促进了农业再生产,为增加农业投资提供了可能;其二,参加新农合显著提高了农户的医疗服务利用率,进而增进了农户的健康水平,增加了劳动力的供给。不过,新农合仅仅提高了选择流转土地的

---

① 本节主要思想和方法源于课题组阶段性成果,原文发表在《管理世界》2016年第1期。参见张锦华、刘进、许庆:《新型农村合作医疗制度、土地流转与农地滞留》,《管理世界》,2016年第1期。

概率,但并未显著增加农地流转的数量。这可能也是出于两方面的原因:第一,在使用的数据年份,新农合刚刚推行,实施时间较短,从而尚未显现出生产力的效应。第二,该政策并未引起医疗费用的下降,也就未能从成本的角度影响农户的生产数量决策。鉴于此,进一步利用中介效应模型进行检验。以自评健康状况作为中介变量,回归结果显示,新农合对健康状况具有显著的影响,同时健康状况也显著地影响了农户的农地流转意愿。这表明自评健康状况是新农合与农地流转之间的中介变量。

不过,新农合对农地流转数量并不具备显著影响,自评健康状况作为中介变量也不成立。对这一结论的进一步检验受到了数据可得性的限制,如果运用跨期追踪数据应当能够更加完整地反映出新农合对农地流转的影响。

针对上述结果,可以提出以下政策建议:第一,政策制定者应当关注农户的健康状况,不仅仅出于公平和伦理的考虑,同样也基于对生产力的考量。政府不仅应当直接提供更加完善的公共服务以增强农民的健康状况,而且还应加大对社会资本办理以非营利为主的医疗机构的支持力度,健全农村医疗卫生服务运行机制。第二,在不同的涉农政策之间保持平衡。以新农合为主的社会保障以及土地流转、农业补贴等政策之间应具备相容性。第三,应当努力完善劳动力要素市场,鼓励农民的非农就业。目前,随着城镇化的不断推进,非农就业和兼业化成为农户提高收入的重要途径,同时也能够释放出土地资源、提高规模化经营比例。由于新农合具有较强的地域性,农户转移之后难以继续享受,因此,保障农业转移人口享受与城镇居民相同的医疗保险和社会福利,能够弥补丧失新农合带来的风险,进而促进农业劳动力的彻底转移、释放农村土地资源。

第五篇

城乡土地结构变化中的社会经济效应

土地是社会经济发展中最主要的载体。在特定时间和空间背景下,土地与人口、资金、技术、管理等要素以一定的方式组合在一起,在很大程度上决定了人们的生产生活方式。因此,城乡土地结构的变化不仅会影响土地利用效率,并引致农业生产方式发生改变,影响粮食安全,而且会对收入分配、社会治理体系等社会经济发展的多个方面发挥作用。

本篇考察城乡土地结构变化中的社会经济效应,主要对以下几个方面加以研究:一是农地非农化、耕地保护与粮食安全问题,并分析农业补贴政策对耕地保护和粮食生产的具体作用;二是关于城镇化过程中的农村土地利用,对农村土地利用中存在的问题、"三块地"改革等进行研究;三是乡村治理问题,对人口流动、人地分离背景下乡村社会治理制度的演变与创新进行剖析。

第十三章　城乡土地结构变化中的耕地保护与粮食安全问题

粮食足,天下安。在人多地少的基本国情下,确保国家粮食安全始终是中国经济健康发展与社会和谐稳定的基石。从新中国成立70多年的历程来看,我国粮食生产出现过几次大的波动,尤其是20世纪60年代初的"大饥荒",让上至决策层下至普通老百姓都深刻体会到粮食的重要性。80年代,随着家庭联产承包责任制的确立,农民种粮积极性空前高涨,粮食产量不断迈上新台阶。21世纪以来,在取消农业税并对农民实施直接补贴等一系列惠农政策的激励下,我国粮食生产取得了长足进步,粮食总产量在2004—2015年间实现"十二连增",并自2015年以来稳定在6.5亿吨以上[①],为保障国家粮食安全、更好地应对国内外各类风险和挑战增添了信心和底气。但是,在当前阶段,我国粮食供需总体上仍处于紧平衡状态,随着人口增长、膳食结构变化,对粮食的需求呈现刚性,仍然需要提高警惕,十分珍惜和合理利用耕地,保持并提高粮食综合生产能力,筑牢国家粮食安全的"压舱石"。

第一节　我国耕地保护总体情况

耕地保护问题事实上源自人地关系的紧张,需要在特定或者预期的技术水平下,确保一定数量和质量的耕地资源,以满足人的基本生理需求,同时支撑国家经济社会发展的需要。尤其是对于我国这样的超级人口大国,必须确保一定数量并且具有生产能力的耕地。

从我国的耕地资源情况来看,首先,在地理分布方面,我国地貌复杂,山地、高原居多,平原面积较少,且分布不均衡,集中连片并且具有一定规模的耕地后备资源主要分布在生态环境较为脆弱的地区。其次,在耕地数量方面,我国耕地资源总量庞大。截至2016年底,全国拥有面积为

---

① 数据来源:《中国统计年鉴》(2019)。

13 492.1万公顷(等于20.24亿亩)[①]耕地,但是人均耕地占有量仅为1亩左右,在东部沿海发达地区人均耕地面积甚至不足0.5亩,低于世界平均水平,更远远低于欧美等发达国家。最后,在耕地质量方面,耕地质量总体上不高。如果将全国耕地资源进行分等定级,按照质量由高到低的顺序从1等到10等进行划分,那么我国耕地质量的平均等级为4.76等。其中,不同等级耕地的面积及其占比情况如表13-1所示,九大区域耕地的面积及其等级情况如表13-2所示。

表13-1　　　　　我国不同等级耕地的面积及其占比　　　　单位:亿亩,%

耕地质量等级	面积	占比
1—3等	6.32	31.24
4—6等	9.47	46.81
7—10等	4.44	21.95

数据来源:《2019年全国耕地质量等级情况公报》。

表13-2　　　　　　不同区域耕地的面积及其等级　　　　　　单位:亿亩

区域	面积	等级
东北区	4.49	3.59
内蒙古及长城沿线区	1.33	6.28
黄淮河区	3.21	4.2
黄土高原区	1.70	6.47
长江中下游区	3.81	4.72
西南区	3.14	4.98
华南区	1.23	5.36
甘新区	1.16	5.02
青藏区	0.16	7.35

数据来源:《2019年全国耕地质量等级情况公报》。

关于我国耕地资源保护中面临的具体问题,从全国总体情况来看,化肥、农药等化学农资的过量使用导致耕地地力损坏的现象得到了普遍关注。具体到各个地方耕地保护中的问题,则包括东北黑土地保护、长株潭重金属污染区耕地修复等。以长株潭重金属污染为例,随着"镉米"事件的曝光,重金属污染耕地问题日益引起关注,其中还涉及种植结构调整等问题。

---

① 数据来源:《2017年中国土地矿产海洋资源统计公报》。

关于耕地保护的途径和手段,在实际工作中往往需要综合运用法律管制、经济激励、技术改进等多种措施来对耕地进行保护。我国始终坚持实行最严格的耕地保护制度,通过土地用途管制、耕地占补平衡、农地转用审批等途径和手段对耕地资源进行保护。比如,推行土地的开发、复垦和整治工作,提高土地的利用效率;将农地用于非农业用途的,需要符合国家和地方土地规划,并且必须经过省级政府或国务院的批准。此外,耕地保护目标被列为各级政府考核的指标之一。进一步而言,耕地保护的具体手段包括物理、化学、生物等多种方法,并且实际操作中要视耕地污染的严重程度采取差异化保护手段。

近年来,我国加快土地整治和耕地质量提升的步伐,加大耕地保护的财政支持。2016年,中央政府在全国范围内推行农业"三项补贴"改革,将农作物良种补贴、种粮农民直接补贴和农资综合补贴"三项补贴"合并为农业支持保护补贴。其中,农业支持保护补贴资金的80%用于支持耕地地力保护。回顾中国农业补贴政策的发展历程可以发现,这是我国自2004年以来实施的最大力度的农业补贴制度调整。从这次政策调整来看,政府开始构建以绿色生态为导向、旨在促进农业资源合理利用与生态环境保护的农业补贴制度,探索发挥农业补贴在保护农业环境上的工具作用。农业补贴政策目标发生了由生产性导向,到生产和生态导向兼顾的可持续发展导向的转变(宋洪远和韩俊,2019),对于保护耕地资源、转变农业发展方式、推动绿色可持续发展无疑具有重大意义。

第二节 农地非农化、耕地保护与粮食安全

过去40多年里,随着我国城镇化的快速推进,城市建设用地扩张,城市空间蔓延。由此导致的一个直接后果就是大量农地甚至优质耕地被征用,转为非农业用地,耕地数量和质量均明显下降。从耕地数量来看,2003—2013年,全国共征收集体土地418万公顷,其中耕地210万公顷,占征地总面积的50%;同期全国县级以上城市征用土地174万公顷,占用耕地76万公顷,分别占全国征用土地和耕地总面积的42%和36%(李树枝等,2015)。

目前,过速非农化已经显现出累积负面效应。第一,过速非农化危及粮食生产,加重了国家粮食安全的压力,并导致资源的过度消耗和生态环境的急剧退化。在城镇化过程中,新增建设用地中的很大一部分来自农地非农化,这导致了耕地的快速消失。尽管在土地征用中政策规定,占用耕地要

实施"占补平衡"、"占一补一",但是实践中并未严格执行,通常情况下是"占优补劣"、"占近补远",所以,耕地的数量和质量受到严重负面影响。尽管2004—2015年间我国粮食总产量实现"十二连增",并且自2015年起我国粮食生产连续获得丰收,稳定在6.5亿吨以上,但是,现阶段我国粮食总体上还处于紧平衡状态,随着人口增长、消费结构升级,粮食必然呈现"刚需"。我国粮食安全的根基较为脆弱,耕地的快速消失不仅加大了对存量耕地的利用强度,而且加大了对后备耕地的开发力度,必然对保障国家粮食安全产生严重负面影响。第二,过速非农化与地方政府对土地财政的收入依赖形成一种恶性循环。地方政府为了实现地区经济增长和自身职务晋升双重目标,将建设开发区、扩建工业园区招商引资作为基本的发展模式。在这种模式下,城市扩张越快,需要提供的公共基础设施越多,越需要出让和储备更多的土地,由此形成恶性循环,导致大量农业用地被转化为非农业用地。

究其原因,既有征地成本过低从而激励地方政府大量占地,也有集体建设用地禁止入市从而造成部分农民在利益驱动下非法将农地用途转为建设用地用途。与此同时,这也反映出当前我国耕地保护各项体制机制的实际执行效果并不理想,最终的后果是危害到国家粮食安全和可持续发展。对此,本书认为,需要结合当前正在推进的农村土地制度、农村集体产权制度、农业补贴政策等一系列改革举措,系统考虑建立有效的监督和激励机制,防止土地非农化失控。

第三节 农业补贴政策与粮食生产[①]

粮食生产的天然弱质性,决定了其需要政府的支持和保护。从新中国成立70多年的发展历程来看,中国政府自2004年起逐步建立了以农作物良种补贴、种粮农民直接补贴、农机具购置补贴和农资综合补贴(简称"农业'四项补贴'")为主的农业补贴体系,其主要目标之一就是提高农民种粮积极性、促进粮食生产。在政府持续发力下,农业"四项补贴"的规模从2004年的145亿元增加到2013年的1 700亿元[②],一度为粮食持续增产发挥了重要作用。但

[①] 本节内容为项目"城镇化背景下我国城乡土地结构变化的动力机制"(16AZD012)的阶段性成果,原文刊载于国内著名期刊《中国农村经济》2020年第4期,文章标题为《农业支持保护补贴促进规模农户种粮了吗?——基于全国农村固定观察点调查数据的分析》。相较于原文,本节内容有所删减。

[②] 资料来源:柯炳生:《用土地补贴取代现有的农业补贴》,http://topics.caixin.com/2015-03-04/100787697.html。

是,随着这些补贴政策的政策效应释放殆尽,其不足之处逐渐显现。实践中,除农机具购置补贴外的农业"三项补贴"不是按粮食实际耕种面积而是按承包面积或农业税收改革前的计税面积发放,随着大量农村劳动力转移,耕地承包者与经营者分离,补贴获得与是否种粮种地脱钩,真正从事粮食生产的种粮大户、家庭农场等农业新型经营主体反而难以获得经营补贴。农业补贴实际上变成了农户的一项收入补贴,与农业补贴政策促进粮食生产、保障国家粮食安全的初衷出现了偏差(黄季焜等,2011;Huang et al.,2013)。同时,近年来随着种粮成本上升,农业补贴难以弥补生产资料价格的上涨,加上小规模经营方式下种粮收入偏低,大多数小规模农户的种粮积极性不高(黄少安等,2019),对国家粮食安全构成挑战。因此,在农业农村发展形势发生深刻变化的背景下,迫切需要调整完善农业补贴政策。

鉴于此,近年来,中国加快改革完善农业补贴政策的步伐,于2016年开始在全国范围内开展农业"三项补贴"改革,将农作物良种补贴、种粮农民直接补贴和农资综合补贴合并为农业支持保护补贴,并将政策目标调整为耕地地力保护和促进粮食适度规模经营。具体而言,一方面,将原来农作物良种补贴、种粮农民直接补贴以及80%的农资综合补贴资金用于支持耕地地力保护,补贴对象原则上为拥有耕地承包权的种地农民,基本上保持了农业补贴政策的稳定性(柯炳生,2018);另一方面,将原来农资综合补贴资金的20%,加上种粮大户补贴试点资金和"三项补贴"增量资金,统筹用于支持粮食适度规模经营,重点向种粮大户、家庭农场、农民合作社、农业社会化服务组织等新型经营主体倾斜,即"谁多种粮食,就优先支持谁"。

从《关于调整完善农业三项补贴政策的指导意见》[①]、《财政部 农业部关于全面推开农业"三项补贴"改革工作的通知》[②]以及近年中央"一号文件"的相关表述来看,农业补贴政策改革的主要方向之一是转向对生产者特别是粮食适度规模经营主体进行补贴,政府寄希望于农业支持保护补贴在促进粮食生产、保障国家粮食安全方面发挥更大作用。那么,农业支持保护补贴促进规模经营主体种粮了吗?更确切地说,农业支持保护补贴促进规模农户种粮了吗?其作用机制是什么?对上述问题的回答,不仅关乎中国粮食安全问题,也涉及中国农业补贴政策的改革方向。笔者

---

① 资料来源:《关于调整完善农业三项补贴政策的指导意见》,中国政府网,http://www.gov.cn/xinwen/2015-05/22/content_2866764.htm。

② 资料来源:《财政部 农业部关于全面推开农业"三项补贴"改革工作的通知》,中华人民共和国农业部,http://jiuban.moa.gov.cn/zwllm/tzgg/tz/201604/t20160426_5108762.htm。

致力于在这方面进行研究,从理论上分析农业支持保护补贴对规模农户种粮行为的影响机制,并利用2016年、2017年农业农村部全国农村固定观察点调查数据进行实证检验,以期为保障国家粮食安全和完善农业补贴政策提供科学依据。

一、以往文献关于农业补贴政策对粮食生产的影响评价

粮食生产关系到粮食安全,历来是中国政府制定各项政策时优先考虑的问题,同时,也是社会各界广泛关注的话题。因此,自2004年逐步实施以"四项补贴"为主的农业补贴政策以来,农业补贴对粮食生产的影响就成为众多学者关注的焦点。

以往很多研究就农业补贴对粮食生产的作用给予了积极评价,认为农业补贴对调动农民种粮积极性有一定的促进作用(谭智心和周振,2014;王欧和杨进,2014)。这种补贴政策具有边际激励效果,激励了在种与不种之间摇摆的人群,提高了农民种粮的积极性(方松海和王为农,2009)。农业补贴也对粮食产量具有积极作用,一项研究发现,补贴政策的实施使产粮大县粮食产量提高了6.81%,非产粮大县粮食产量提高了3.40%(辛翔飞等,2016)。这种作用主要是通过影响稀缺资源背景下的生产者理性行为进而作用于农业生产的(Erjavec & Lovec,2017)。具体而言,农业补贴政策通过改变农业要素投入数量和要素结构来影响农户的种植行为,即农业补贴显著提高了农户雇用劳动力的概率,增加了农业机械的使用,特别是影响了化肥、种子、农药、农膜等要素的投入,进而影响农业产出(钱加荣和赵芝俊,2015;李江一,2016)。Yi et al.(2015)基于全国大样本农户调查数据,从缓解农民流动性约束的角度进一步论证了农业补贴对扩大粮食播种面积、促进粮食生产的积极作用。

此外,通常认为,农业要素投入的增加和农业生产效率的提高是农业经济增长的两大动力。从改革开放40多年的发展历程来看,以要素投入驱动的增长模式已难以为继,农业经济增长需要由要素驱动转向效率驱动,因此,很多研究转向考察农业补贴对农业生产效率的影响。张宇青和周应恒(2015)对2004—2012年13个粮食主产区的粮食补贴政策效率进行评价,发现主产区补贴政策的纯技术效率、规模效率、技术进步都有一定的增长,从而使得补贴政策效率有一定程度的提升,并且补贴力度对补贴政策效率有明显的促进作用,但补贴政策效率存在时间维度上的异质性与空间维度上的同质性。高鸣等(2016)基于2009—2014年河南省的微观调查数据,选

用 EBM 模型和 GML 指数分析了河南省小麦生产技术效率和小麦全要素生产率,发现粮食直接补贴对农户的小麦生产技术效率具有积极作用,但是,对经营规模为 6 亩以上的农户的小麦全要素生产率作用不大。高鸣和宋洪远(2018)进一步研究发现,高收入农户的小麦生产技术效率值高于低收入农户,但低收入农户的小麦全要素生产率 GML 指数值高于高收入农户。朱满德等(2015)则发现,粮食直补、农资综合补贴、农作物良种补贴三项补贴对提高中国玉米全要素生产率具有正向影响,尽管三项补贴与粮食生产有脱钩的趋势,但从实际效果来看,它仍有助于提高粮食全要素生产率,也没有引起市场扭曲和效率损失,因此是一种可选用的补贴方案。另外,Just 和 Kropp(2013)、Moro 和 Sckokai(2013)的研究结论也肯定了农业补贴对农业生产效率、技术效率的正向作用。

然而,黄少安等(2019)认为,补贴通过刺激农民扩大种粮面积从而增加粮食产量的作用只是表现在政策实施初期,这一作用很快递减甚至消失。从近 20 年中国农业农村发展历程来看,该研究结论得到了有力的现实支撑。近 20 年来,中国工业化、城镇化的快速发展带动了劳动力、土地、资金等要素的自由流动,出现了农民就业选择多元化、收入结构中非农收入超过家庭经营收入等新特征。这些新特征带来了要素相对价格的变化,一个突出表现是农业生产资料价格持续上涨,导致种粮成本上升与收益偏低并存。尽管政府每年公布的"四项补贴"总额相当巨大,但是,分摊到单个农户的数额偏少,补贴不足以弥补农业生产资料价格上涨,因此,农户对农业生产的投入不会有太大的改善(钟春平等,2013)。即使不断上调粮食价格补贴水平,也未必能有效调动农户种粮的积极性(程国强,2011)。农业补贴未对粮食生产和农资投入产生积极影响(黄季焜等,2011;Huang et al.,2013)。另外,长期以来,以均田承包为主要特征的家庭联产承包责任制所产生的农地细碎化的经营方式使得农业生产的规模经济效应无法发挥(许庆等,2011)。近年来,农业新型经营主体不断涌现,从促进土地流转和规模经营的视角来看,将补贴发放给土地承包者而非经营者难以有效激发农业新型经营主体的生产积极性,不利于发展多种形式适度规模经营(冀县卿等,2015)。由此可见,任何补贴政策都有它在一定地点和条件下的适应性和局限性。

正是基于这样的现实,2016 年中国全面开展农业"三项补贴"改革,将"三项补贴"合并为农业支持保护补贴,开始对粮食适度规模经营主体进行补贴,以实现农业补贴在促进粮食生产、保障国家粮食安全方面的初衷。

二、农业补贴改革对规模农户种粮的影响机制分析

通常农户的种植决策是基于多目标的,包括利润最大化、风险最小化和家庭劳动力投入最小化等,但是,利润最大化目标往往被摆在首位(刘莹和黄季焜,2010)。特别地,在实践中,规模农户正是以利润最大化为目标进行生产决策的。同时,任何个体行为都受到一定局限条件的约束,农户种植决策的局限条件归结来看主要是指土地、劳动力、资金三种生产要素的约束。因此,确切地说,农户的种植决策是指在土地、劳动力、资金三要素的约束下,农户基于利润最大化目标做出的关于种植品种、种植面积、种植方式等方面的一系列选择。那么,农户为什么会调整自己的生产行为,做出这样或那样的种植决策呢?从人类行为解释角度来看,以经济理论解释人类的行为,主线都是局限转变,行为会跟着变,局限不变,行为也不会变(张五常,2014)。因此,分析农业支持保护补贴对规模农户种粮行为的影响,关键就在于考察农业支持保护补贴是否改变了规模农户的生产局限条件,以及在局限条件发生变化后规模农户会做出怎样的种植选择。

从农作物生产特点来看,种植粮食作物的劳动消耗主要集中在整地、插播与收割等环节,并易于采用机械作业,而规模化经营更有利于进行机械化作业。因此,通常认为规模农户的粮食种植比例更高。以家庭农场为例,随着土地经营规模的扩大,非粮作物种植比例显著下降,土地经营规模较大的样本更倾向于较高比例种植粮食作物(张宗毅和杜志雄,2015)。但是,对于规模农户而言,大型农机具购置等生产性固定资产支出也可能成为制约农户扩大生产的障碍。尽管中国自2004年起实施了农机具购置补贴,鼓励农业机械化作业,但"先购机、后补贴"及补贴范围较窄等特点使得该项补贴的实际效果十分有限。同时,相较于小农户,规模农户面临着更高的土地成本(高地租),并且这个支出是显性的、刚性的,与小规模农户的隐性土地成本(自家从集体承包土地)明显不同(党国英,2016)。由于农业生产的剩余积累有限,规模农户往往容易面临生产资金约束,加之农户缺乏有效的抵押品,正规金融机构的信贷供给意愿不足,中国农村地区特别是西部农村等地区存在严重的金融排斥(粟芳和方蕾,2016),不利于调动规模农户的生产积极性。从更广的范围来看,在广大发展中国家,农户面临严重的信贷约束,已经成为农业外部投入使用不足的重要原因之一(Kelly et al.,2003)。

由此可见,对于规模农户而言,资金成为最稀缺的生产要素,而农业补贴主要是通过影响稀缺资源背景下的生产者理性行为进而作用于农业

生产的(Erjavec & Lovec,2017)。农业"三项补贴"改革前,大多数规模农户难以获得与农地流转、规模经营相关的支持补贴,当面临资金约束时,农户的生产积极性往往容易受到打击。而农业支持保护补贴的主要政策方向之一是对规模经营主体进行支持,理论上这可以在一定程度上缓解规模农户的资金困境,改变规模农户面临的生产局限条件,从而改变规模农户的生产决策。不仅如此,相较于"三项补贴",农业支持保护补贴对农户的支持方式发生了明显变化。农业支持保护补贴并不对规模农户采购的农作物种子、生产资料品类等做出具体规定,也并非一项固定数额补贴,而是与粮食经营面积挂钩,并且要达到一定规模(门槛)才能获得补贴。这种类似于"多劳多得"、设定规模经营门槛的激励机制,为规模农户扩大粮食生产提供了直接的生产性激励,理论上农业支持保护补贴有助于调动规模农户的种粮积极性,使其扩大粮食经营规模。另外,随着经营规模不断扩大,粮食生产的长期平均成本实际上是下降的(许庆等,2011),这又会进一步促进农户扩大粮食经营面积。从这个意义上看,农业支持保护补贴有助于规模农户扩大粮食经营面积,降低粮食生产平均成本,从而又进一步激励农户扩大规模,获得更多的补贴。概言之,农业支持保护补贴与粮食规模经营形成了一个良性循环。

上述分析已经解释了农业支持保护补贴为什么会促进规模农户扩大粮食生产,那么,农户会通过什么方式扩大粮食生产？从粮食规模经营的实现途径来看,可从农地转入和结构调整两个方面进行考察。一方面,出于风险分散等考虑,农户会选择保持种植结构不变、转入更多土地来扩大粮食经营；另一方面,农户会保持土地经营规模不变,调整种植结构,减少种植经济作物,种植更多的粮食作物。当然,农户也可能通过同时进行农地转入和结构调整来扩大粮食经营规模。

农业支持保护补贴促进规模农户扩大粮食生产规模的作用机制如图13—1所示。为了更准确地考察农业支持保护补贴对规模农户种粮行为的影响,接下来将应用模型加以检验。

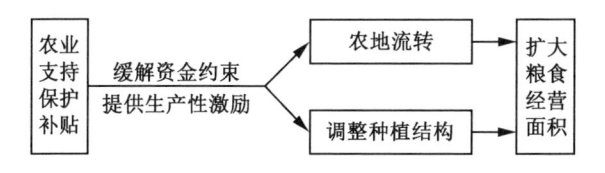

图13—1 农业支持保护补贴对规模农户种粮行为的作用机制

三、农业补贴对规模农户种粮的具体影响

本书利用农业农村部全国农村固定观察点调查数据进行分析。该调查系统是1984年经中共中央书记处批准设立的，1986年正式建立并运行至今。目前，该调查体系覆盖2万多个农户、300多个行政村，样本分布在全国除香港、澳门、台湾以外的31个省（区、市）。调查内容包含农户的人口、就业、收支、农业补贴、农业生产、农地利用与流转等多方面详细信息。除1992年和1994年因故未进行调查外，至今已连续跟踪调查30多年。考虑到从2016年开始在全国范围内实施农业支持保护补贴，本书使用2016年和2017年两期数据进行分析。并且，中国地域广大，不同区域自然资源禀赋、经济社会发展水平与政策措施差异较大，具有鲜明的多元化特征。从粮食生产来看，粮食主产区的粮食产量占全国粮食总产量的比例超过70%。为了更有针对性地考察农业支持保护补贴对规模农户种粮行为的影响，将研究对象设定为13个粮食主产区的规模农户。同时，根据现有政策文件关于规模经营的划分，本部分研究中将土地经营面积大于或等于30亩的农户视作规模农户。

不仅如此，考虑到当前背景下规模经营主体内部也出现了多种类型，包括纯粮食种植型农户、粮食—经济作物种植型农户、种养结合型农户、农机服务型农户等，同时结合研究主题，这里主要考察以种植粮食作物为主的规模农户，包括纯粮食种植户和粮食为主种植户。前者是指只种植粮食作物，没有种植经济作物的规模农户；后者是指同时种植粮食作物和经济作物，但粮食播种面积大于经济作物播种面积的规模农户。

研究发现：第一，无论是纯粮食种植户还是粮食为主种植户，农业支持保护补贴皆有助于农户扩大粮食生产，这一结论在充分考虑内生性问题后依然成立。当进一步考虑不同地区规模经营标准的差异，并把规模经营的标准由30亩改变为50亩后，农业支持保护补贴的系数仍然显著为正，并且明显变大，意味着农户的经营规模越大，农业支持保护补贴对其粮食生产的积极作用越强。这一研究发现具有较强的政策启示，表明应从政策上继续加大对规模农户从事粮食适度规模经营的支持力度，从而发挥农业支持保护补贴在强化粮食安全保障能力、建设国家粮食安全保障体系方面的支撑作用。第二，农业支持保护补贴主要是通过促进规模农户转入土地从而作用于粮食生产的。特别是对于纯粮食种植户，农业支持保护补贴不仅提高了农户转入土地的概率，而且扩大了农户转入

土地的面积,这肯定了农业支持保护补贴对农地流转的积极作用。从长远来看,推动农地流转、发展多种形式的适度规模经营是中国未来农业发展的重要方向。但是,当前阶段中国农地流转增速变缓、动力下降,不利于加快农地集中进而转变农业发展方式。从这个意义上看,加大对农地经营者的补贴,可成为解决当前农地流转不畅、促进规模经营的一个重要手段。第三,总体上,本研究验证了农业支持保护补贴在转变农业发展方式、促进粮食生产方面的积极作用,主要的政策含义是应继续稳步推进农业补贴政策改革,加大对生产者尤其是粮食适度规模经营主体的支持力度。但是,在考虑国内农业农村发展现实的同时,还要兼顾国际因素。中国作为世界贸易组织(WTO)成员,对农业的支持和保护受到 WTO 规则的约束,需要考虑如何在符合 WTO 规则的前提下调整完善农业补贴政策,从而充分发挥农业补贴的生产效应。

第十四章　城乡土地结构变化中的农村土地利用问题

第一节　农村土地利用的总体情况及其问题

一、城乡发展失衡

从新中国成立初期开始实行"重工业优先发展战略"到2006年全面取消农业税,城乡发展的关系是"以农补工"、"以乡补城",大量农业剩余被抽取以支持城市化、工业化建设,农业农村发展始终处于被动、弱势地位。而在人地矛盾尖锐的情况下,城市能提供更多的非农就业机会,吸引了越来越多的农村劳动力进城务工,导致农村人口、土地、资本等要素向城市集聚。生产要素的快速"非农化",进一步导致农村"失血",出现"乡村病"。城乡资源配置严重失衡,拉大了城乡差距,从城乡居民收入来看,2016年城乡居民人均可支配收入之比仍高达2.7:1,甚至高于改革开放初期的水平(魏后凯,2018)。从乡村面貌来看,乡村空心化、贫困化,村庄用地、农房空废化,乡村生产生活基础设施薄弱,与高度现代化的城市形成鲜明对比。

从制度的角度来看,城乡失衡的状态与新中国成立之后的工农政策具有很大关系。在经历了国民经济恢复时期之后,中国便进入了计划经济时期,此时中央的工农政策为以发展社会主义工业化为目标,其中又以重工业的优先发展为重点。虽然国家也出台了大量农业合作化的规范性文件,但是这些文件较少以农民增收为目标,只注重农业剩余向工业部门的转移。

二、农民土地财产权益受损、缺乏实现途径与分配不明晰并存

改革开放以来,农民的土地财产权益日益受到党和政府的高度重视。

党的十八届三中全会通过的《中共中央关于全面深化改革若干重大问题的决定》强调要"推进城乡要素平等交换"、"维护农民生产要素权益"、"赋予农民更多财产权利",丰富和拓展了农民的土地财产权益。但是,当前我国农民面临土地财产权益受损、缺乏实现途径与分配不明晰并存的困境。首先,尽管农用地"三权分置"的制度绩效初显,但仍面临土地经营权放活困难、各利益主体冲突突出、土地细碎化等问题,致使农民的土地财产权益受损。其次,随着经济社会发展,大量农民向城市转移,农村宅基地大量闲置是一个基本事实,但进城落户农民的宅基地却没有有效的退出机制,宅基地制度滞后于农村农民发展需要,宅基地用益物权缺乏实现途径。而且,一边是大量宅基地的闲置或低效利用,另一边是新批准或者私自占用的宅基地挤占农地,同时城市又因为大量农村人口涌入而致使建设用地越来越紧张。这种紧张与闲置并存的局面凸显了我国宅基地资源配置的失灵,继而影响了农户对宅基地流转及抵押收益的获得(宋志红,2017)。最后,关于如何赋予农民对集体资产收益的分配权益问题,需要深入推进农村集体资产股份权能改革,使农民合法合理地分享土地增值收益,这是农民获得更多土地财产权益的关键和突破点。

三、不完全城镇化背景下农村土地退出与重新配置利用遭遇难题

农村劳动力转移的一个重要影响就是农村土地利用率的下降,生产条件好的农地会被用来集约经营,而偏远地区的低质量农地很有可能被抛荒(Strijker,2005;刘成武和李秀彬,2006)。就我国目前的社会管理体制来看,流动人口缺乏社会保障,农地在一定程度上提供了失业保险的职能,因此,农民即使不进行农业生产也不会退出农地。从目前我国的实际来看,城镇化快速推进过程中农地利用率低成为一个难以回避的问题。

农地退出可以有效缓解农地利用率低的问题,推动生产要素优化配置。通常来说,人口实现彻底转移之后很自然就会催生土地退出的问题,但是在我国特殊的城乡二元户籍制度下,农村转移人口难以实现完全转移。农民由于顾及农地的社会保障功能,进行农地退出的积极性并不高,在"厌农"、"离农"、"恋农"的情绪中纠结(罗必良等,2012)。与农用地相同,农村宅基地也存在大量闲置的问题,有的地区甚至有大面积"一户多宅"的现象,一部分文献把产生这种现象的原因归结为人口流动性强而农村土地产权不完善,袁志刚和解栋栋(2010)则把这种原因归纳为土地要素的调整速度慢于人口要素的调整速度,迫使农民只能在现有制度框架

内寻求更多保障。

事实上,我国农村劳动力迁移是一个既有流出又有回流的过程(蔡昉,2001)。根据农业部农村经济研究中心对安徽、四川两省的抽样调查发现,农村回流劳动力占具有外出务工经历劳动力的28.5%(白南生和何宇鹏,2002)。并且,从农村劳动力的务工地点来看,2005年和2016年农村常年外出劳动力的务工地点在乡外县内、县外省内、省外的比重分别为26.2%、30.6%、43.1%和33.4%、29.4%、37.2%,常年在省外务工的农村劳动力明显减少。在这样的背景下,农村闲置土地的退出与重新配置利用陷入困境。

四、城镇化发展与农村"三块地"改革

为解决上述问题,政府从20世纪80年代初就开始推进农村土地制度的改革。特别是党的十八大以来,中央政府在坚持家庭经营基础性地位的前提下,稳步推进农村土地制度改革:一是围绕承包地开展"三权分置"改革以及土地确权颁证工作,健全农地流转管理制度,着力完善落实集体所有权、稳定农户承包权、放活土地经营权的体制机制;二是推进农村集体经营性建设用地入市改革,深化农村集体资产股份权能改革,切实体现"取之于民,用之于民";三是稳慎推进农村宅基地制度改革试点,探索宅基地"三权分置",以落实宅基地集体所有权、保障宅基地农户资格权、适度放活宅基地使用权为原则,开展闲置宅基地复垦、整治工作,增加农民的财产性收益,以期达到活化村庄、活村富民的目的。这一系列农村土地制度改革的重大战略部署,对稳定农民生产预期、促进农业提质增效、保障和增加农民土地财产权益、维持社会稳定具有积极作用。随着上述"三块地"改革不断深化,现行农村土地制度与社会经济发展新形势不相适应的问题日益凸显,农村土地制度改革过程中也面临不少挑战,必须通过深化改革来破解。

(一)农地制度改革

在农用地方面,确保国家粮食安全、提升农业发展质量始终是农地制度改革的两大主要任务。面对家庭联产承包责任制下小规模分散经营方式的诸多弊端,比如降低了农业生产的规模经济效应(Chen et al.,1997;Wan & Cheng,2001;许庆等,2011)、增加了农业生产成本(Tan et al.,2008;Demir,2016)、阻碍了农户采用农业新技术(Niroula & Thapa,2005;Khan & Saeed,2011)、降低了农业生产的技术效率(Carter & Estrin,2001；苏旭霞和王秀清,2002；Adamopoulos & Restuccia,2013），以及农村劳动力大规模转移后农田撂荒与粗放经营、农业发展后劲不足的现状，中央政府提出建立农地"三权分置"制度，开展农地确权颁证工作，明确第二轮土地承包到期后再延长30年，实施"藏粮于地、藏粮于技"战略，意图在稳定农民土地承包权的基础上，放活土地经营权，推动农地流转，发展农业适度规模经营，强化耕地保护，促进现代农业发展。截至目前，农地制度改革取得明显进展，然而，现实中农户参与农地流转的动力不足，即使家庭主要收入已经不依赖农地经营，仍有相当数量的小农户不愿意转出土地，且近年来农地流转率增速明显放缓。同时，农地流转主要是发生在普通农户之间，这固化了小农经营模式（罗必良，2017）。目前经营规模在10亩以下的小农户仍有2.3亿户，占比高达85.7%，意味着当前和今后很长一段时期，小农户家庭经营仍将是我国农业的基本经营方式（韩长赋，2019；张红宇，2019）。

为此，党的十九大报告提出"发展多种形式适度规模经营，培育新型农业经营主体，健全农业社会化服务体系，实现小农户和现代农业发展有机衔接"。从各地实践和长远发展来看，土地集中规模经营和服务集中规模经营只是基于某一核心要素以实现农业适度规模经营的方式，两者是相互依存、相互促进的关系：土地规模经营主体在经营耕地面积不足够大时，需要购买农机服务完成生产活动；反过来，服务规模经营的实现也要求形成区域集中且专业化的种植经营（张红宇，2016；张露和罗必良，2018）。并且，农业规模经营本质上是要把农民整合起来，解决家庭分散经营的不足，我国地域广大，不同区域在自然资源禀赋、地理区位优势、气候环境、经济社会发展水平等许多方面差异较大，具有鲜明的多样化特征，如何围绕农地"三权分置"，进一步放活土地经营权，探索确权成果在推进土地流转、抵押融资、涉农补贴、农田整治、解决地块细碎化等方面的转化应用，探索多种形式的适度规模经营，走出一条具有中国特色的现代农业发展道路是需要重点研究的问题。

（二）集体经营性建设用地入市改革

党的十八届三中全会提出的"在符合规划和用途管制的前提下，允许农村集体经营性建设用地出让、租赁、入股，实行与国有土地同等入市、同权同价，建立城乡统一的建设用地市场"，是集体经营性建设用地的主要改革方向。2015年，经全国人大授权，国家正式开展"三块地"改革试点。经过4年的改革探索，集体经营性建设用地入市改革取得了明显成效，相关成功经验被吸收到《土地管理法》中,2019年通过的《土地管理法(修正案)》删除了原来《土地管理法》中"任何单位或个人进行建设,需要使用土地的,必须依法申请使用国有土地"的规定,增加了"农村集体建设用地在符合规划、依法登记,并经三分之二以上集体经济组织成员同意的情况下,可以通过出让、出租等方式交由农村集体经济组织以外的单位或个人直接使用……使用者在取得农村集体建设用地之后还可以通过转让、互换、抵押的方式进行再次转让"的规定。可以说,破除农村集体建设用地必须先国有化征收后才能入市的障碍,成为本次修订《土地管理法》最大的亮点,为城乡建设用地市场一体化发展扫清了制度障碍。

然而,现实中集体经营性建设用地入市还面临不少问题,比如"存量"和"增量"之争。一方面,很多研究指出,由于存量集体经营性建设用地数量有限,且在集体经营性建设用地聚集的地区(如长三角、珠三角、环渤海等沿海发达地区)大量集体经营性建设用地实际上已经入市流转,如果只允许存量入市,将会使得集体经营性建设用地入市改革的意义大打折扣(刘守英,2013;宋志红,2015;严金明等,2018);另一方面,2019年4月国务院印发的《关于建立健全城乡融合发展体制机制和政策体系的意见》提出,"允许村集体在农民自愿前提下,依法把有偿收回的闲置宅基地、废弃的集体公益性建设用地转变为集体经营性建设用地入市",这为新增集体经营性建设用地入市开了口子,但也对入市程序和监管提出了更大的挑战,并且这涉及乡村新产业、新业态发展问题。

同时,集体经营性建设用地入市的土地增值收益分配问题一直存在较大争议。虽然相关文件对集体经营性建设用地入市的土地调节金作出了规定,但是,试点实践中存在调节金征收比例差距较大、计征基数不确定、集体提留收益的用途未臻合理(吴昭军,2019)、国家和集体的权责关系尚未理顺等问题(郭晓鸣,2019),目前尚未形成可持续的收益分配机制(周应恒和刘余,2018)。从试点情况来看,集体建设用地入市改革不可能单兵突进(党国英,2013),需要与征地制度改革深度打通,尤其是随着本次《土地管理法(修正案)》规定征地补偿标准由原来的土地年产值倍数法调整为按照区片综合地价进行补偿,如何兼顾土地增值收益在国家、集体与个人之间的分配,避免农村集体财产被少数人侵占应成为重点关注的内容。

(三)宅基地制度改革

作为农村土地制度不可或缺的部分,现行宅基地制度存在不少问题、面临诸多挑战,这些问题和挑战日益突出,包括农村居住用地供需矛盾尖锐、大量人口迁移与土地退出不畅并存、圈占和违法使用宅基地点多面广等一系列问题矛盾。对此,有专家认为,现行宅基地制度是最落后的一项制度安排,几近失效。不仅如此,由于宅基地同时具有居住权利保障功能和财产权利实现功能,且宅基地制度与村庄布局和社会治理关系密切(刘守英和熊雪锋,2018),宅基地制度改革涉及权利主体更多,历史遗留问题更为突出,利益关系也更为复杂。现有法律、试点意见对宅基地流转限制过多("房地权利一体处分"原则、宅基地流转限定在本集体经济组织内部等),在一定程度上限制了宅基地使用权、财产权价值的实现(董祚继,2018a、2018b;罗必良和胡新艳,2019)。特别地,在村社封闭性阻碍了土地向非集体经济组织成员流转的问题上,目前至少在理论层面上对是否应该扩大农村集体产权结构的开放性、允许更多的权能向非本集体经济组织的单位和个人流转还存在着截然对立的两种观点(叶兴庆,2019)。并且,宅基地流转意愿与诉求存在显著的区域差异,除了快速城镇化地区、城乡接合部和扶贫搬迁地区外,大部分农村区域农民开展宅基地流转的实际需求和意愿不强,因而偏远区域无法形成宅基地流转市场,无法显化其资产价值(严金明等,2018)。

更重要的是,如何做好宅基地制度改革在满足投资需求与居住需求之间的平衡、避免城市炒卖房地产的泡沫延伸至乡村,是宅基地制度改革始终需要考虑的问题(叶兴庆,2018)。尽管本次《土地管理法(修正案)》在原来一户一宅的基础上增加了户有所居的规定,规定地方政府要想办法采取别的方式保障实现农村居民居住的权利,同时还明确允许已经进城落户的农村村民自愿有偿退出宅基地,鼓励集体经济组织及其成员盘活利用闲置宅基地与农房,但是宅基地涉及主体、利益十分复杂,农民变成市民真正实现城市化也是一个漫长、复杂的过程,宅基地的合理利用和有效管理问题仍然需要进行深入研究。

从2018年中央"一号文件"宅基地制度改革的相关表述来看,今后宅基地制度改革仍是遵循类似于承包地"三权分置"的稳定与放活并重的思路:在保障和稳定宅基地集体所有权和农户资格权的基础上,不断创新和完善宅基地使用权实现方式。但是,与承包地相比,宅基地的流转一直受到严格的限制,也没有大规模、多层次的具体实践。因此,如何将理论内涵与试点实践结合起来,推进宅基地"三权分置",重构宅基地制度权利结构和法理体系还有待进一步研究。

回顾新中国成立以来我国宅基地制度的发展历程,为适应社会经济发展,宅基地制度历经多轮改革:从所有权与使用权的"两权合一"到"两权分离",再到所有权、资格权和使用权"三权分置"探索。1949—1961年,我国农户宅基地处于私有制时期,1949年《中国人民政治协商会议共同纲领》规定了新中国实现农民土地所有制,此时尚未形成宅基地概念。在此阶段,农户宅基地产权独立、私有,相关法律文本以保障农民基本居住权为主,而相应组织制度和管理制度尚未形成。至1962年,《农村人民公社工作条例修正草案》首次提出了宅基地概念,规定了宅基地归生产队所有,确立了"一宅两制,公地私房"的农村宅基地模式,实现了宅基地由农民所有转变为农村集体所有。1963年,《关于各地对社员宅基地问题作一些补充规定的通知》首次提出了宅基地使用权概念,确定了宅基地所有权归生产队、使用权归农户的"两权分离"模式。此后,我国宅基地制度框架初步构建完成,正式进入了集体所有、农户使用的"两权分离"模式,呈现"一宅两制"和"两权分离"基本特征,且衍生出相应的组织制度和管理制度。

此后较长一段时间,为激活农村经济及加强农村建设,宅基地政策将申请条件放宽,农村宅基地规模剧增,同时,农村建房中乱占耕地、无序扩张等现象严重。宅基地总量控制和适度调适成为当时宅基地制度管控的重点。1982年,《村镇建房用地管理条例》首次提出农村土地用途管制原则和农村宅基地限额要求,这标志着宅基地建房用地进入指标时代。并且,国家于1990年明令禁止批准非农人口宅基地,首次提出宅基地有偿使用的试点探索,这意味着宅基地进入严格管控时期。1997年,《关于进一步加强土地管理切实保护耕地的通知》提出"一户一宅且符合法定标准的宅基地",这标志着我国宅基地由单一限制宅基地的获得转向宅基地获得及其退出的双向机制。可以说,新中国成立后我国农村宅基地制度在较长一段时间一直保持"两权分离"状态,虽然一直在积极探索宅基地的流转,但其效果始终受到各方因素的限制,该阶段闲置宅基地退出机制实践效果不佳,宅基地腾退制度运行困难,亟待改革。

从2013年起,我国农村宅基地制度开始了以"三权分置"为主的多样化改革时期,该阶段各地出现了宅基地置换、宅基地资本化补偿等多样化改革模式,并创新设立了与之相适应的宅基地组织制度和管理制度等。长期以来,每一次宅基地制度的演化都与社会变革有关,反过来,宅基地制度的演化又影响着社会变革,现如今党和政府在政策上仍然不断加强支持农村宅基地"三权分置"的改革与实践探索。可以说,我国农村宅基地制度改革与实践探索进入了新的时代。

总的来说,深化农村土地制度改革就是要改革土地管理制度,增强土地管理灵活性,推进土地制度体制机制创新,探讨如何充分利用好、发挥好农村不同类型土地的功能作用,充分体现和释放农村土地要素的市场价值,激发乡村发展活力,因地制宜,充分发挥各地区发展优势,促进各地区优势互补,推动实现乡村振兴和城乡融合发展。

第二节 城郊土地和耕地流转的问题

回顾现有关于土地使用转换或耕地流转的研究可以发现,学界普遍认为,"郊区的土地使用转换是城镇化过程的重要组成部分,且土地使用转换上特殊的城市边缘地区(郊区乡镇)正转向一个以城镇化用地为主的地区",且郊区化的明显变化特征即呈现为人口与土地使用形式的转换。如 Golledge(1960)以悉尼都市边缘地区为案例,认为城镇边缘地区最明显的变化特征是人口的快速增加与土地使用方式的转换。研究中发现,悉尼边缘地区人口变化特征十分明显,1947—1954 年人口增长速度甚至有出现高达 100% 的状态,这些主要的增加人口来自城镇外来移民,且年龄结构以 0—9 岁和 20—34 岁为主。而 James 等(1974)认为,郊区一般在城市、乡村土地使用混杂的地区,这个城乡之间的地带是由城市用地—乡村用地的土地使用转换造成的;城市边缘地区最明显的特征是土地使用方式的转换和人口的快速增长。

此外,随着城镇化的发展,郊区化现象明显后也将衍生出土地使用转换问题。Bryant 等(1982)认为,在城镇化进程中,城乡边缘地区因土地利用的差异所造成的冲突是最明显的。而郊区所承受的城市影响力从何而来呢?Beckwith(2001)在研究加拿大实际郊区化现象时提出对郊区土地的看法,他认为郊区是介于城镇地景与自然地景之间一个明显的空间单元,且自 20 世纪以来,世界城市化进程加速后,依赖运输自动化便利及对土地使用的需求,城镇逐步向外扩张,并伴随着城镇化,原自然土地使用逐渐转为城市用地。

人口迁移背景下耕地流转的最大问题在于,农民如何从土地中退出以及退出后是否有相关的政策制度安排。

一、人口迁移背景下城郊土地流转状况与问题

政府强制征地主导着目前绝大部分郊区土地的流转,但日趋尖锐的

社会冲突让这一流转之路越走越窄。对土地出让金高度依赖、垄断城市土地一级市场的地方政府自然而然会选择强制征地。但随着城镇规模的迅速扩张和郊区土地价值的飙升,政府强制征地所涉及的重大利益调整,如产权、征收范围和补偿标准等,致使征地制度危及社会稳定。

土地使用权的自发流转虽然无法实现郊区土地巨大的商业价值,但显著降低了城镇化的成本。城中村和城郊村利用区位优势,通过修建厂房、商铺和出租屋的形式,以相对低廉的价格将土地使用权流转给流动人口及工商业经营者。长期以来,自发流转在提高原住村民收入的同时,为流动人口提供了廉价方便的保障性住房,从而显著降低了城镇化成本。

大部分地方在郊区土地流转方面的改革力度较小,深圳大范围开展的城中村改造模式比较值得借鉴。2002年江苏昆山、2003年河南、2005年广东、2009年北京、2010年上海和2013年海南都发布过农村集体建设用地流转政策,但这些政策仅集中于推动乡镇企业原有用地入市流转。2004年至今,深圳陆续开展大范围的城中村改造,在遵循规划的前提下,建立以协商谈判为主导的市场化机制,然后通过政府让利或者鼓励原住民自行改造流转的方式,充分保护乃至提升郊区土地所有者的财产收益。

各地已有的政策实践表明,郊区土地流转机制的探索之路刚刚起步。乡镇企业原有用地流转的土地只能用于工商业而不得用于商品房建设,这大大压缩了郊区土地的升值空间。此外,乡镇企业原有用地的规模偏小,无法对郊区土地流转产生根本性影响。在城中村改造方面,深圳虽然已有突破,但依然面临融资、利益协调和公共服务配置等棘手问题,城中村改造还将使大量流动人口失去廉价住所。

二、人口迁移背景下耕地流转状况与问题

基于笔者近年在江苏、四川、陕西、吉林、河北和福建6省对2 400个农户的抽样调查发现,我国农地流转市场虽已初步形成,但是发育缓慢,存在较多问题:

一是流转比例和规模偏低,地区间差异显著。二是市场信息不充分,流转的范围小。由于地方政府土地流转公共服务平台缺位或运作不畅,农地流转市场信息不充分,除了亲戚朋友和本村居民,想承租土地的农户很少了解承租土地机会、土地规模和价格等重要的市场信号。同理,想转出土地的农户也只能在本村和亲戚朋友那里寻找机会。三是流转程序不规范,地权稳定性差。不仅耕地转包的期限短,而且土地流转以口头约定

为主,签订书面合同的比例不高,增加了农地流转市场的不确定性。四是农地流转价格低,价格确定过程也比较随意。五是土地流转过程中存在着不同程度的行政干预。调查发现,11.2%实际流转的土地须事先经过村委会或村民小组同意,有37.8%的村干部认为土地流转应该有审批程序。可见,在土地流转过程中行政干预虽然比例不高,但仍然存在,而且村干部的意识中认为土地流转须审批的比例较高。

第三节 城乡统筹背景下农地确权问题研究

我国农村集体土地按照用途可以分为农用地、建设用地与宅基地。2011年,三部委联合下发《关于加快推进农村集体土地确权登记发证工作的通知》,要求加快农村集体土地确权的步伐,确权对象包括所有农村集体土地,确权内容既包括土地的所有权,也包括使用权。本次确权登记虽然名义上针对所有农村集体土地,但是综观其内容可以发现,该通知主要是对农村集体建设用地和宅基地的所有权、使用权确权做出了相应的规定,而对于占有农村集体土地中大部分的农用地只给出了所有权确权的意见,承包经营权则由农业部颁布的《关于开展农村土地承包经营权登记试点工作的意见》予以规定。由此可知,集体土地中建设用地、宅基地的所有权与使用权以及农用地的所有权确权已经开始真正实施,而当前的农村土地承包经营权确权仍然处于试点阶段。这说明政府制定政策的谨慎性,事实上,对于农村土地承包经营权是否需要确权是有争议的。

在论述争议之前,有必要对农村土地承包经营权确权的概念进行界定。所谓农村土地承包经营权确权,是指通过颁发证书来确认农户承包经营土地权利的行为。按照当前的相关政策,农民的承包经营权主要包含以下内容:(1)农民在土地承包期内享有对承包地的占有、使用、收益、转让权利;(2)农民的土地承包关系长久不变。综合以上两点,本书将农民的土地承包权理解为农民对具体承包的地块拥有占有、使用、收益、转让的权利,并且这种关系长久不变。一旦确权,则意味着集体除了一个虚置的所有权之外几乎没有任何土地权利,这引起了广泛争论。

支持农地确权的学者认为,在家庭联产承包责任制的条件下,农地是按照人口均分的,为了保证公平性,集体常常需要对农地进行调整,地权不稳定会降低农民长期投资的积极性(Alston et al.,1996;Feder & Nishio,1998;黄季焜和冀县卿,2012),同时在调整土地的过程中存在着基层干部的寻租行为,侵犯了农民的权益(朱东亮,2002)。因此,为了维护地权稳定,需要农地确权,禁止乡村干部调整土地的行为。此外,支持农地确权的学者(钱忠好和曲福田,2004)还认为,当前的农地产权不清晰,导致农民在面对政府征地时处于弱势地位,应该给农地确权,保障农民享有土地的级差收益,让他们共享城市化带来的好处。甚至有的学者(文贯中,2007)认为土地应该私有化。

反对农地确权的学者认为,农地确权主要会带来以下不良影响:(1)有违社会公平。既然土地是农民基本的生产资料,那就应该保证按照人均分配。此外,当大量农民失去土地权利时,他们有可能成为"流民",影响社会稳定(邵传林,2009)。(2)基层干部的寻租行为与农地调整本身无关。需要采取办法进行权力监督,反对腐败,而不是土地确权。此外,国家出于公共需要对农民征地,不能用土地的市场价值进行补偿,而应该以保障生活为准。这样的优点:第一,可以保障城市建设的低成本运行;第二,可以将更多的资金用于一般农村人口的城镇化过程,从而实现地利共享;第三,可以防止土地食利阶层的出现,制造"三元"经济(贺雪峰,2010)。

本书认为,上述学者都有一定的道理,但是都存在一定的不足。主要表现在三个方面:(1)农地制度作为一项制度,其是否有供给的必要性取决于需求,而供给的可能性则取决于供给方的意愿和能力。因此,只有真正对农户的确权需求以及政府的供给行为进行分析,才能对农地确权政策做出全面的判断。(2)上述学者在讨论农地确权时,都没有将农地进行细分。事实上,我国的农地按照区位可以划分为城郊土地和一般农村土地,而分别拥有这两种农地的农户对农地确权的需求是不同的,如果不进行区分,则很容易产生以偏概全的错误。(3)当前学者主要对农地确权政策进行静态考察。任何一项政策在讨论其可操作性的时候,需要将其放在一个动态的过程中予以考察,在我国正在转型的农村社会尤其如此。因此,讨论农地是否需要确权要明确其适用的历史阶段。

一、农地确权:政策制度与经验事实

(一)农地确权政策的演变

如上所述,所谓农地确权,一是确定农地所有权,二是确定使用权。自农村家庭联产承包责任制实施以来,农地所有权主体一直是比较明确的,但是对于承包经营权,经历了一个不断发展的过程。这主要表现在自主经营权、收益权、转让权、地权稳定性等方面。

1. 自主经营权

在改革初期,农民的自主经营权受到极大限制,1982年中央"一号文件"规定农户必须要在集体的统一安排下进行生产。随着粮食流通体制的市场化,粮食统购派购政策废除,客观上也不再需要农民按照指令进行生产,1985年中央"一号文件"明确规定"任何单位都不得再向农民下达生产性指令计划",但是,这一政策在制定初期并没有得到充分的贯彻执行,一部分乡村集体为了自身的利益仍然给农民安排生产计划。由此,2002年《中华人民共和国农村土地承包法》再次重申发包方"不得干涉承包方依法进行正常生产经营活动"。随着税费改革以及农业税取消,乡村集体逐渐退出了农民的生产领域,农民的自主经营权也得到充分的保障。

2. 收益权

在税费改革之前,农民上交的税费分成三部分:第一部分交给国家,约占农业产值的15%。第二部分为集体的"三提五统"。"三提"是村集体从农民生产收入中提取的用于维持或者扩大再生产、兴办公益事业和日常管理开支费用的总称,"五统"包括农村教育经费附加、计划生育费、优抚费、民兵训练、乡村道路建设费。第三部分是集体乱收费、乱摊派、乱罚款的"三乱"收费。农民的收入只有"交足了国家的,留够集体的,剩下的才是自己的"。事实上,国家的税费并不高,但是由于集体存在乱收费导致农民负担过重。因此,民间有"一税轻,二税重,三税是个无底洞"的说法,也由此引发了"农民真苦,农村真穷,农业真危险"的感慨。这引起了中央的高度重视,采取了一系列措施减轻农民负担。2004年的税费改革免去了农民上交集体的费用,紧接着又免去了农民上交国家的税收,至此,农民获得了来自农业的全部收益。不仅如此,2006年以后,国家启动粮食直补和农资综合补贴政策,又进一步增加了农民的收入,因此,农民的剩余索取权是在不断提高的。

3. 转让权

在家庭联产承包责任制实施初期,对农地的转让权进行了严格的限定。1982年中央"一号文件"明确规定,"社员的承包地,不准买卖,不准出租,不准转让,不准荒废,否则,集体有权收回",对于农户无力耕种的情况,采取将承包地退回集体的办法。随着市场经济的起步,农户的处分权有所扩大。在农地荒废方面,1998年和2004年修改后的《土地管理法》规定农民的承包地抛荒达2年的,集体有权收回,相比1982年中央"一号文件"关于土地荒废的规定有所放松。在农地流转方面,1984年中央"一号文件"增加了农户的转包权,但是同时也规定不能擅自改变集体承包合同的内容。2002 年颁布的《中华人民共和国农村土地承包法》进一步赋予农民对农地的流转权,规定"土地承包经营权可以依法采取转包、出租、互换、转让或者其他方式流转"。此外,2014 年中央"一号文件"又规定农地的承包经营权可以抵押、担保。至此,农民的承包地除不能买卖之外,政府给予农民充分的处分权。即使对于土地买卖,现在也有很多学者认为应该放开,他们主张土地私有化。

4. 地权稳定性

自农村家庭联产承包责任制实施以来,为了鼓励农民对土地进行长期投资,同时也为了防止乡村干部滥用权力侵犯农户的土地承包经营权,中央政府不断加强地权稳定性。主要体现在三个方面:一是延长土地承包期;二是对土地调整采取更加严格的政策直至停止调整;三是颁发土地承包经营权证和土地承包合同。在土地承包期上,1984 年中央"一号文件"规定农地的承包期为 15 年,这一数字在第二轮土地承包开始时调整为 30 年并写入 1998 年《中华人民共和国土地管理法》中,2007 年《物权法》将农民的土地承包权定位为用益物权,十七届三中全会将土地承包期进一步规定为长久不变,2009 年、2012 年和 2013 年中央"一号文件"对此多次进行强调。在农地调整上,农村家庭联产承包责任制实施初期,农地根据"肥瘦搭配"按照人口平均分配,此后,大部分地区进行了土地调整。土地调整的影响因素主要包括人口的增减与流动、防止土地抛荒、规模经营的需要、农地非农化等(温锐和李永安,2012)。但是,部分学者认为农地调整影响了农地效率的提高。此外,有些基层组织借农地调整之名侵犯农民的承包权,导致农民与乡村基层组织的矛盾激化。因此,中央政府对土地调整政策不断趋严,1984 年中央"一号文件"规定土地调整原则为"大稳定、小调整"。1997 年出台的《关于进一步稳定和完善农村土地承包关系的通知》中仍然坚持"大稳定、小调整"原则,但对"小调整"加以限制:一是小调整仅限于个别农地紧张的农户;二是不能借土地调整增加承包费;三是调整土地需要 2/3 的村民同意;四是不能利用行政手段强制调整土地。此外,为集体进行土地调整预留的机动地空间也不断地被压缩直至取消。1997 年《关于进一步稳定和完善农村土地承包关系的通知》中规定集体的机动地应该严格限制在总耕地面积的 5% 以内,并且严格用于解决人地矛盾,多余的机动地要按人口进行平均分配。2002 年颁布的《中华人民共和国农村土地承包法》中除了规定机动地在 5% 以内之外,还规定机动地如果不足5%的,不能再增加,在该法实施之前没有预留机动地的,不得再预留。至此,集体保留机动地的权利也基本上被取消。不仅如此,土地确权的步伐仍在继续。2007年《物权法》的出台规定了在承包期内发包方既不能调整土地也不能收回土地,再加上十七届三中全会规定的农村土地承包期长久不变,由此可知,集体保留机动地以及调整土地的权利被完全取消了。为了巩固成果,2011年农业部又出台了《关于开展农村土地承包经营权登记试点工作的意见》,明确表示要通过颁证的办法进行确权确地。

(二)经验事实

从政策层面上看,农民的土地权利是不断增强的,但是,从经验上看,农地确权似乎并没有那么顺利,在农民的自主经营权、收益权以及处分权方面,政策与经验基本保持一致,但是,在地权稳定性方面两者差距甚远。中国科学院农业政策研究中心分别于2000年和2009年对浙江、辽宁、河北、湖北、陕西、四川6省1 200个农户进行抽样调查,结果显示:农地调整自分田到户以来一直存在,但是"大调整"呈不断下降的趋势,2006年以后基本消失;"小调整"出现"先上升,后下降",到目前为止仍然一直存在(冀县卿和黄季焜,2013)。陶然等(2009)对吉林、河北、陕西、四川、江苏、福建6省的调查结果与此类似。也就是说,我国的农地调整当前呈现的态势是"大稳定、小调整",但是相对于中央政策规定的"个别调整"来说仍然是有差距的。对于农地调整的频率下降,一方面与中央政策有关,另一方面则与农业收益在农民总收入中的比重下降有关(张红宇,2002)。但后者显然具有更显著的作用,因为从中央政策上看,陶然等人的调查显示,超过60%的农户对"生不增、死不减"的农地政策持保留意见。在承包经营合同以及证书的发放方面,杨学成等(2008)的调查与中科院类似,即只有一半的农户落实了土地承包证书以及合同。在集体保留机动地方面,该调查显示只有61.3%的村庄真正没有保留机动地,而其在1995年对该地调查的相应数据为76.6%。

二、一般农村土地、城郊土地与农地确权:政策需求分析

由以上论述可知,当前的农地确权政策与经验事实之间存在着明显差距。那么,产生这种差距的原因是什么?事实上,农地确权作为一种制度供给,只有在具有相应的需求的时候,才能达到供需平衡。从目前农地确权政策来看,显然是存在需求不足的。农地政策的需求方为农户,因

此,为了说明农户的需求不足,需要考虑农地确权给农户带来的成本与收益。由于拥有不同农地的农户的成本与收益是不同的,这就有必要对不同的农户进行区分。

农地按照区位可以划分为一般农村土地和城郊土地,两者最主要的区别是城郊土地由于其独特的地理位置,当土地非农化使用时能产生巨大的级差地租。从数量上看,城郊土地只占农村总耕地面积的极少部分。下面分别讨论拥有这两种农地的农户对农地确权的需求。

(一)一般农村土地

事实上,学术界所讨论的农地确权给拥有一般农村土地的农户带来的收益是似是而非的。梳理他们的观点,主要有如下几条:

1. 保证地权稳定性,鼓励农民对农地进行长期投资

这个结论是有待商榷的:首先,需要对长期投资进行区分,农民对农地的长期投资可以分为与具体地块无关的长期投资(如良种培育、收割机、农家肥等)和与具体地块相联系的长期投资(如机耕道、水利灌溉设施等)。就与具体地块无关的长期投资而言,农地确权对其并不会产生影响。而对与具体地块有关的长期投资来说,农地确权肯定会对其产生影响。但是,这类长期投资往往具有公共品性质,依靠单家独户难以完成,因此,农地确权事实上对这种投资也不会产生很大影响(许庆和章元,2005)。其次,农地确权对农户的长期投资产生影响与农业收益占农民收入的比重有关。在改革开放初期,农民缺乏其他的收入渠道,农业收入是农民重要甚至唯一的收入来源,农业收益对农民的收入影响巨大,因此,他们愿意对农地进行长期投资。但是在当前情况下,对于大部分农民来说,由于农业的比较收益低下,农民将农业副业化,对农业的长期投资倾向并不高,甚至将耕地长期抛荒(当然,农地抛荒还有一个很重要的原因是水利等基础设施破败,导致农民想种地而不能种,只能将土地抛荒)。此外,农地确权虽然稳定了承包权,但是经营权却未必如此。当前农村的土地流转往往是短期的、非正规的,对于经营者来说,这种不稳定性并不能鼓励其进行长期投资。土地流转呈现这种特点的根本原因在于农地的就业保障功能。土地流出的农户在城镇中的非农就业具有不稳定性,一旦在城市中失业,他们又不能获得城市的社会保障,那么农地的收入此时就显得非常重要,因此,土地转出农户不会轻易将土地长久流转出去。

2. 促进农地流转,实现规模经营,提高农民收益

这里需要注意几个问题。第一,农地确权是否就意味着农地顺利实

现流转？事实上，从1984年中央"一号文件"规定土地承包关系15年不变，到十七届三中全会规定长久不变，我国农民的地权已经接近"永佃制"。但是，实际农地流转的情况并未相应提高。那么，真正与农地流转密切相关的因素是什么呢？首先是我国当前农村家庭的收入结构与就业结构。农民的收入主要由两部分构成：务工收入和务农收入。由于农民工的知识水平以及技术能力不高，从而从事那些低利润的产业，他们的工资水平并不高，单独依靠务工收入难以满足家庭开支，所以务农收入成为家庭收入中必不可少的一部分。这种收入结构形成了我国当前特有的家庭成员就业格局，即家庭中的年轻人外出务工，老年人和小孩由于不满足务工的条件而只能留守务农，从而导致即使我国农民工数量巨大，但是农地流转却非常缓慢的现象。其次是我国的人口城镇化尚未完成。我国实行城乡分割的二元户籍制度，农村人口在城镇并不能享受相应的公共福利（如住房、医疗、子女义务教育以及社会保障等），农村土地实际上具有很强的就业保障以及社会保障功能。由于农民工就业相对来说具有更大的不稳定性，当他们在城镇中失业了，又不能得到相应的社会保障时，他们会将农地作为其就业保障，因此，农民不会轻易将土地长期流转出去。最后是我国农地的分散化经营。如果要实施规模经营，必须与多个农户协调才能解决，因此，我国农地流转面临很高的交易成本，这对于农地流入者来说往往会导致流转土地的收益小于成本。

第二，农地流转是否就意味着能够实现规模经营？这种推理在现实中缺乏依据。土地与其他资本不同，要实现规模经营，除了土地面积达到一定要求之外，不同产权的土地要能够彼此相连才能实现规模经营。实行家庭联产承包责任制后，村集体把土地按照肥力不同进行分类，然后每一类土地按照人口均分。由于人多地少，每个人口所能分到的土地有限，当前我国有18多亿亩耕地，约9亿农村人口，人均2亩左右，户均不超过10亩，而且被分成3—10块不等，彼此也不相连。这就意味着，即使能够流转到足够面积的土地，也会因为这些土地并不相连而难以实行规模经营。

第三，农地规模经营是否能够提高农民收益？在我国农业中仍然滞留大量人口（这些人口虽然可能不属于标准的劳动力，如老人、小孩等，但是仍然具有劳动能力，他们虽然不能外出务工，但是仍然可以在家务农）的情况下，用资本替代劳动力进行规模经营，虽然能够提高劳动效率，却不能提高农民收入，主要表现在以下两方面：一是土地效率下降，规模经营并不等于规模经济，规模经营事实上存在规模报酬递增、规模报酬递减以及规模报酬不变三种情况,从经验上看,农地的经营规模与单位面积的产量往往呈现负相关(许庆等,2011)。在单产下降的情况下,耕地面积由于人口城镇化没有完成并没有发生相应的变化,从而总产量下降,导致农民的总收益相对于以前更容易下降。二是比较优势得不到发挥。当前,仍有大量人口滞留农业,这些人口由于年龄、体力、知识水平等原因不能从事非农行业,因此,他们从事农业的机会成本很低甚至为零。在这种情况下,资本相对劳动力来说更加稀缺,价格也高于劳动力,用资本替代劳动力会导致农民的生产成本增加,这也就是当前现代化的机械设备难以有效推广的一个重要原因。

总之,当前我国人口城镇化远未完成,农地的细碎化经营是一个必经阶段。事实上,这一阶段土地的细碎化经营有其内在的合理性,它有利于提高农民的收入水平和降低农民收入的不平等程度(许庆等,2008)。如果为了达到粮食生产的规模经济而片面强调规模经营,既不利于提高土地生产率,也损害了农户的利益。

3. 保障农民的土地承包权,增加他们的收入

事实上,农地是否确权与农民的收入无关。对于一般农村土地而言,土地只能农用,因此,所能产生的收益也只有农用的收益。由对农地确权进展的论述可知,当前农民已经获得了农地的高度产权,包括土地的使用权、收益权、转让权,2014年中央"一号文件"还规定农地的承包经营权可以抵押、担保。因此,可以说除了农地不能买卖之外,农民已经获得了全部权利与农地收益。至于农地不能买卖的规定,与农地的集体所有制有关,与农地确权无关,农地确权也仅仅是确定农户的承包权,并不将所有权确权给农户。

由以上论述可知,对于一般农村土地而言,当前政策已经保障了他们所能得到的收益,农地确权并不会给农民带来额外的收益,但是会面临高额的确权成本,主要表现为社会保障损失和农村公共品供给困境。

在社会保障损失方面,我国人口众多,保障还没有覆盖到农村的时候,农地具有很强的就业和社会保障功能。适时的农地调整能够保证每个农民都享有土地的承包权,从而使得他们在城市失业后能够退回到农村,此时虽然他们的收入有所降低,但至少满足了基本的粮食需求,从而不至于成为"流民",危害社会稳定。而土地一旦确权,采取"生不增、死不减"的湄潭模式,虽然在政策实施初期能够保证土地的平均分配,但是随着人口的增减变化,就会出现土地的分配不均,有些农民有更多土地,而

有的则没有土地。对于无地农民来说,农地的就业与社会保障功能就不复存在。随着农地调整的停止,无地农民会越来越多,由于他们没有相应的社会保障,将会成为影响社会稳定的因素。

当前无地农民的问题还不严重主要有三个方面原因:其一,当前农村仍然存在着"大稳定、小调整";其二,我国农户经营是以户为单位,而非以个体农民为单位,一户中的单个农民没有土地仍然可以依靠家庭中其他成员的承包地为生,此时,虽然家庭成员的人均耕地面积下降,但是在人地关系不紧张的情况下,仍然是可以维持生存的;其三,当前非农就业机会较多,农村劳动力向非农产业转移,从而人地矛盾并没有那么严重。但是,对于大部分农民工来说,非农就业具有不稳定性,当经济不景气时,那些无地农民有可能会成为"流民",影响社会稳定。综合考虑以上因素,笔者认为,虽然当前并未产生严重的问题,但随着农地确权的继续推进,无地农民的问题会变得更加突出。

在农村公共品供给困境方面,农村家庭联产承包责任制的实质是"统分结合、双层经营"体制,这种经营体制既调动了农户的生产积极性,又通过赋予农村基层组织一定的权利从而为农户提供产前、产中和产后服务,办好依靠单个农户不能办或者难以办成的事情,如水利工程、机耕道修建、植保等。但是如上所述,随着农地制度不断向确权发展,基层组织的权利被不断剥夺,主要表现在:首先,基层组织丧失了向农民收取用于扩大再生产、兴办公益事业和日常管理开支费用的权利,而这些费用是维持基层组织正常运行所必需的资金;其次,义务工制度被取消,农村义务工主要用于防汛抗旱、兴修水利、土地整理等公共事业,从而剥夺了基层组织调集劳动力进行公共品建设的权利;最后,禁止调整土地进一步弱化了基层组织进行组织协调的能力。伴随着权利被不断剥夺,基层组织既无能力也无动力进行相应的公共品供给。为了解决公共品供给困境,一方面,政府加大力度进行公共品建设;另一方面,鼓励农户通过"一事一议"的方式解决。但是,从实际情况来看,成果并不明显。主要原因在于农地确权后集体的退出导致农户过度分散化经营,这一方面导致政府难以真正了解农户的需求,从而无法有效提供公共品;另一方面,农地经营的过度分散化以及农民土地权利过大,导致产生高额的交易费用,从而无法达成统一的集体行动。因此,农业生产所必需的公共品如灌溉设施、机耕道等处于严重的供给不足状态,这是当前农地抛荒的一个重要原因。

(二)城郊土地

城郊农用地具有很大的升值空间,不过这种升值的变现则需要将农地转为建设用地才能完成。城郊农地作为城市化进程中的备用地,其作为农用地只是一个过渡阶段,最终的用途将会是建设用地。因此,关于城郊土地产生的利益分配自然而然就成为一项重点,参与利益分配的主体有地方政府、开发商、农村基层组织(农村集体土地所有者)以及农户等。我国当前在征地过程中,虽然相关文件对于农民的补偿一直在增加,但是相对于级差地租的增长速度,农民得到的补偿偏低,大量的级差地租被政府、开发商以及基层组织拿走。因此,农民希望农地确权,这样可以在征地过程中提高自身的谈判地位,从而获得更大的级差地租。当然,他们也面临着像一般农地那样的确权成本,主要表现为农地保障功能丧失和生产性公共品减少所导致的生产成本增加。但是,由于农地最终要转为非农使用,对农地的社会保障损失来说,这是沉没成本;而对生产成本来说只是暂时的,一旦农地非农化,这种成本就会消失。并且相对于巨大的级差地租收益来说,确权成本是微乎其微的,所以他们是希望土地确权的。

综上所述,对于拥有一般农村土地的农户而言,农地确权并未给其带来利益的增加,相反,却使他们面临社会保障缺失以及由于农业生产所需的公共品缺失而导致的生产成本增加,因此,他们对农地确权政策的需求是不足的。而对于拥有城郊土地的农民来说,由于土地存在潜在级差地租,在当前的农地非农化过程中,他们并没有完全得到这部分收益,因此,他们是希望土地确权的。但是,城郊农地只有转为建设用地时级差地租才能得到体现,在农地仍然农用时,确权并不能增加收益,反而会增加农业生产成本。因此,当农地只能农用时,拥有城郊农地的农民是同样没有确权需求的。

三、农地确权政策:政府供给行为分析

农地确权政策从表面上看是农民地权的不断扩大过程,实质上则是国家权力在农业领域的"越位"。我国《宪法》明确规定,农地为集体所有,《土地管理法》和《物权法》等多部法律对"集体"的代表者也进行了明确的规定,也就是说,该集体并非一个虚置的产权主体。既然农地为集体所有,而且集体也有明确的代表,那么就有权行使作为农地所有者的权利,如农地发包、农地调整以及收取适当的费用以提供生产所必需的公共品。中央政府的主要职能是对集体的事务提供宏观上的指导和监督,而并非

直接取代集体进行相应的决策。

事实上,导致国家权力在集体土地权利分配上越位的因素虽然有稳定地权、引导农户对农地进行长期投入以及促进土地流转、实现规模经营等方面,但主要原因在于集体作为土地所有者没有正确行使其权利。其在一般农地上主要表现为随意增加农民的承包费、强制进行规模经营以及干预农民正常生产,在城郊农地上则主要表现为征地过程中侵占农户的级差地租收益引发农户的不满,从而出现征地纠纷。这些纠纷虽然数量不多,但往往能够得到更多的社会关注,从而引导舆论走向,进而影响政府的政策。

集体不合理行使权利导致农户与集体之间的关系紧张,国家为了维护稳定、促进农业生产从而不得已制定相应的政策来限制甚至取消集体的权利。但是,这导致我国"统分结合、双层经营"的家庭联产承包责任制正在向农户的分散经营演变。随着农户地权的不断扩大,农户的这种分散经营体制正在不断固化。如前所述,这种经营体制导致集体既无能力也无动力进行公共品供给,同时由于集体的退出,国家与分散农户之间的信息不对称增强,从而大大降低了农村公共品供给效率,而农户则因为高额的协商成本陷入"集体行动的困境"。因此,为了保证农业生产,当前政府需要考虑的是如何进行公共品供给。此外,当前征地纠纷的实质是农户与集体、开发商以及政府之间的博弈,对于农户而言,他们希望得到更多的级差地租收益。但需要指出的是,城郊土地级差地租的产生与农民的劳动并无直接联系,既然他们并不是级差地租的直接创造者,那么这部分收益自然不能完全归于这部分农户所有,政府和集体需要得到土地的级差收益,只有这样,他们才能有足够的资金进行基础设施建设和支援"三农"建设。因此,简单限制或者取消集体的土地权利既不利于征地纠纷的解决,也不利于级差地租的合理使用,可行的办法是将级差地租在利益相关者之间进行合理的分配。对于农户来说,他所得到的收益应该至少能够保证其被征地前的生活水平。但是,2004年《土地管理法》只规定了征地补偿的上限,对于该上限能否保障农户原有的生活水平则未予充分考虑。因此,当前应该对征地补偿标准进行相应的修正。事实上,2012年《土地管理法(修正案)》中就明确提到要提高征地补偿标准。

综上所述,对于拥有一般农地的农户而言,确权成本是大于收益的,而拥有郊区农地的农户是有确权需求的,同时他们的确权需求主要是为了获取土地的非农化使用收益而与农用无关,这种需求不能被看成是针对农地的。因此,对于真正土地农用的农户来说,确权需求是不大的,从而导致农地确权的政策与落实之间产生矛盾。从政府对于农地确权的政策供给来看,其进行农地确权的主要原因在于防止集体滥用权力,但是这同时也给农户的生产带来了严重的不便。不仅如此,由于集体也是连接政府与农户之间的纽带,一旦集体不发生作用,国家对于农村的相应政策的执行力度将大打折扣。同时,集体不仅在农户生产方面有着重要作用,在乡村治理方面的作用也是不可替代的。因此,笔者认为好的解决办法是政府回归其本位,不越俎代庖,更不能对集体的土地权利进行"一刀切"。一方面,要赋予集体一定的土地权利,保证其有能力为农户提供公共品;另一方面,要防止其滥用权力,这既可以通过政府监督,又可以通过农户参与集体进行民主决策来解决。

我国当前人口城镇化远未完成,农业仍然处于分散化经营阶段,由于存在着高额的交易成本,导致农业生产方面和农村治理方面的市场失灵与政府失灵(温铁军,2005)。因此,我国当前通过农地确权方式进行农业完全市场化经营的时机并不成熟,需要考虑的问题应该是农地权利如何在集体与农户之间进行合理分配,从而真正做到农业生产的"统分结合、双层经营",落实农村家庭联产承包责任制。2014年中央"一号文件"规定:在明确底线的前提下,支持地方先行先试,尊重农民群众实践创造;要因地制宜、循序渐进,不搞"一刀切"、不追求一步到位,允许采取差异性、过渡性的制度和政策安排……农地可以确权确地,也可以确权确股不确地,笔者认为当前的农地政策在逐渐回归理性,这样既可以保证政策具有更强的灵活性与可操作性,又可以维护政策的权威性,防止政策得不到很好的贯彻落实。

第四节 农村土地结构转变中的宅基地改革

新中国成立之后,农村宅基地制度经历了由"两权合一"、"两权分离"到"三权分置"的演进历程。其中,"两权"是指宅基地所有权和使用权;"三权"分别指宅基地所有权、资格权和使用权。最初,从新中国成立至1961年,农户对其宅基地拥有较为完整的产权,宅基地的所有权和使用权是合一的,因此被称为"两权合一"时期。1962年之后,随着集体化和"四固定"运动的开展,宅基地所有权与使用权开始分离,出现"一宅两制,公地私房"的模式。因此,这一时期的特征就是"两权分离"。最后,从

2013年开始,政府探索农村土地的"三权分置"改革。2018年,中央颁布的《关于实施乡村振兴战略的意见》首次在国家政策层面提出宅基地所有权、资格权和使用权"三权分置"的模式。至此,宅基地改革的方向逐渐明晰,即朝着厘清资格权、逐步分离宅基地的社会保障功能与财产性功能、稳固"三权分置"格局的方向发展。

宅基地同时具有社会保障功能和财产性功能,随着经济的快速发展,宅基地的财产性功能不断凸显,转让使用权逐渐成为许多农户的现实需求。因此,如何在保障公平的基础上提高资源配置效率,解决宅基地社会保障功能与财产性功能之间的矛盾,成为宅基地制度改革面临的重要问题。事实上,这一问题很早就已出现,为解决该问题,政策制定者和学者从立法的角度进行了探索。

以《物权法》的编撰过程为例,在2004年的《物权法(草案)》中,第一百六十三条至一百六十六条实质上规定了宅基地使用权流转的条件、取得方式以及法律后果,且表明使用权可以流转给本集体以外的人。这一系列规定说明法律认可了使用权的自由流转。到2005年的《物权法(草案)》中,上述条款已经删除,只有第一百六十二条规定,允许宅基地使用权人在集体同意的情况下,将使用权流转给同一集体中符合宅基地使用权分配条件的农户。而最终颁布的《物权法》则是通过类似指引性规范的条文("适用土地管理法等法律和国家有关规定")将宅基地使用权的流转问题暂时搁置。可以看出,《物权法》的编撰过程集中反映了立法探索过程中立法者对宅基地使用权的矛盾态度。

不同意见的焦点集中在宅基地使用权上,例如,宅基地使用权是否能够流转？对宅基地使用权的转入方是否应施加身份限制？但是,从本质上看,限制宅基地财产性功能实现的,并不是宅基地使用权。从产权理论的角度看,只要使用权的权属界定清晰,其自由流转的权利就不应受到限制。因此,限制宅基地财产性功能实现的应是具有身份属性的宅基地资格权。当宅基地使用权与具有身份属性的资格权纠缠不清时,其流转就会受到限制,也由此才会使立法者不得不关注上述问题。当前,在2013年中共中央颁布《关于全面深化改革若干重大问题的决定》之后,如何厘清权利边界、促进相关权能有效实现,成为政策制定者和学界不断探索的新方向。目前,大部分政策制定者和学者均认为,宅基地制度改革应当参照农地"三权分置"的改革经验,通过设置宅基地资格权来放活宅基地使用权。

一、宅基地资格权的性质

在当前"三权分置"改革的探索中,如何界定宅基地的性质是改革的关键。只有解决这一问题,才能划分出宅基地权利束中可流转的部分与不可流转的部分,进而实现改革目标。现行法律法规中尚无对宅基地资格权的定义,对该问题的讨论主要集中在经济学界、社会学界和法学界。目前主要有以下说法:第一,成员权说,即认为宅基地资格权是集体经济组织成员权的必要组成部分(杨遂全,2020)。例如,周飞舟等(2021)就认为宅基地资格权应当与土地承包权类似,是一种基于集体组织成员身份取得宅基地使用权的权利。韩文龙等(2018)也认为资格权的实质是基于成员权的社会保障权和发展权。第二,请求权说,即认为资格权是农户享有的请求分配宅基地相关权利的资格。例如,宋志红(2021)认为,宅基地资格权应仅包括初始分配取得宅基地使用权的资格,而不包含持有使用权的资格。第三,用益物权说,即认为资格权应当包含占有、使用、收益三项权能,而在流转时重新创设新的权利以转让给第三人(李谦,2021)。例如,高圣平(2019)认为,宅基地改革应当参照土地经营权改革,不再另创设"资格权",而是从具有身份性的宅基地使用权中创设一个租赁权用以转让。

本书认为,界定宅基地资格权的性质,应当首先考虑其设立的目的。无论以何种方式构建"三权分置"体系、以何种概念界定资格权,都是为了在兼顾宅基地居住保障功能的前提下,实现其财产性功能。因此,宅基地资格权需要具备以下两个特征:第一,资格权必须要有身份性的特征,以此来实现保障功能。由于身份性特征不能转让,是农户所固有的,因此可以保证在取得宅基地使用权后,资格权不会灭失。进一步地,当宅基地使用权流转后,由于资格权的存在,农户仍能够保留部分相关权利,从而实现宅基地的保障功能。第二,资格权能够与其他权利相分离,且不随其他权利状态的变化而变化,以此实现财产性功能。随着经济的发展,农户拥有的房屋以及其下的宅基地使用权将发生增值,但这一价值的实现以房屋所有权和宅基地使用权的流转为前提。由于宅基地资格权的身份性特征,其流转受到极大的限制。因此,若宅基地资格权与其他相关权利纠缠不清,则又会限制这些权利的正常流转,从而不利于宅基地财产性功能的实现。

因此,对宅基地资格权的界定不能仅在宅基地制度改革内部讨论,而应当在更大的视野——整个农地制度改革的框架——之内考虑该问题。这是因为：若将视野局限在宅基地制度内部，则农户的资格权仅限于其宅基地，此时无论以何种权利形式界定资格权，均无法满足上述两种条件。例如，若将宅基地资格权界定为请求权，则在农户取得宅基地的同时，这一请求权就灭失了，从而不利于实现宅基地的保障功能。若将宅基地资格权界定为用益物权，则需要在房屋流转时从宅基地资格权中抽离出新的权源。此时，若剩下的权利束仅包含获得宅基地的分配请求权，则这一界定将同样产生资格权灭失的问题；若剩下的权利束还包含其他占有、使用、收益权能，则将损害分离出去的新权源的流转能力，不利于宅基地财产性功能的实现。

鉴于此，应当在农村土地改革的整体视野下，将宅基地资格权界定为集体经济组织成员权在宅基地制度中的实现形式。事实上，在2013年颁布的《关于全面深化改革若干重大问题的决定》中，已经暗含了在整个农村土地制度和发展理念转型的背景下，落实农村集体经济组织成员的成员权，统筹考虑各种农地成员权和使用权，形成所有权、成员权、使用权"三权分置"的结构（高飞，2016）。只有在这一视角下，宅基地资格权才能够同时实现保障功能和财产性功能。首先，由于宅基地资格权与集体经济组织成员身份挂钩，因此，在宅基地使用权流转时，农户可以保留这一身份性的权利。又因为宅基地资格权只是集体经济组织成员权在宅基地制度中的体现，从而农户在取得和转让宅基地使用权时，这一资格权也不会灭失。如此就能实现宅基地的社会保障功能。其次，在宅基地使用权流转时，资格权永远属于该农户，并不会因使用权的转让而转让。因此，宅基地使用权的流转就不再受转出方和转入方的身份限制，财产性功能也得以实现。

具体来看，在未取得宅基地时，农户的宅基地资格权体现为申请取得宅基地使用权的权利；在宅基地拆迁时，其资格权又体现为获得土地征收补偿的权利。总之，宅基地资格权是农户因其集体组织成员身份而获得的、针对宅基地的相关权利。当前文献中对宅基地资格权的界定，仅仅关注到了其权能的一部分，因此难以理解新中国成立之后的宅基地制度演进规律。一方面，当以整个农地制度改革和农村发展的视角来梳理宅基地制度的演进历程时，才能发现关于宅基地资格权的探索早已开始，并且在宅基地制度改革中占据了重要的地位。另一方面，通过对宅基地资格权改革历程的梳理，可以证明上述对资格权性质的界定是符合历史演进规律的。在不同的历史时期,资格权都在宅基地制度变革中占据了重要的地位,只不过在不同的阶段具有不同的表现形式。但总体来看,相关政策探索和制度改革的路径就是不断强调宅基地资格权的过程。

二、宅基地资格权的政策探索

在宅基地"三权分置"改革的探索过程中,2013年和2018年是两个重要的时间节点。其中,在2013年的中央农村工作会议上,农地"三权分置"改革首次被提出。虽然当时确定的改革范围暂时仅限于土地承包经营权,但若从整个农地制度改革和农村发展的视角来看,这一会议及同年颁布的《关于全面深化改革若干重大问题的决定》均标志着今后改革的方向。因此,本书与其他一些研究(杜焱强等,2020;董新辉,2019)一样,将2013年作为"三权分置"改革全面发展的起始之年。直到2018年颁布的《关于实施乡村振兴战略的意见》(当年中央"一号文件")中,中央才正式提出了探索宅基地所有权、资格权和使用权"三权分置"的改革。而从以往的政策实践和立法实践来看,宅基地"资格权"并不是在2018年中央"一号文件"之后才出现的。相反,这一文件仅仅是对以往的政策实践和制度突破的肯定。

宅基地无偿分配中的资格权认定问题可以追溯到土地改革后的"两权合一"时期,当时,"资格权"体现为经无偿分配取得宅基地所有权的权利。为实现"耕者有其田,居者有其屋"的理想,新中国成立之后,政府就颁布了《土地改革法》,规定在全中国推行农民土地所有制。据统计,土地改革实施之后,全国91.4%的土地归中农和贫雇农所有。[①]在这一阶段,农民对其耕地和宅基地基本上享有完全的产权,宅基地的所有权和使用权并未发生分离。因此,从法理上说,国家既然保障公民自由处分其财产的权利,那么土地的出租、买卖、抵押等均可由农民自由决定。

"两权分离"时期是指宅基地的所有权与使用权分离的时期,从"两权合一"到"两权分离"的转变,主要是由集体化运动特别是"四固定"运动推动的(高圣平,2019;朱新华等,2012;Ho,2008)。1962年,《农村人民公社工作条例修正草案》(即《农业六十条》)颁布,"宅基地"一词首次出现在中央正式文件中。该草案同时规定,生产队范围内的宅基地归生产队所有,

---

① 杜润生主编:《中国的土地改革》,北京:当代中国出版社1996年版,第560页。

但社员的房屋归社员所有,且享有买卖和租赁房屋的权利。[①] 自此,农户的"房"与"地"便开始分离。在"四固定"运动之后,资格权被后置,体现为经无偿分配取得宅基地使用权的权利。至此,宅基地所有权、资格权、使用权的框架还是较为清晰的。但在1982年颁布《村镇建房用地管理条例》之后,无偿分配宅基地相应权利的资格就不再表现为依法律设定而被赋予的权利了,相反,成为一项行政许可。这些实践虽然多是出于其他目的而开展的(例如,为了实现"居者有其屋"的理想,为了完成集体化进程,为了耕地保护而限制非农用地的扩张等),却有意无意地涉及宅基地资格权问题,特别是1982年之后的一系列法律法规的出台,成为宅基地资格权与使用权纠缠不清的源头。鉴于此,在进入21世纪之后,特别是2013年之后,中央和地方的政策探索均是围绕如何突破集体经济组织成员资格的身份性、放活限制宅基地使用权的方向进行的。

具体来看,相关实践主要集中在探索宅基地使用权的流转机制以及资格权的认定方式两方面,其中,使用权流转机制的探索以退出机制和转让机制为主。

(一)宅基地使用权盘活机制的探索

宅基地退出机制的探索从2008年开始,目前来看,主要的退出模式有宅基地置换模式、宅基地收储模式以及宅基地资本化补偿模式三种。其中,宅基地置换模式是指农民退出自己的宅基地,并以此置换一套城市中的住宅,以浙江嘉兴的"两分两换"模式以及天津的"宅基地换房"模式为代表。宅基地收储模式是指政府或集体对农户的宅基地使用权、房屋所有权、集体经济组织成员权等进行收购(魏后凯和刘同山,2016),宁夏平罗县的收储模式、江苏宿迁的收储模式是相关的典型案例。宅基地资本化补偿模式是指在农户将其宅基地使用权资本化后,以票证的形式进入市场,并以此转让使用权、退出宅基地,典型代表是重庆的"地票"制度以及四川的"土地银行"模式。

严格来说,宅基地置换和宅基地收储并不涉及宅基地使用权流转的问题,其实质是直接令农户有条件地放弃宅基地使用权(甚至直接放弃农村集体经济组织成员权而成为市民)。而宅基地资本化补偿模式则是使用权流转的一种方式,正因如此,魏后凯和刘同山(2016)将其与"房地一

[①] 参见《农村人民公社工作条例修正草案》(1962年由中共八届中央委员会第十次全体会议通过的版本)第二十一条和第四十五条。

体转让"作为宅基地市场化交易的两种形式。鉴于此,资本化补偿模式在执行过程中必须满足宅基地资格权与使用权分离的条件,否则,在宅基地使用权被资本化的同时,会使资格权一起被资本化,这将损害农户作为集体经济组织成员的利益。例如,宋志红(2018)认为退出机制的劣势在于,农户在退出宅基地后将永久丧失使用权,从而产生"惜地"的情结。因此,只有在资格权与使用权的关系被厘清,且农户失去宅基地使用权后还能保留资格权的情况下,农户才能不再"惜地",宅基地退出机制(特别是资本化补偿模式)的推行才能顺畅。

除宅基地的退出机制外,宅基地转让机制也是各地政府为盘活宅基地而做出的探索。宋志红(2018)按照实现的法律途径不同,将转让机制分为以下四类:出租宅基地、转让宅基地使用权、权利转换后转让、权利分离后转让。无论是哪种转让形式,均须在相关权属界定清楚的情况下开展。例如,出租宅基地是指农户将一定期限内宅基地使用权的部分权能让渡给承租方(宋志红,2018),"北京模式"是这一类型的代表。在该模式下,新分离出来的权能称为"宅基地租赁权"或"宅基地租赁使用权",而将与资格权混淆不清的宅基地使用权保留给农户,从而避免了宅基地在流转过程中丧失对农户的保障功能。再如,权利转换后转让是指受让人与土地所有权人(集体)签订宅基地有偿使用合同,并缴纳土地出让收益(宋志红,2018)。此时,农户原本享有的宅基地使用权被有期限地转让,但保留资格权,"义乌模式"、"湄潭模式"均是这一转让类型的代表。可见,各地在宅基地转让机制的实践中,主要工作是划清权利界限,克服"两权分离"时期遗留的宅基地资格权与使用权混淆的问题。

(二)宅基地资格权认定的政策探索

通过对上述两种宅基地盘活机制的考察可以看出,宅基地的退出机制和转让机制均需要更加完善的权利体系。因此,在中央政策的指导下,各地政府相继开始探索资格权的认定方式,希望通过界定资格权的方式重新赋予使用权。与"两权合一"、"两权分离"时期相比,"三权分置"探索时期的资格权认定要更加困难。这是因为:第一,土地改革时期的资格权认定是与阶级成分划分联系在一起的,这样以运动方式开展具有极高的效率。同时,资格权认定的权力由村集体掌握,符合法理逻辑。第二,"两权分离"时期的宅基地使用权资格是通过承认土地改革的结果直接认定的。由于当时社会的流动性不强,因此,通过这一认定标准可以将宅基地使用权从所有权中分离出来。第三,到"三权分置"的探索时期,由于经济社会的发展,人口流动性不断增强,因此,在宅基地资格权认定时遇到的情况就更为复杂。鉴于此,在宅基地资格权的认定中,不能仅以全国统一指标(如户籍制度)为准(杨遂全,2020),而是要因地制宜,在统一的指导原则下,发挥集体经济组织的所有权权能,由地方政府和集体做出宅基地资格权的认定。

目前,在各地的实践探索中,基本是由地方政府或基层政府统一制定相应办法或指导意见,各集体经济组织遵照执行。在资格权确认时,由集体经济组织讨论、投票决定。同时,由于继承关系、婚姻关系、收养关系等造成难以界定集体经济组织成员身份的,由该集体经济组织讨论决定。例如,《龙港市农村宅基地资格权认定及实现办法(试行)》(征求意见稿)第六条至第九条从肯定和否定两个方面规定了集体经济组织成员的资格,第十条与第十一条规定了一系列可由集体经济组织成员大会决定的资格权认定事宜。又如,《息烽县农村集体成员宅基地资格权认定及管理办法(试行)》(征求意见稿)第十条直接规定,具体的资格权认定条件由集体经济组织在符合相关法律法规的前提下自行制定。

不过,目前在各地对宅基地资格权创设的探索中还存在一些问题。其中最重要的是,有些地区在界定资格权时并没有将其与使用权严格分开,这使得资格权认定后也难以促进使用权的流转。例如,息烽县对宅基地资格权的定义为"农村居民依法取得并享有宅基地占有和使用的权利"。若严格按照此"办法"的定义,当宅基地使用权发生流转时,就不可避免地要拆解一部分资格权的权能给流入方,这从法理上再一次模糊了资格权与使用权的界限。相反,龙港市对宅基地资格权的定义就较为清晰,"农村居民基于农村集体经济组织成员身份拥有的特有宅基地居住保障权利"。之所以在当前的实践探索中还出现这些问题,主要是因为"两权分离"时期宅基地资格权与使用权的混淆。因此,为解决这一问题,必须破除"两权分离"时期的影响:第一,将资格权的取得由行政许可模式,改为依法律的设定行为而取得;第二,不能以宅基地使用权的状态等市场化因素来限制农户资格权的取得。

第十五章 农业生产方式、交易成本与乡村治理

大量农村劳动力离开农村、农业向城镇转移,导致人地分离、农村土地用途转换,同时还包括资金、技术等要素的相应流动,由此对农业生产方式、乡村社会管理制度和治理机制等构成挑战。根据马克思主义理论,生产力是社会前进与发展的最根本力量,决定了与之相适应的生产方式,进而决定了社会治理形式。有必要梳理几千年来我国乡村治理的制度变迁,总结其经验教训,进而更好地把握我国乡村治理制度的重构与创新。新中国成立尤其是改革开放以来,中国社会经济发展取得了重要成就。但是,随着我国特色社会主义进入新时代,社会主要矛盾已经转化为人民日益增长的美好生活需要与不平衡不充分的发展之间的矛盾。这一主要矛盾在乡村最显著,其中突出表现之一便是乡村治理体系和治理能力亟待强化。如何创新乡村治理体系,健全自治、法治、德治相结合的乡村治理体系,走乡村善治之路,成为乡村振兴战略的基础。

第一节 研究背景

近年来,关于乡村治理及其制度安排的研究文献浩如烟海,涉及社会学、政治学、人类学和史学等多个学科领域。这些研究主要着眼于区域性乡村治理的个案经验描述,试图从中寻找或建构乡村治理秩序变迁的概念及分析框架,比如"上下分治"(曹正汉,2011)、"运动型治理机制"(周雪光,2012)、"官民共治"(周庆智,2018)等。然而,这些研究往往局限于制度文本,而忽视了其背后的自然资源禀赋、生产方式、生产关系等内在原因,正是这些内在原因决定了现实中乡村治理的制度安排。

根据马克思主义经济学原理,生产力决定生产关系,生产关系反作用于生产力,生产关系一定要适合生产力发展的状况,两者的有机统一构成生产方式;作为生产方式中最活跃、最革命的因素,生产力是社会前进与发展的最根本力量,决定了与之相适应的生产方式,决定了社会制度的性

质,形成了不同的社会结构,进而决定了社会治理形式。因此,讨论乡村社会治理状况本质上应关注生产关系与生产力的矛盾(或者说是上层建筑与经济基础的矛盾)。这就要求我们应从经济角度探讨生产关系与生产力的矛盾,即要以最小的成本(或费用)取得最大的效果(孙冶方,1998)。

经过几千年文明的积累,伴随着中国农业政体地位逐渐稳定,农业生产发展到一定阶段,尤其是1980年以后人口的持续增长提供了过剩的劳动力,失去了技术革新的前提。在技术进步没有重大突破的前提下,要素投入的边际效益递减甚至变负,因此,作为一个理智的生产者(政府)会自觉地合理安排生产关系以及建立与这种生产关系相适应的上层建筑,具体表现为削减要素投入,通过寻求交易成本最小化,实现效益最大化。在漫长的历史时期,农业技术进步缓慢,同时又因为自然灾害频繁,成本投入最小,尤其是交易成本最小,而不是为了收入的最大预期一味增加成本投入,从而达到最大效益的目标显然成为农业生产最为理性的选择。

不仅如此,从历史地理层面看,中国复杂多元的地理结构形成了不同的自然生态条件,形成了不同的资源禀赋,这也会影响各区域不同的经济与社会结构、生产方式,进一步决定了政府治理乡村社会的成本会大有差异。在以最小投入获得最大效果的基本逻辑框架下,政府在积极"趋利"的同时,也面临着各种风险约束和责任压力,政府作为"理性"的行动者会选择"风险规避"。风险规避逻辑意味着在决策和执行过程中,政府会采取各种策略降低可能面临的风险,进而催生出不同的治理策略选择。

因此,我们试图建构一个讨论中国乡村治理的基本框架,即依据自然资源禀赋、内生于生产方式的风险规避与交易成本最小等方面,理解中国乡村治理历史演变逻辑,从而为重构和创新乡村治理体制机制提供思考方向。

第二节 文献简评

目前,关于乡村治理变迁格局的文献可谓汗牛充栋,在已有的研究中,主要从以下几个方面进行:

一是着重阐述乡村治理模式的变迁历程与特征。如张健(2012)比较系统地梳理了中国社会历史中乡村治理的变迁历程。徐勇(2013)进一步归纳了中国乡村治理体系的特征,即以家户经营为基础的农业经营组织、家户内部农工商结合基础上的农工商互补经济、家户互助合作基础上的农村合作形式、家国共治上的农村治理体系。戴玉琴(2009)则是指出了新中国成立以来的乡村治理模式经历了乡政并立、政社合一与乡政村治三个阶段,并且乡村的权威基础具有明显的从弱行政化、强行政化到社会化的演变特征。韩小凤(2014)也对新中国成立以来的村级治理模式进行了梳理,认为村级治理模式经历了从以党为中心的一元治理模式,到乡政与村治二元主体并存的局面,再到多元化主体并存的村治模式。刘金海(2016)考察了最近乡村治理模式的发展与创新,并指出进入21世纪以来,部分地区的原有村级治理单元被突破或重构,出现了村民小组自治、片区治理等一些新的治理模式,使得乡村治理模式呈现多样化特征。在此基础上,李达和王俊程(2018)将改革开放以来中国乡村治理的变迁轨迹归纳为从单一治理到多元治理,从城乡分治到城乡统筹,从管控型政府到服务型政府。

二是探讨乡村治理中"国家—社会或农民"的关系变迁。乡村治理,事实上,是关于如何处理国家与社会或农民两者之间关系的问题。为此,一些学者如刘涛和王震(2007)探讨了新中国成立以来不同治理模式下国家与社会地位变化。贺海波(2014)考察了20世纪以来国家与农村精英的关系变化,并发现国家总是根据基层政权建设的变化来选择不同的农村精英合作以治理农村社会。另外,周飞舟(2006)还从农业税费改革的视角探讨了国家与农民关系的变化,即从"汲取型关系"转变为"悬浮型关系"。

三是研究乡村治理中国家行政权力建构或介入的过程。如许远旺和陆继锋(2006)在比较传统与现代国家形成治理结构的几种模式的基础上,考察了不同时期现代国家建构的历史及其绩效。徐勇和刘义强(2006)回顾了中国基层民主政治建设的思想原则以及政治实践的历史演变与发展逻辑。而叶麒麟(2008)则认为,现代国家建构是近代以来中国乡村治理变迁的内在动因。

随着工业化和城镇化发展,中国乡村社会在农业发展、农村进步、农民富裕的同时,乡村治理陷入困境。一方面,为了实现家庭收入最大化,大量农村青壮年劳动力流向沿海经济发达地区,人口流出地和流入地的村庄社会边界被打破,特别是"经济理性"的价值观念向乡村社会渗透,造成村庄内部纠纷调解机制瓦解、公共品供给的集体行动无法达成、代际关系恶化等问题,致使乡村社会的内生性治理需求发生变化(杜姣,2017)。另一方面,2006年税费改革以后,国家由"资源汲取"转向"资源输入",由此产生的是权力寻租者、地方富人与灰黑社会势力、谋利型的机会主义农民等行动主体垄断国家资源,形成分利秩序,损耗国家公共资源,乡村治理出现内卷化(杜赞奇,2010;贺雪峰,2011;陈锋,2015)。

以上学者的研究对乡村治理体系的创新与完善而言颇具参考价值,但是也存在一定的不足,主要表现在:第一,在研究方法上,既有的研究均采用社会学式的剖析方法,鲜有从经济学理论框架下特别是风险规避与成本最小的视角来解释中国乡村治理的发展演变过程。这是本研究的重点。第二,现有关于乡村治理制度变迁的研究虽然选取的角度有所不同,但是研究的重点大多集中在乡村治理制度变迁的历程、特征以及绩效评价等方面,对乡村治理制度变迁的内在逻辑的研究尚不多见。第三,在研究对象方面,大部分现有研究对新中国成立以后或者改革开放以来的乡村治理变迁给予了足够的重视,但未将此前的乡村治理变迁历程纳入一个统一的经济学分析框架。

第三节 乡村治理变迁的分析框架

由于中国幅员辽阔,一方面,历朝历代的政权统治者能够直接治理的范围有限,另一方面,不同区域面临的资源禀赋不同,影响不同区域的生产关系和社会结构,增加治理的风险和责任压力。据此,曹正汉(2014、2017)认为,国家和政府在处理乡村治理制度安排时,通常需要考虑两个目标:一是降低行政成本或提高治理效率,以有效处理地方事务;二是降低统治风险,以维护政权稳定。在周雪光(2011)的"帝国的治理逻辑"和周黎安(2014)的"行政发包制"模式框架下,他们将治理效率视为政府尤其是中央政府的首要目标,同时把政权稳定视为有效治理的派生目标。曹正汉(2011、2017)则强调降低统治风险、保持政权稳定是中央政府的首要目标,由此提出了"中央治官,地方治民"理论。

然而,上述两种观点未触及决定乡村治理变迁的根本原因和关键力量——因生产力提高而引起的生产方式变革和发展,也正是这一认知困境使得彼此存在争议。从历史脉络来看,随着以铁器和牛耕为代表的新技术在战国时期的普遍使用,耕种效率大幅度提高,为形成投资和积累提供了可能;同时,随着国家大一统局面逐渐显现,社会趋于稳定,人口数量增加,降低了劳动力成本,使得农业生产向精耕细作的小农生产方式转变。此后,经过几千年发展,中国地理结构复杂多元,形成了不同的资源禀赋,以小农生产方式为主的农业政体日趋稳定(赵鼎新,2015)。倘若我们将经济学理论框架纳入分析视角,不难发现,国家和政府是要以最小的投入(确切地说,是交易成本最小)获得最大的效果,尤其是在技术进步难以取得重大突破的情况下,自觉地合理安排生产关系以及建立直接关联的上层建筑,从而为技术进步和革新创造条件。

本质上,政权统治者具有双重属性:一是由于政权稳定面临着高度不确定性,统治者为了确保政权稳定、降低不确定性后果,会对统治风险发生的可能性做出主观预判,进而采取不同的治理模式。也就是说,政权统治者属于"风险规避型"或"风险厌恶型"。实际上,风险规避已成为地方治理的一个行动逻辑(盛智明,2017)。二是作为"理性决策人",政权统治者的风险规避行为会造成其做出次优的乡村治理的资源配置决策,即通过主动控制成本投入,追求交易成本最小化,使不确定性获得最大化效用——确保政权稳定,而非利润最大化——治理有效。

这里需要注意的是,政权统治者无论是主动规避风险还是采取投入最小策略,都根源于生产关系,归根结底是生产关系决定上层建筑(本书中指的是国家乡村治理制度)。这导致政权统治者治理乡村社会的成本会大有差异,使得风险厌恶型统治者在乡村治理模式上选择投入最小,实现最大化效果。

经过上述分析,可以认为,几千年来中国乡村治理变迁的内在逻辑是依托于小农生产方式,政权统治者通过主动规避风险,采取交易成本最小策略,以实现政权稳定和治理有效。这也是笔者针对乡村治理研究时提出的分析框架,具体而言,表现为中国的小农生产方式决定了乡村的生产关系,但由于国家幅员广阔,为了确保政权稳定,作为风险规避型的政权统治者在乡村治理制度设计上主动通过控制投入,实现治理有效和政权稳定目标,并由此决定了历次乡村治理的变迁。

第四节　中国乡村治理变迁格局的解释

本书认为,自战国以降,中国乡村治理大体经历了四个阶段(如图15-1所示):第一阶段起于战国,止步于1840年第一次鸦片战争前后,在这2 000多年间,人口增长迅速,生产技术进步缓慢甚至在后期基本停滞,形成了以家庭为单位、精耕细作、自给自足的传统小农经济,乡村治理制度呈现"官督绅治"或"双轨政治"(费孝通,2011),或者说是"皇权不下县"。第二阶段为1840年第一次鸦片战争至新中国成立,随着第一次鸦片战争的失败,中国的国门被迫打开,被强行开放,传统的小农生产遭受世界资本主义的冲击,"皇权不下县"的乡村治理体系逐渐崩溃、瓦解,国家政权内卷化,出现"营利型经纪代理人"。第三阶段为新中国成立后,为适应外生的以重工业发展为导向的发展战略,农业生产从互助合作组织、合作社逐步发展为集体化生产,通过政治干预改造小农经济,全面建立了以社会主义集体经济为基础的人民公社,乡村治理制度随即发生了翻天覆地的变化。第四阶段始于以家庭联产承包责任制为基础的双层经营体制施行,农业集体化生产萎缩,小农生产回归,人民公社解体,建立了村民自治制度,即"乡政村治"的基层治理模式(张厚安,1996)。为此,根据上文提出的分析框架,接下来将重点分析和挖掘中国乡村治理变迁格局,尝试性地厘清和勾勒新时代乡村治理体制机制的创新方向。

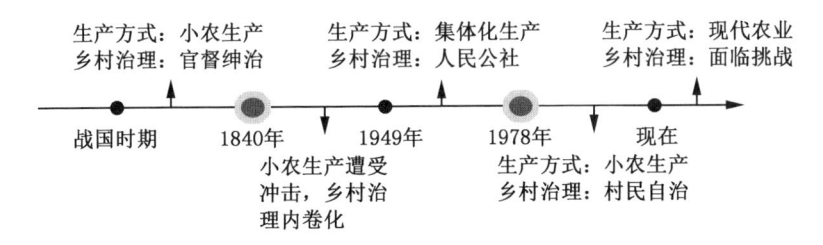

图 15-1　中国乡村治理制度变迁格局:基于生产方式转变视角

一、战国以降至1840年的传统社会乡村治理模式

这一时期处于以"皇权"为中心的传统社会,农业政体趋于稳定,中国经济基础是以小农生产为主,国家财政收入最可靠的来源是小农经济,即使在商品经济已有所发展的明代,农民仍还提供了80%以上的财政收入(李成贵和孙大光,2009)。这种以小农经济为主的国家财政模式决定了其财源基础薄弱,从而不足以维持其将行政权力延伸至农村基层社会。因此,在数千年的传统社会中,"皇权"只能是"止于县",乡村基层治理一直维持着"皇权不下县,县下行自治"的模式。然而,"皇权止于县"则意味着乡村基层的行政权力处于"空白"状态,具有较高的治理风险,比如税费不能及时征收、徭役不能有效派征、农民违法犯罪甚至暴动不能及时处理等,继而会影响政权延续性与稳定性。同时,这些风险一旦发生,事后治理的成本极高。那么,对于风险规避型的历代政权统治者而言,他们如何

在"皇权止于县"的情况下实现风险规避呢？

一是依托于乡绅阶层。作为国家与农民之间的"中介"，乡绅阶层能够有效降低国家与农民之间的交易成本。相比于政府官僚，乡绅具有明显的信息对称优势。一方面，乡绅对当地的环境与人口信息比政府官员要熟悉得多，这更有利于其去处理当地居民发生的矛盾，抑或能够向政府提供其所想了解的信息，即信息费用低廉；另一方面，利用当地乡绅阶层来控制——赋予其中某些人向官府汇报不法行为和不法分子的职责，村民们即使不直接处在官员的眼皮底下，也可能受到威慑而不敢犯法（萧公权，2017），即监督与管理成本低下。因此，历来地方乡绅均承担了许多本是由官吏来承担的责任，如修桥铺路、筑堤修坝、建庙祭祀、创办学校及灾荒时期救济乡间疾苦等。此外，乡绅还是农村社会矛盾的"裁判人"，尤其涉及家族之间的纠纷、邻里的矛盾，往往由乡绅出面调解或仲裁（王晓毅，1990）。

二是对于乡绅阶层建立了比较完备的激励机制。国家在依靠乡绅阶层来治理乡村的过程中与之形成了"委托—代理"关系。然而，"委托—代理"关系往往面临激励机制问题，即如何激励乡绅阶层完成国家的代理任务。对此，首先，历代统治者均将赋税征收任务交给地方乡绅来完成。由于信息不对称，乡绅对于农民的税费征收往往高于政府规定额。事实上，大部分时间内，中央政府是默许这种行为的，只要在一定的范围内。本质上，政府是将部分收益权"滞留"给了地方乡绅，继而增加了其代理国家行为的积极性。其次，不可忽视的激励机制是"科举制度"的实行。作为选拔国家官僚人员的主要制度，科举制度打通了基层社会与上层名流阶层的通道。此外，官僚制度还灵活地允许有些人不用参加考试就可获取功名。一种方式是由继承得来的特权，另一种是用钱购得品级地位，其做法是向帝国的财库捐献。用这种方式出卖品级地位，除了作为一种财政来源之外，更重要地，这是一种安全阀门，让地方上野心勃勃的非知识但具一定财富地位的人士能够进入上层权势集团（费正清和赖肖尔，2011）。换言之，科举制度对于地方乡绅无疑具有强烈的激励性。

因此，传统社会时期，国家行政权力一般止于县，而县下诸如赋税收取、治安维护及村民教化等乡村治理则主要依靠以乡绅为基础的"中介组织"，继而形成了传统社会的"双轨政治"的乡村治理模式。也就是说，这种乡村治理模式是政权统治者在受财源约束下对"皇权止于县"所形成的风险进行规避的制度安排，更是一种降低交易成本的制度安排。

二、1840—1949年间营利型经纪人的近代社会乡村治理模式

至近代以后，传统社会的乡村"官督绅治"体制在传统体制文化资源和西方现代体制文化资源的双重作用下，遭到严重的挑战，表现为多变性和负责性。第一，面对西方列强的不断入侵，国家由于工业技术落伍，加之不能实现有效的民众动员等而屡战屡败，王朝统治的稳定性受到了巨大的外部威胁。第二，地方叛乱纷起，白莲教起义、太平天国叛乱以及义和团运动等不断动摇国家统治者政权合法性的根基。第三，近代城市与工业发展，乡村精英大量涌入城市，乡绅质量也开始退化，大批土豪劣绅甚至地方村痞等社会边缘人物逐渐走进乡村政治的中心。但是，从既有研究来看，世界资本主义的入侵并未改变小农经济本质。乡绅由原来国家与基层社会的"媒介"转变为独占一方的地方豪劣，国家与农民的关系日趋恶化，这从内部威胁到王权统治（郎秀云，2004）。

为此，在内忧外患双重危机下，国家开始了一系列自强"新政"，进入"保甲—自治—保甲"的诡论式表象趋势，表征为开启了国家现代化建设的进程。一方面，国家行政权力不断向基层乡村社会渗透，通过采取回归保甲乡村体制，延伸官僚机构至县级以下，打破了"皇权不下县"的历史传统，以便实现对乡村社会的渗透与直接控制，能够更有效地推行国家政策。另一方面，为应付战争和国家政权建设需要，不断提升对基层乡村社会资源的汲取能力（查尔斯·蒂利，2012）。这也导致"国家对社会的控制能力低于其对乡村社会的榨取能力，国家的现代化在中国只是部分得到实现"，而这种"既有成功又有失败、税收增加而效益递减的奇怪现象"便是所谓的"国家政权的内卷化"（杜赞奇，2010）。这一模式一直持续到了新中国成立前。

然而，不管是应付战争还是镇压叛乱，抑或是国家现代化建设，均需要不断提升对基层乡村社会资源的汲取能力（查尔斯·蒂利，2012）。同时，随着国家现代化的推进，过往乡村治理模式中的"中介"——乡绅阶层——也开始发生变化。其一，在西方资本主义政治、经济、文化冲击下，国家开启了由传统向现代化的转型，城市文明急速发展，而乡村赋税压榨勒索不断，加之战乱、盗匪猖獗，大量开明乡绅离村进城。其二，由于国家废除了科举制，堵塞了乡绅进入国家行政官僚体系的通道，极大地破坏了乡绅阶层为政府效力的激励机制，从而促使其向"营利型经纪人"转变。这使得大批土豪劣绅甚至地方村痞等社会边缘人物逐渐走进乡村政治的中

心。

但是这一时期,农业技术进步没有重大突破,国家对乡村的管理方式未发生实质性改变:"内卷化"的乡村治理模式。政权统治者在内忧外患双重夹击和以小农生产为主的现实下,为规避政权破产风险,而追求其所需承担投入最小化的结果。

三、1949—1978年人民公社体制的乡村治理模式

这一时期乡村治理的主要特征是通过国家政治干预,强行采取政治整合方式,将家庭(家族)小共同体完全纳入国家这个大共同体,实行人民公社体制,重构乡村社会,以期突破小农生产的自然经济局限,从而解决满足人民日益增长的物质文化需要同落后的社会生产之间的矛盾。但是,人民公社体制表现出的是政治动员的仪式化,是周雪光(2012)讨论的运动型治理的一种表现,并未打破官僚机构的权责边界。这一阶段的乡村治理又可以细分为如下两个阶段:土地改革和人民公社。

(一)土地改革、合作社会与乡村治理

新中国成立初期,国家为实现土地改革与基层建政,在乡村基层广泛建立了农民协会。农民协会在1950年5月仅华东、中南两区会员数就已达到2 400万,到7月更是增长到3 000万以上。为规范各级农民协会的建制,1950年7月14日,政务院第四十一次会议通过了《农民协会组织通则》,并于次日颁布。随后,全国各地区普遍建立了农民协会。《农民协会组织通则》明确指出,"根据《中华人民共和国土地改革法》,农民协会是农村中改革土地制度的合法执行机关",同时也赋予了农民协会一级政权的职责,如"有步骤地实行反封建的社会改革","组织农民生产,举办农村合作社,发展农业和副业,改善农民生活","保障农民的政治权利,提高农民的政治和文化水平,参加人民民主政权的建设工作"。可以说,农民协会已成为新中国成立初期农村基层治理体系最重要的组成部分。

"内卷化"的治理模式,事实上,更像是政权统治者的"饮鸩止渴"。其原因在于:这种模式使得农民深受国家与"经纪人"的双重盘剥,严重破坏了广大农民对于统治者政权合法性的信任,造成不管是晚清还是军阀抑或是国民党政权都无法获得农民的政治支持而相继垮台。共产党尤其是在毛泽东的领导下汲取了这一深刻教训,特别注重农民及其负担问题。而在新中国成立初期更是如此。对于世代以农为主的农民而言,土地问题是其最为关心的问题,获得土地无疑是历代小农尤其是佃农的殷切希

望。然而,新中国成立前夕,中国土地占有不平衡,5%左右的地主占40%—50%的土地,3%—5%的富农占15%—20%的土地,而90%的中农、贫农、雇农仅拥有20%—40%的土地(董志凯,1987)。尽管孙中山提出了"平均地权"的理想,但是,中国国民党并不愿意也无力在全国范围内加以推行。为了真正实现"耕者有其田,居者有其屋"的革命理想,共产党在全国完全解放之前就制定了《中国土地法大纲》,于1947年10月10日正式颁布,规定了消灭封建半封建土地制度,平均分配土地。新中国成立之后,具备了在全国范围内平均地权的基本条件,土地改革随之被推上议程。

1950年6月28日,中央人民政府委员会第八次会议通过了《中华人民共和国土地改革法》,并于同月30日予以实行。但是,一方面,与新中国成立前的土地改革不同的是,这次的土地改革是在全国范围内进行,单凭党政人员直接推行,成本太高;另一方面,新中国成立初期党政干部也极为缺乏,即使将当时400多万党员全部派入全国散落的农村之中,仍是杯水车薪,加之从解放区来的党员干部对各地农村具体情况并不熟悉。因此,把土地改革寄托于党政人员既不经济也不现实(唐明勇,2005)。

新中国成立前,土地是地主阶层最为重要的资源,而土地改革,本质上是要对这一资源进行重新分配,实现"耕者有其田"。这必然对传统以地主所有制为主的社会秩序产生剧烈冲击。为此,在土地改革的同时,亟须建立一套新的基层权力体系予以控制。土地改革与农村建政任务相结合,自然就内生需求,既能完成土地改革,又能作为农村基层政权、构建乡村控制体系的过渡性组织(唐明勇,2005)。加之新民主主义时期,以农村"发家"的中国共产党在组织和运作农民协会方面有着丰富的经验,因此,农民协会作为集土地改革队伍和基层行政机关两种属性于一体的"中介组织"便应运而生。可以说,新中国成立初期农民协会模式的乡村治理,本质上是决策者为规避新政权不稳定风险而实行的交易成本最小的一种制度安排。

(二)工业化、人民公社与乡村治理

随着土地改革的完成,基本实现了"耕者有其田",共产党领导的新政权赢得了全国广大农民的支持与信任。然而,新中国成立初期,国际环境依然严峻,一方面来自西方国家的经济封锁,另一方面中国参加了抗美援朝战争。为规避西方冲击而动摇政权稳定性的风险,新中国急切需要提高国防实力以及建立独立的工业经济体系。在此背景下,中央政府选择了资本密集型的重工业优先发展战略。虽然新中国成立初期的土地改革满足了广大农民特别是贫农对于土地的需求，使得新政权在乡村社会获得了广泛而强有力的支持，但是土地改革之后，与单个农户打交道，造成了国家税收征收与管理成本激增，继而在一定程度上限制甚至损害了国家的工业化能力。并且，新中国的领导人认为，分散的小农生产无法为工业化提供足够的"资本"。为此，实行农业合作化便被提上议程（郎秀云，2004）。

1953年，中共中央发表了《关于发展农业生产合作社的决定》，将此前以互助组为中心的互助合作，转为以初级合作社为中心的合作运动，并配以粮食"统购统销"政策。1955年10月，中共七届六中全会根据毛泽东的报告通过了《关于农业合作化问题的决议》，会后，农业合作化运动急速发展，掀起了农业社会主义改造的高潮。到1956年底，参加农业生产合作社的农户占所有农户的96.3%，其中高级农业生产合作社的农户也达到88%（陈锡文等，2009），基本上完成了农民个体私有制经济向集体所有制经济的转变。1958年8月，中央政治局扩大会议通过了《中共中央关于在农村建立人民公社问题的决议》，在高级农业生产合作社的基础上，建立人民公社制度，即将原来的农业生产合作组织与农村基层政权组织合二为一。人民公社下设生产大队和生产队，形成了公社—生产大队—生产队"三级所有，队为基础"的乡村治理体系。公社是农村各项工作的领导和管理机关，大队是公社的执行机关，是国家行政机构向农村延伸的一种表现。公社对大队实行完全的领导，实质是代表国家直接面对农民承担起组织农业生产、落实上级下达的计划任务以及缴纳公粮或农业税等职责。至此，国家政权组织的权力集中和渗透能力达到了中国历史上从未有过的程度，国家终于将分散的乡土社会高度整合到行政权力体系中（徐勇，2007），形成了国家能力强大下"全能主义"的乡村治理模式（邹谠，1986；刘涛和王震，2007）。

人民公社的治理模式禁绝了传统乡村社会的经纪体制风险，从根本上"挤走"了历来夹在国家与作为纳税人的农民之间的种种"中介力量"（孔飞力，2013），继而保证了国家对农村资源的不断汲取，使得国家宏大的工业优先发展战略得以全面实行。有关资料显示，在1952—1986年间，国家农产品与工业产品的价格"剪刀差"和农业税从农业中抽走了近7 000亿元的巨额资金，相当于同期全民所有制非农企业固定资产原值的80%（吴理财，2009）。这无疑是一种极为有效的资源汲取方式，但另一方面也造成基层行政权力维护成本激增。而在汲取乡村资源支持国家重工业发展的同时,如何降低对于乡村的治理成本成为决策者首要解决的问题。

为实现管理成本最小化,决策者大力提倡行动战斗化、组织军事化。各公社的劳力按军队体制,组成班、排、连、营、团,由公社统一领导、统一调配、统一指挥,采取军队式的大兵团作战方式从事农业生产。

不仅如此,公社还实行生活集体化,即普遍建立公共食堂、托儿所、幼儿园、养老院等设施,把全体公社人员都组织到以公共食堂为中心的集体生活中。各社、队都兴办公共食堂,口粮、柴草均由食堂统管,私有的炊具、桌凳等被无偿调用,统一开饭,社员户不允许另行起伙。青壮年被组织后,集体食宿、集体出工、集体军训、集体学习等。事实上,这种集体化管理模式无疑具有明显的规模经济效应,即在最大化汲取乡村资源的同时,能够显著降低政府对于乡村的治理成本。

然而,由于当时技术尚未明显突破,乡村社会治理依然束缚于精耕细作的小农生产方式,也没有传统历史文化资源的支持,人民公社体制不仅与传统和现实脱节,而且还严重束缚了"三农"的发展,造成农村经济长期低迷徘徊,农民普遍贫困,丧失了经济功能与权威基础,不得不走向解体。

四、1978年以后"乡政村治"的乡村治理模式

随着人民公社体制的瓦解,以家庭联产承包责任制的形式在全国范围推广,重回传统小农生产的轨道,乡村治理结构再次发生变化,农村基层社会一度出现了权力真空,社会治安、公共事务等处于无人管理的状态。鉴于此,1982年12月,中央以国家根本大法——《宪法》——的形式确认了村民委员会这一新的农村基层组织形式,也为推行村民自治提供了法律依据。随着1985年全国建立村民委员会工作基本完成,中国农村形成了"乡政村治"的乡村治理结构(张厚安,1996)。

随着家庭联产承包责任制和村民自治制度的确立,个体农户成为乡村农业资源的控制主体,尽管集体经济组织拥有农村资源的所有权,但具体的使用权在农民手中,集体组织实际上失去了对于农业资源的控制主体地位。这意味着基层政府不能通过集体组织内部的强制配置来实现资源的分割,只能通过法定的税费和提留等进行。基层政府一度陷入了资源缺乏的困境。同时,由于中央无法有效监督地方基层政府的行为,在国家征收农业税费时,基层政权与村干部普遍存在"搭便车"的行为,即从农民身上过度地汲取税费和其他财政资源。而在1994年分税制改革后,乡镇完成了从"国家代理人"向"国家型经纪"的转变(许远旺和陆继锋,2006),农村乱集资、乱收费、乱摊派等现象更是屡见不鲜,农民税费负担急剧增长,从而恶化了干群关系,滋生了政治上的强制和权力滥用。因此,在实行村民自治后,政府与农民的利益对立在体制框架内得以反映,表现为乡政与村治的对立和冲突(项继权,2008)。

20世纪90年代后期以后,如何减轻农民经济负担、农业税费负担一度成为乡村治理中的首要难题。随着工业化和城镇化的快速推进,特别是进入21世纪后,国家财政转变为主要依靠工商税收,而农业税收占比已变得微乎其微,2000年农业税收占所有财政收入的比重仅为3.7%,2006年更是下降到3.1%。虽然每年征收的农业税费还不足以覆盖农业税费的征缴与管理成本,但对于农民而言仍是一笔不小的经济负担。而由农业税费造成的干群矛盾、"两委"矛盾等对立与冲突极大地影响了农民对政府的信任,增加了乡村治理的"隐性政治成本",使得政治风险急剧上升。基于此,为减轻农民经济负担,中央开始进行农村税费改革的试点工作,并于2006年取消了农业税。

与此同时,国家开启了"城市支持乡村,工业反哺农业"的战略,国家与农民的关系从过往的"资源汲取型"逐步转变为"资源输入型",国家与农民之间的"取"和"予"关系发生了根本性的改变(王海娟和贺雪峰,2015)。在此背景下,各种财政资金开始以"专项"和"项目"的方式向下分配,而且越来越成为主要的财政支出手段,出现了"项目治理"概念(折晓叶和陈婴婴,2011;周飞舟,2012)。

可见,"乡政村治"治理模式是根据家庭联产承包责任制所确立的小农生产方式,是国家在上层建筑上的制度安排,其目的是提高农民生产积极性,解决农业生产尤其是粮食安全问题,维护乡村社会稳定。同时,村民自治组织还扮演着农村社会"自治组织"的角色,成为联系国家与乡村社会的媒介,而且是乡村社会与国家谈判的代理人,从而降低了乡村社会与国家的交易成本(金太军,2002)。

然而,值得注意的是,随着工业化和城镇化发展,目前乡村治理进入"工业反哺农业"阶段的"资源输入型"模式,在一定程度上规避甚至消除了社会秩序不稳的"风险"。但是,由于未能理顺农村基层治理中的多重社会网络(徐林等,2017),"资源下乡"却又引发了分利秩序的形成,使得乡村治权弱化,缺乏公共规则实践的强制力保证,造成国家、基层组织与农民三者之间利益和责任的连带制衡关系发生断裂,乡村治理陷入新困境(陈锋,2015)。一方面,政府官员、村干部、村庄精英等往往发挥着较大的影响,而在中央无法实现一一监督或者说监督成本高企的情况下,与其有关系者则自上而下争取资源,形成了资源分配的利益网络;另一方面,中央在将资源下乡时,往往没有清晰地界定资源受益者的资格,使得资源的部分分配权力进入"公共领域",为此,基层农户争相谋取,甚至不择手段如无理上访、充当"钉子户"等。也就是说,进入"资源输入型"时期后,农民从义务本位走向权利本位,无理上访户、谋利型"钉子户"、灰黑势力等乡村边缘群体快速崛起(申端锋,2009;陈柏峰,2011;田先红,2012),官民协商合作变得困难,在公共品供给和乡村社会稳定等方面,乡村治理再次遭遇到"内卷化"的困境,资源输入并没有如预期那样产生实质性的效应。

第五节　本章小结与展望

至此,本章通过尝试性构建了中国乡村社会治理变迁的经济学分析框架,即内源于农业生产方式而产生的风险规避态度,在制度安排设计上寻求交易成本最小的次优策略,并遵循该理论框架,重新审视和阐释了传统社会、近代时期、新中国成立集体化时期以及改革开放后的乡村治理模式及其治理问题。分析发现:中国乡村治理模式的选择并非"外生"冲击的过程,而是以资源禀赋为依托,在农业技术进步尚未取得重大突破(即以小农生产方式为主)的前提下,政权统治者为规避风险,自觉地合理安排与生产关系相适应的治理体制,即以最小的成本实现最大的效果。这种行动尽管不能使统治者获得利润最大化,但是使其获得最大效用。同时,统治者的风险规避态度会随着社会经济发展而弱化。具体表现为:

第一,无论是传统社会的"双轨政治"乡村治理模式,还是近代时期的"营利经纪模型"治理模式,这两种乡村治理体制机制均是在封闭的个体小农经济基础上产生的。在漫长的历史时期里,政权统治者一直受限于小农经济式国家财力的约束,农业技术进步在相当长时期内维持不变,难以解决生产关系与生产力矛盾,管理形式也就不能发生根本性变化。同时,由于各地资源禀赋不同,各地的政治、经济、社会等方面问题也不尽相同,"县下"治理面临的风险增加,国家和政府不得不通过规避风险,采取投入最小的策略,将大量本由其承担的行政负担强制性地推向农民肩上,并汲取资源,以实现政权"自保"。

第二,新中国成立之后,农业生产逐步进入了集体化模式,人民公社体制全面建立,乡村治理发生巨大变化。这一时期在中国共产党领导下,通过各种互助合作的形式,把以生产资料私有制为基础的个体农业经济,改造为以生产资料公有制为基础的农业合作经济,即以自上而下的强制性政治整合手段重构乡村秩序,实行集体化生产,改变传统小农生产方式,为重工业发展汲取资源,稳定新生政权,从而采取了农业集体化时期的乡村治理模式。但是,由于集体化束缚于当时传统的精耕农业生产方式,超脱于当时的社会发展水平,难以适应生产关系,不得不于20世纪80年代初解体。

第三,改革开放后,以家庭为单位的家庭联产承包责任制施行,小农生产回归,基层治理转变为"乡政村治"模式,即国家将行政权力从乡村回收至乡镇层面,成立乡政府;同时,乡村成立村民委员会,实行村民自治。事实上,这种模式也是为了着重解决由人民公社模式造成广大农民对于政府的"信任危机",而要求"广大农民群众直接行使民主权利,依法办理自己的事情,创造自己的幸福生活,实行自我管理、自我教育、自我服务的一项基本社会政治制度",其实质仍然是政府通过调整生产关系和上层建筑关系,降低交易成本,实现效果最大化的制度安排,解决生产关系与生产力矛盾。

近年来,随着社会经济发展,工业化和城镇化快速推进,农村劳动力大规模向非农部门、城镇转移,农村人口老龄化加深,原有的乡村聚落形态日趋衰落,出现"空心村"现象,乡村日益凋敝。对此,当下社会或者部分学者存在一种观点,即在国家—民间精英—民众的三重结构下,复制传统的乡贤治理,构建一个"乡贤自治"形态。然而,其实质仍是将国家与社会分离或相脱节,与正在趋于成形的城乡一体潮流相违背,很可能是对历史的误读(周庆智,2018)。倘若乡村社会治理的根本基础依然是停留在小农生产方式,随着城镇化发展,农民的生产方式和生活方式将会终结,连带着他们固有的聚落形态也将走向瓦解(孟德拉斯,2010)。

更为重要的是,随着乡村振兴战略和新型城镇化战略的实现,在优先发展农业农村和城乡融合发展的原则下,一方面,国家实施了"撤村并乡"、"撤村并居"政策,对农村居民点展开治理;另一方面,农村居民所拥有的传统生产要素——土地和劳动力——逐渐被其他生产要素替代,尤其是自以农地"三权分置"和宅基地改革为代表的农村土地制度改革以来，农地流转和适度规模经营成为必然趋势，农业要素禀赋结构发生变化，小农生产方式正逐渐内生地向资本和技术密集的现代农业生产方式过渡和转变，这深刻地改变了传统的小农生产，使得乡村治理的内在基础和深层次因素发生了根本性变化。比如，广东省南海区农村基层就出现了新形势，即"三类人、三种资产、三个组织"的"三三"现象。其中，"三类人"是指常住人口、户籍人口和原住民；"三种资产"包括承包地、宅基地和集体资产股份，而集体资产又分为资源性（集体所有的土地为主）、经营性和非经营性三类；"三个组织"是指村（居）党组织、基层自治组织和集体经济组织。因此，如何强化基层党组织驾驭能力、夯实党在乡村（基层）的基础、重构农村基层治理的微观基础、创新乡村治理体系，成为乡村治理研究乃至实现乡村振兴的应有之义和关键点。

最后需要指出的是，本书虽然尝试勾勒一个以"农业生产方式—交易成本最小"为主体的中国乡村治理变迁的经济学理论分析框架，但在实证层面还有待于借助田野调查和数据挖掘等分析技术进行检验。这是后续研究的主要内容和思考方向。

第六篇

总　结

　　从人类现代化发展的历史变迁过程来看，在不同的历史阶段，社会经济发展都要受到自然和人为两个层面多种因素的综合影响，这些因素或以革命的形式，或以温和改良的形式，推动着人类的现代化过程。而在这一过程中，关键就在于工业化和城镇化。欧美发达国家的发展经验已经表明，工业化和城镇化是一个国家实现现代化的必由之路，也是经济社会发展到一定阶段后的必然产物。对于中国而言，在新时代，社会主要矛盾已经转变为人民日益增长的美好生活需要与不平衡不充分发展之间的矛盾，而这种不平衡不充分在城乡之间、农村发展方面最为突出。在新的历史阶段背景下，城镇化发展是当前阶段中国经济社会转型升级、加快推进社会主义现代化建设的重大战略议题，也是未来几十年中国发展的重大引擎。积极稳妥、扎实有序地推进以人为核心、城乡统筹兼顾的新型城镇化，对于加快社会主义现代化建设进程无疑具有十分重大的意义。

第十六章　城乡土地结构变化的动力机制

土地作为最基础的要素,在城镇化过程中扮演着极为重要的角色,土地制度改革更是加快推进新型城镇化、实现"人的城镇化"的着力点和核心突破点之一。在城镇化过程中,土地利用的变化并非单纯的农地用途转换问题,同时还涉及耕地保护和合理利用的问题。由于耕地的数量和质量关乎粮食生产与国家粮食安全,因此长期来看,土地利用更涉及人类生存安全问题。在城镇化快速发展过程中,农地非农化以及大量农村劳动力向城镇地区和非农产业的迁移,不仅改变了农地的利用方式,促使大量分散的、小规模的土地向规模经营主体集中,还引起了农村土地配置效率的变化,在农业新技术的配合使用下,农业生产效率将会得到更大的提升。当然,随着农村人地关系发生改变,相应地,土地利用结构也会进一步作出调整。

本书回顾了我国城镇化建设过程中城乡土地结构变化的历史变迁,在此基础上,分析总结了城乡土地结构变化的动力机制、由此引起的福利问题和社会经济效应。从改革开放40多年的发展历程来看,中国城镇化和工业化的快速发展,促使大量农业用地尤其是耕地以较快的速度转换为城市建设用地,为工业制造、房地产发展以及城市道路交通与公共服务设施奠定了坚实的基础。但是,在这一过程中,城市建设占用大量耕地,农地非农化表现出快速、过度的特征,城乡土地利用结构发生了深刻变化。这种特征,从根本上说是偏离了城镇化内生的自然过程,导致了城市用地总量失控与结构失衡、失地农民、生态退化乃至粗放生产方式固化等问题。

要解决上述问题,必须从根源上认识城镇化的发展内容,弄清城市用地扩张、农地非农化过程哪些是刚性的、必需的,哪些是人为驱动的、非必需的。换句话说,需要从我国城镇化建设的特点出发,剖析在此背景下城乡土地利用结构变化的动力机制,弄清城镇化与城乡土地利用之间的逻辑,从而才能为解决上述问题提供科学有效的思路。

本书认为,我国城镇化建设既具有一般性,也具有特殊性,需要通过这些特征去剖析城乡土地结构变化背后的动力机制。其中,我国城镇化建设的一般性体现为城镇化就是人口向城镇地区和非农业部门集聚的过程。随着大量人口流动到城镇地区,这些人口产生的住宅、公共设施与服务、道路交通等需求必然要求城市用地扩张。同时,对于边远农村地区,在大量农村劳动力离开农村后,农村土地利用方式也会相应发生改变,包括农地流转集中到少量更有意愿、更有能力从事农业生产的规模经营主体手中,或者将农地托管给专门的农业社会化服务组织等。从国际上看,这也是一些发达国家城镇化建设过程中面临的问题。因此,在城镇化背景下,人口流动驱动的城乡土地利用结构变化是社会经济发展的内生要求,在这一过程中,某种程度上也可以认为是市场机制在发挥作用。这种要素集聚与人口集聚对城市空间提出了需求,因为这种需求是城市集聚经济必不可少的,又称为"刚性需求",本身具有合理性。

而我国城镇化建设的特殊性则体现为我国的财税管理体制。尤其是自1994年分税制改革以来,财权向上集中到中央、事权下放到地方的财税体制催生了土地财政。地方政府为了地区经济发展与行政职务晋升,大量征用土地,建设开发区、工业园区,招商引资。在这样的制度环境下,城市空间迅速大幅度拓展,城市用地存在规模扩张过快、耕地迅速减少、土地利用粗放、用地结构不合理、土地利用效率低、人均用地过高、征地收益分配不合理等问题,尤其是城郊地区农地非农化现象较为普遍,城乡土地结构发生了深刻变化。但是,这种变化并非人口向城市集聚所导致的自发现象,而是地方政府驱动引致的。

综上所述,城镇化背景下我国城乡土地利用结构变化是人口流动和分税制改革共同作用的结果,这既是经济社会发展的需要,也有地方政府推动的因素,其动力机制如图16—1所示。

从改革开放后的实践经验来看,中国城镇化建设已经取得了巨大成绩,但是仍存在诸多问题。第一,相较"空间城镇化","人口城镇化"发展明显不足,呈现出"半城镇化"的状态。一方面,这使得大量农村劳动力"离农"却没有"离地","进城"却没有"弃地",土地"弃耕"却没有有效流转。这种农民城乡两头"占地"的状态,不仅对城乡土地合理高效利用造成严重负面影响,也制约了现阶段农村土地制度改革的深化和成效。另一方面,"半城镇化"也使得进城农民的福利保障无法落实。第二,较为粗放的城镇化发展给农民权益保障等工作带来了巨大的挑战。第三,城镇

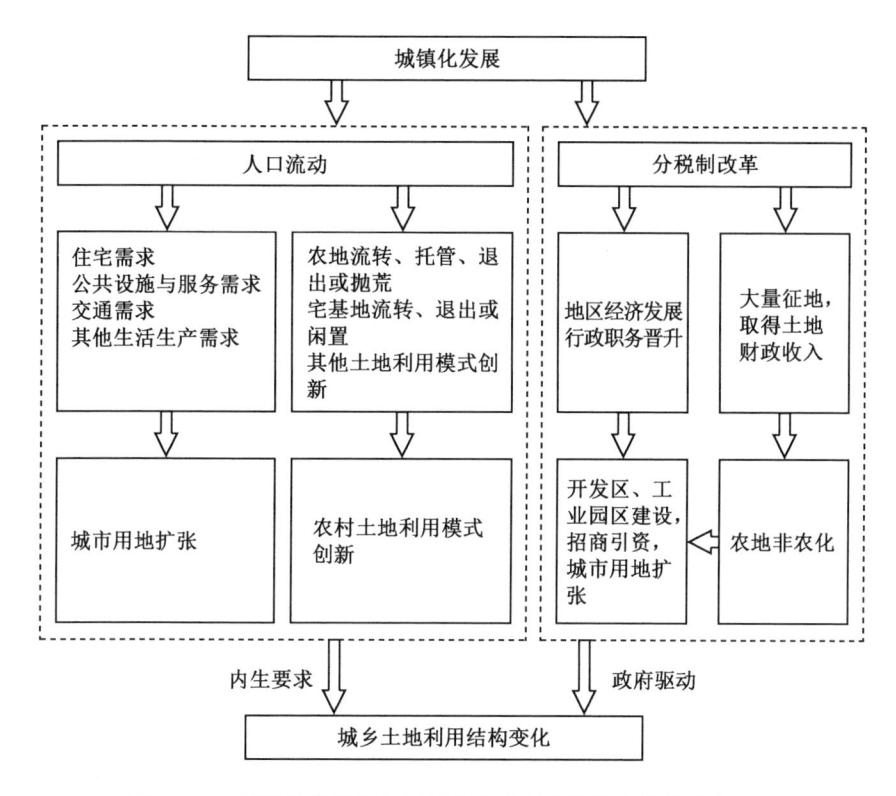

图 16-1 城镇化背景下我国城乡土地利用结构变化的动力机制

化的快速推进也造成"城中村"、"小产权房"等城市规划和土地利用等方面的问题。

对于第一个问题，户籍制度改革的滞后使得大量农村迁移人口无法真正永久性迁移，导致城镇化和城镇化的最关键维度即"人口城镇化"过程无法有效完成。实行城乡分割的二元户籍制度，虽然是为了在农业生产落后的基础上实现工业化，可以说是一种无奈的选择，但这一制度将导致城市与农村相互隔离的二元经济结构，城乡居民差距逐渐拉大，致使城镇化落后于工业化发展。理论上，二元经济结构的显著特征之一便是工业化、城镇化不断吸纳农村的富余劳动力，并通过不断的劳动力转移，达到"刘易斯拐点"，促进工业化进程。然而，在现行的制度下，长期在城市生活就业的农村人口并没有同步城镇化，大部分富余劳动力没有实现真正转移，这实际上是对经济规律的扭曲。

到目前为止，这种制度不仅存在，而且还将在相当长的一段时间内影响我国社会经济发展，并由此将我国劳动力城乡迁移模式与其他国家的永久性迁移模式区分开来。加上中国作为一个巨型国家,原有人口分布相对分散化、区域之间发展不均衡,人口迁移另外一个重要特征是长距离迁移,尤其是人口大规模从内地向沿海进行长距离迁移。正如学者陶然和徐志刚(2005)指出:"这也导致中国大陆的人口迁移模式与日本、韩国和中国台湾等经济体在其城镇化过程中以短途迁移为主且有部分兼业化的迁移模式有显著差别。由于内地省份人均可耕地资源相对充裕,农地价值较低,转化为非农地升值的概率和潜力也不太高,所以,一旦城市为这些长途、长期迁移人口提供了基本社会保障、住房安排和子女平等就学条件,可以预期,相当部分迁移人口将愿意放弃家乡土地而选择永久迁移。"

因此,原有户籍制度已经不适应城镇化发展的需要,成为制约城镇化进程最关键的一个方面。为了使城镇化能够顺利健康推进,就必须推动户籍制度改革。

对于第二个问题,征地制度的内在矛盾是导致被征地农民的权益受到损害的主要因素。城镇化并不是单纯的城市人口增加和城市规模扩大。城镇化内涵包括多个方面:"人口的转移和人口的集中"是城镇化的表现形式或重要前提;"经济活动的集聚"是城镇化的主要内容;"社会经济结构的转变"是城镇化的实质与核心;"整个社会的现代化"是城镇化的最终目的。然而,在农业用地—非农用地用途转换过程中,城市的过度扩张往往意味着对稀缺耕地资源的不合理占用。一方面,农村人口的永久性迁移受到城乡户籍管理制度的严重制约;另一方面,在财税体制没有厘清的情况下,地方各级政府利用农地转为建设用地的行政垄断权力,大规模征收农村土地,然后将其大部分用于各类制造业开发区建设,少部分用于城市商住用地。

与大多数发展中国家土地私有制的情况不同,我国的农村土地归集体所有,而且农地转为建设用地大多必须经过政府征收后才能出让,征收价格往往偏低,为政府大规模低价征地创造了体制基础。[①] 加上中国规模巨大、财政利益独立的区域主体众多,在分税制财政体制下,区域之间招商引资竞争异常激烈,迫使地方政府在大规模征地后,除少部分用于城市基础设施建设和百姓居住、商业生活用地之外,主要通过各种经济开发

[①] 虽然2019年修正的《土地管理法》中已删除"任何单位和个人进行建设,需要使用土地的,必须依法申请使用国有土地"这一条款,并补充了集体土地直接入市的规定,但当前实践中农用地转用仍以征收—出让模式为主。

区和工业园区建设来以低价出让给制造业投资者。与此相反,地方政府通过"招、拍、挂"方式来以高价并限量供应商住用地,从而获得高额的土地出让金。与很多发展中国家城市新增用地中居民生活和居住用地占80%以上的情况相反,中国城镇化过程中新增用地中制造业用地超过一半。由于"空间城镇化"过程中地方政府大规模征地且制造业用地出让价格偏低,必然尽可能压低补偿价格,结果是被征地农民在农地转用过程中的财产权益很难得到保障,很容易引发社会矛盾。如何在城镇化过程中实现城市部门合理利用土地的同时,有效保护被征地农民权益和紧缺耕地资源,成为实现城乡一体化过程中面临的重大挑战。

对于第三个问题,城镇化的快速发展也造成中国特色的"城中村"和大规模违法建设的"小产权房"现象,并成为土地利用管理、基础设施与公共服务提供以及外来流动人口管理的巨大难题。与其他很多发展中国家"过度城市化"模式中农村人口大量涌入但城市就业机会不足、公共财政能力较差、基础设施不足导致大规模贫民窟出现的情况不同,中国城市增长强劲,流动人口失业率低,且现阶段部分城市中低端劳动力开始出现短缺。但在目前体制和增长模式下,城市商住用地供给过少导致商品房价格飙涨,农村迁移人口无法支付,而城郊农村集体与村民为争夺土地发展权,开始在"城中村"和"城郊村"大规模搭建"小产权房"。从这一角度而言,可以说在一定程度上城中村、城郊村、棚户区促进了我国城镇化,不仅在政策性保障住房供给不足的实际情况下为流动人口提供了其支付能力范围内的住房,而且也部分地为城镇化进程中失地农民提供了经济收入,从而在很大程度上降低了因征地补偿较低而产生的生活困难程度。但与此同时,因为这些建设并不符合现有法律规定,也存在相应地段基础设施水平低下、公共服务不足、社会治安堪忧等问题,构成了中国城镇化过程中必须面对的重大公共管理挑战。

近年来,随着城市扩张及城市房价上升,城中村和城郊村地段的商业价值迅速增加,但与征地拆迁相关的补偿金发放、房屋分配等问题也成为社会各界关注的焦点。在局部地区,尤其是珠三角、长三角、环渤海等地区,还出现了城中村改造中因原有居民房租收入很高,拆迁补偿难以谈拢,城中村改造无法推进的问题。无论是城中村还是旧厂房的改造更新,往往是当地政府获取预算外财政资金的主要来源,最突出的表现就是原有土地基本上成为商品房小区和CBD商业中心,丧失了原有土地对进城务工人员的容纳功能。那么,这些流动人口又该往何处去?根据笔者先前对深圳、佛山等珠三角地区的调查,该地区流动人口众多,居住在城中村,公共管理与服务不足;地方政府国有土地基本用完,对土地财政依赖较小,但城中村拆迁困难,地方政府愿意推进以农民为主导的开发,释放土地、降低房价、增加税收。

　　有针对性地解决上述问题,是实现符合国情的、有中国特色的城镇化发展的关键。当前,我国正在走以人为核心的新型城镇化道路,其重点是"人口城镇化",难点也是"人口城镇化"。这个过程是农民进入城镇就业并真正融入城镇生活的过程,是农民实现永久性转移的过程。因此,需要以解决农民工的市民化问题为"重头戏",以户籍制度、社会保障制度等方面的制度改革创新为着力点和突破口,着力破解与"人口城镇化"相关联的体制机制障碍,优化土地配置,提高城乡土地利用效率。主要措施包括:第一,以增加就业机会、提升就业技能为突破点,深化户籍制度改革。将进城务工农民纳入流入地的公共就业服务网络,结合当地特色,通过有序开展高质量、多样化的技术技能培训,千方百计提升农民工在城镇地区的就业能力。需要注意的是,当前户籍制度改革的难点并不是本地人口的城镇化,而是跨地区人口的城镇化,这些进城落户农民与退出农村各项土地权利、权益脱钩问题需要重新审视。第二,以农民工市民化为重点,采取中央统筹设计,同时结合地方发展实际,加快推进公共服务均等化进程,加快完善社会保障体系。第三,继续深化农村"三块地"改革和农村集体产权制度改革。结合基本公共服务均等化和社会保障体系完善进程,合理规划、重新配置不同区位农村的不同类型土地资源。比如,对于城郊农村,着重探讨土地增值收益在不同主体间的分配机制创新;而对于一般农村,要在农民自愿且保障其合法权益和进城后基本生活的前提下,审慎有序地推动土地退出与流转。第四,全面、系统评估当前地方考核制度和财税管理体制的效果,分析其中存在的不足与缺陷,加快推进地方政府政绩考核和财政管理体制改革,建立合理有效、可持续的公共财政体制,从而为实现新型城镇化建设提供基本保障。

参考文献

[1]Adamopoulos T & Restuccia D. The size distribution of farms and international productivity differences. Working Papers,2013.

[2]Ali D A,Dercon S & Gautam M. Property rights in a very poor country:tenure insecurity and investment in Ethiopia[J]. Agricultural Economics,2011,42(1):75—86.

[3]Alston L J,Libecap G D & Schneider R. The determinants and impact of property rights:land titles on the Brazilian frontier[J]. Journal of Law,Economics and Organization,1996,12(2):25—61.

[4]Bauman Z. Making and unmaking of strangers[J]. Thesis Eleven,1995,43(1):1—16.

[5]Beckwith B. Suburbanization 2020[M]. Ottawa:National Library of Canada,2001.

[6]Bian Y. Work and Inequality in Urban China[M]. Suny Press,1994.

[7]Brummell A C. A test of spatial submarkets in urban housing[J]. Canadian Journal of Regional Science,1981,4:89—112.

[8]Bryant C R,Russwurm L J & McLellan A G. The City's Countryside:Land and Its Management in the Rural-Urban Fringe[M]. Longman,1982.

[9]Carter C A & Estrin A J. Market reforms versus structural reforms in rural China[J]. Journal of Comparative Economics,2001,29(3):527—541.

[10]Chen X & Gao X. Urban economic reform and public-housing investment in China[J]. Urban Affairs Review,1993,29(1):117—145.

[11]Chen F,Davis J & Wang L. Current issues in China's land reforms. Working Papers,1997.

[12]Cheung S N S. The fable of the bees:an economic investigation[J]. Journal of Law & Economics,1973,16(1):11—33.

[13]Clark C. Urban population densities[J]. Journal of the Royal Statistical Society,Series A (General),1951(4):490—496.

[14]Clark W A V & Onaka J L. Life cycle and housing adjustment as explana-

tions of residential mobility[J]. Urban Studies,1983,20(1):47—57.

[15]Davis D S. From Welfare Benefit to Capitalized Asset:The Re-commodification of Residential Space in Urban China[M]. London and New York:Routledge,2003.

[16]Demir & Ibrahim. The firm size,farm size,and transaction costs:the case of hazelnut farms in Turkey[J]. Agricultural Economics,2016,47(1):81—90.

[17]Duncan B & Vermon H. A theory of urban growth[J]. Journal of Political Economy,1999,107(2):252—284.

[18]Erjavec E & Lovec M. Research of European Union's Common Agricultural Policy:disciplinary boundaries and beyond[J]. European Review of Agricultural Economics,2017,44(4):732—754.

[19]Feder G & Nishio A. The benefits of land registration and titling:economic and social perspectives[J]. Land Use Policy,1998,15(4):25—43.

[20]Feng W. Housing improvement and distribution in urban China:initial evidence from China's 2000 census[J]. China Review,2003,3(2):121—143.

[21]Fischel W A. Eminent domain and just compensation[M]// The New Palgrave Dictionary of Economics and the Law,1998:34—43.

[22]Frey W H. Individual and household deter mints of mobility[M]// Speare A,Jr.,Goldstein S & Frey W H. Residential Mobility,Migration,and Metropolitan Change. Cambridge Mass:Ballinger Publication Co.,1975:127—161.

[23]Golledge R G. Sydney's metropolitan fringe:a study in urban-rural relations[J]. The Australian Geographer,1960,7(6):243—255.

[24]Greenwood M J. Human migration:theory,models,and empirical studies[J]. Journal of Regional Science,1985,25(4):521—544.

[25]Heberle R. The causes of rural-urban migration:a survey of German theories[J]. American Journal of Sociology,1938(5):932—950.

[26]Heller M A. The tragedy of the anticommons:property in the transition from Marx to markets[J]. Harvard Law Review,1998,111(3):621—688.

[27]Hirayama Y,Groves R,Murie A,et al. Housing and new welfare state:perspective from East Asia and Europe[M]//Housing and State Strategy in Post-war Japan,2007:101—102.

[28]Ho P. The 'credibility thesis' and its application to property rights:(in)secure land tenure,conflict and social welfare in China[J]. Land Use Policy,2014,40:13—27.

[29]Huang J K,Wang X & Rozelle S. The subsidization of farming households in China's agriculture[J]. Food Policy,2013,41:124—132.

[30]Huang Y. The road to homeownership: a longitudinal analysis of tenure transition in urban China (1949—1994)[J]. International Journal of Urban and Regional Research,2004,28(4):774—795.

[31]Huang J K & Rozelle S. Technological change: rediscovering the engine of productivity growth in China's rural economy[J]. Journal of Development Economics,1996,49(2):337—369.

[32]Jacoby H G,Li G & Rozelle S. Hazards of expropriation: tenure insecurity and investment in rural China[J]. American Economic Review,2002,92(5):1420—1447.

[33]Jin S & Deininger K. Land rental markets in the process of rural structural transformation: productivity and equity impacts from China[J]. Journal of Comparative Economics,2009,37(4):629—646.

[34]Johnson J H. Suburban Growth: Geographical Processes at the Edge of the City[M]. London and New York: Wiley,1974:1—16.

[35]Just D R & Kropp J D. Production incentives from static decoupling: land use exclusion restrictions[J]. American Journal of Agricultural Economics,2013,95(5):1049—1067.

[36]Kelly V ,Adesina A A & Gordon A. Expanding access to agricultural inputs in Africa: a review of recent market development experience[J]. Food Policy,2003,28(4):379—404.

[37]Khan H. Measurement of technical, allocative and economic efficiency of tomato farms in Northern Pakistan[J]. Journal of Agricultural Science and Technology B,2012,2(10):1080—1090.

[38]Kung J K & Liu S. Land tenure systems in post-reform rural China: a tale of six counties. Working Paper,1996.

[39]Lin J Y. Rural reforms and agricultural growth in China[J]. American Economic Review,1992,82(1):34—51.

[40]Lin L,Yohei S & Haihong Z. Simulating spatial urban expansion based on a physical process[J]. Landscape and Urban Planning,2003(64):67—76.

[41]Liu B. Differential net migration rates and the quality of life[J]. The Review of Economics and Statistics,1975(3):329—337.

[42]Liu Y S,Wang L J & Long H L. Spatio-temporal analysis of land-use conversion in the eastern coastal China during 1996—2005[J]. Journal of Geographical Sciences,2008,18(3):274—282.

[43]Logan J R,Bian Y & Bian F. Housing inequality in urban China in the 1990s[J]. International Journal of Urban and Regional Research,1999,23(1):7—25.

[44]Logan J R,Fang Y & Zhang Z. The winners in China's urban housing reform[J]. Housing Studies,2010,25(1):101—117.

[45]Maher C A & Stimson R J. Regional Population Growth in Australia[M]. Canberra:Australian Government Publishing Service,1994.

[46]Massey D S. The settlement process among Mexican migrants to the United States[J]. American Sociological Review,1986,51(5):670—684.

[47]Massey D S. Understanding Mexican migration to the United States[J]. American Journal of Sociology,1987,92(6):1372—1403.

[48]Mcmillan J,Whalley J & Zhu L. The impact of China's economic reforms on agricultural productivity growth[J]. Journal of Political Economy,1989,97(4):781—807.

[49]Miceli T J. Do governments provide efficient compensation for takings? [J]. Illinois Real Estate Letter ,Winter/Spring,1993:8—9.

[50]Moro D & Sckokai P. The impact of decoupled payments on farm choices: conceptual and methodological challenges[J]. Food Policy,2013,41:28—38.

[51]Newling B E. The spatial variation of urban population densities[J]. Geographical Review,1969,59(2):242—252.

[52]Nguyen T,Cheng E & Findlay C. Land fragmentation and farm productivity in China in the 1990s[J]. China Economic Review,1996,7(2) :169—180.

[53]Niroula G S & Thapa G B. Impacts and causes of land fragmentation, and lessons learned from land consolidation in South Asia[J]. Land Use Policy,2005,22(4):358—372.

[54]Piore M J. Qualitative research techniques in economics[J]. Administrative Science Quarterly,1979(4):560—569.

[55]Qian Y & Roland G. Federalism and the soft budget constraint[J]. American Economic Review,1998,88(5):1143—1162.

[56]Ravenstein E G. The laws of migration[J]. Journal of the Statistical Society of London,1885,48(2):167—235.

[57]Richardson H W. The state of regional economics:a survey article[J]. International Regional Science Review,1978(1):1—48.

[58]Rossi P H. Why Families Move:A Study of the Social Psychology of Urban Residential Mobility[M]. New York:The Free Press,1955.

[59]Sen A. Poverty and Famines:An Essay on Entitlement and Deprivation[M]. Oxford University Press,1983.

[60]Shoshany M & Goldshleger N. Land-use and population density changes in Israel—1950 to 1990:analysis of regional and local trends[J]. Land Use Policy,2002

(2):123—133.

[61]Sikor T, Müller D & Stahl J. Land fragmentation and cropland abandonment in Albania: implications for the roles of state and community in post-socialist land consolidation[J]. World Development, 2009, 37(8):1411—1423.

[62]Sjaastad L A. The costs and returns of human migration[J]. The Journal of Political Economy, 1962, 70(5):80—93.

[63]Strijker D. Marginal lands in Europe: causes of decline[J]. Basic and Applied Ecology, 2005, 6(2):99—106.

[64]Tan S, Heerink N, Kruseman G & Futian Q U. Do fragmented landholdings have higher production costs? evidence from rice farmers in northeastern Jiangxi province, P. R. China[J]. China Economic Review, 2008, 19(3):347—358.

[65]Tiebout C M. A pure theory of local expenditures[J]. The Journal of Political Economy, 1956, 64(5):416—424.

[66]Wai M C, Mengling L & Yang T. Public and private housing markets dynamics in Singapore: the role of fundamentals[J]. Journal of Housing Economics, 2017, 36(3):44—61.

[67]Walder A G. Communist Neo-Traditionalism: Work and Authority in Chinese Industry[M]. University of California Press, 1986.

[68]Walder A G. Markets and inequality in transitional economies: toward testable theories[J]. American Journal of Sociology, 1996, 101(4):1060—1073.

[69]Wan G H & Cheng E. Effects of land fragmentation and returns to scale in the Chinese farming sector[J]. Applied Economics, 2001, 33(2):183—194.

[70]Weeks J. Population: An Introduction of Concepts and Issues (Tenth Edition) [M]. Boston: Cengage Learning.

[71]Wen G J. The land tenure system and its saving and investment mechanism: the case of modern China[J]. Asian Economic Journal, 2010, 10(3):233—260.

[72]World Bank. The Chinese economy: controlling inflation, deepening reform [R]. Washington, D. C: The World Bank Publication, 1996.

[73]Wu Z, Liu M & Davis J. Land consolidation and productivity in Chinese household crop production[J]. China Economic Review, 2005, 16(1):28—49.

[74]Yi F, Sun D & Zhou Y. Grain subsidy, liquidity constraints and food security: impact of the grain subsidy program on the grain-sown areas in China[J]. Food Policy, 2015, 50:114—124.

[75]Zelinsky W. The hypothesis of the mobility transition[J]. Geographical Review, 1971, 61(2):219—249.

[76]Zhang Q F, Qingguo M & Xu X. Development of land rental markets in rural

Zhejiang:growth of off-farm jobs and institution building[J]. The China Quarterly,2004,180(12):1031—1049.

[77]Zhou M & Cai G. Trapped in neglected corners of a booming metropolis:residential patterns and marginalization of migrant workers in Guangzhou[M]//Urban China in Transition,Blackwell Publishing Ltd. ,2008:226—249.

[78]Zhou M & Logan J R. Market transition and the commodification of housing in urban China[J]. International Journal of Urban and Regional Research,1996,20(3):400—421.

[79]白南生,何宇鹏. 回乡,还是外出?——安徽四川二省农村外出劳动力回流研究[J]. 社会学研究,2002(3):64—78.

[80]白南生,李靖. 城市化与中国农村劳动力流动问题研究[J]. 中国人口科学,2008(4):2—10,95.

[81]蔡昉. 劳动力迁移的两个过程及其制度障碍[J]. 社会学研究,2001(4):44—51.

[82]蔡昉. 中国农村改革三十年——制度经济学的分析[J]. 中国社会科学,2008(6):99—110,207.

[83]蔡宏进. 台湾的发展政策及岛内人口移动[J]. 人口学刊,1978(3):27—58.

[84]蔡继明. 论中国农地制度改革[J]. 山东农业大学学报(社会科学版),2005(3):1—8.

[85]曹正汉. 统治风险与地方分权:关于中国国家治理的三种理论及其比较[J]. 社会,2014,34(6):52—69.

[86]曹正汉. 中国的集权与分权:"风险论"与历史证据[J]. 社会,2017,37(3):1—45.

[87]曹正汉. 中国上下分治的治理体制及其稳定机制[J]. 社会学研究,2011,25(1):1—40,243.

[88]查尔斯·蒂利. 强制、资本与欧洲国家(公元990—1992年)[M]. 魏洪钟译. 上海:上海人民出版社,2012.

[89]陈柏峰. 无理上访与基层法治[J]. 中外法学,2011,23(2):227—247.

[90]陈锋. 分利秩序与基层治理内卷化——资源输入背景下的乡村治理逻辑[J]. 社会,2015,35(3):95—120.

[91]陈凤桂,张虹鸥,吴旗韬,陈伟莲. 我国人口城镇化与土地城镇化协调发展研究[J]. 人文地理,2010(5):53—58.

[92]陈浩,陈中伟. 农村劳动力转移与土地流转不一致的影响因素分析——基于1986—2010年中国农村固定观察点数据[J]. 财贸研究,2013,24(5):32—38.

[93]陈锡文,赵阳,陈剑波等. 中国农村制度变迁60年[M]. 北京:人民出版社,2009.

[94]陈锡文.构建新型农业经营体系刻不容缓[J].求是,2013(22):38—41.

[95]陈莹,张安录.农地转用过程中农民的认知与福利变化分析——基于武汉市城乡结合部农户与村级问卷调查[J].中国农村观察,2007(5):11—21,37,81.

[96]陈志科.我国农村集体土地征收法律制度研究[D].华中农业大学,2010.

[97]程国强.中国农业政策的支持水平与结构特征[J].发展研究,2011(9):77—82.

[98]程令国,张晔,刘志彪.农地确权促进了中国农村土地的流转吗?[J].管理世界,2016(1):88—98.

[99]仇叶.土地开发权配置与农民市民化困境——对珠三角地区农民反城市化行为的分析[J].农业经济问题,2020(11):42—54.

[100]戴玉琴.新中国成立以来农村治理模式变迁的路径、影响和走向[J].毛泽东邓小平理论研究,2009(4):53—56,85,87.

[101]党国英."集体土地入市"不可能单兵突进[N].新京报,2013年11月2日.

[102]党国英.农业供给侧改革核心目标是提高农业竞争力[J].农村工作通讯,2016(9):1.

[103]丁旭光.透析城市发展中失地农民权益受损原因及保障措施[J].特区经济,2006(5):96—97.

[104]董新辉.新中国70年宅基地使用权流转:制度变迁、现实困境、改革方向[J].中国农村经济,2019(6):2—27.

[105]董志凯.土地改革与我国的社会生产力——回答对我国土改的一种看法[J].中国经济史研究,1987(3):151—161,84.

[106]董祚继."三权分置"——农村宅基地制度的重大创新(上)[J].国土资源,2018b(3):22—24.

[107]董祚继."三权分置"——农村宅基地制度的重大创新[J].中国土地,2018a(3):4—9.

[108]杜姣.村治主体的缺位与再造——以湖北省秭归县村落理事会为例[J].中国农村观察,2017(5):32—45.

[109]杜润生.杜润生自述:中国农村体制改革重大决策纪实[M].北京:人民出版社,2005.

[110]杜焱强,王亚星,陈利根.中国宅基地制度变迁:历史演变、多重逻辑与变迁特征[J].经济社会体制比较,2020(5):90—99.

[111]杜赞奇.文化、权力与国家:1900—1942年的华北农村[M].王福明译.南京:江苏人民出版社,2010.

[112]方松海,王为农.成本快速上升背景下的农业补贴政策研究[J].管理世界,2009(9):91—108.

[113]费孝通.小城镇 大问题(续完)[J].瞭望周刊,1984c(5):24—26.

[114]费孝通.小城镇 大问题(之二)——从小城镇的兴衰看商品经济的作用[J].瞭望周刊,1984a(3):22—23.

[115]费孝通.小城镇 大问题(之三)——社队工业的发展与小城镇的兴盛[J].瞭望周刊,1984b(4):11—13.

[116]费孝通.乡土中国·生育制度·乡土重建[M].北京:商务印书馆,2011.

[117]费正清,赖肖尔.中国:传统与变革[M].陈仲丹等译.南京:江苏人民出版社,2011.

[118]付江涛,纪月清,胡浩.新一轮承包地确权登记颁证是否促进了农户的土地流转——来自江苏省3县(市、区)的经验证据[J].南京农业大学学报(社会科学版),2016(1):105—113,162.

[119]高翠玲,王耀,康耀武.我国农地制度改革进程中的公共选择[J].广东农业科学,2011,38(14):206—208.

[120]高飞.农村土地"三权分置"的法理阐释与制度意蕴[J].法学研究,2016(3):3—19.

[121]高鸣,宋洪远,Michael Carter.粮食直接补贴对不同经营规模农户小麦生产率的影响——基于全国农村固定观察点农户数据[J].中国农村经济,2016(8):56—69.

[122]高鸣,宋洪远.脱钩收入补贴对粮食生产率的影响——基于农户收入差异的视角[J].农业技术经济,2018(5):15—27.

[123]高圣平,刘守英.集体建设用地进入市场:现实与法律困境[J].管理世界,2007(3):62—72,88.

[124]高圣平.农村宅基地制度:从管制、赋权到盘活[J].农业经济问题,2019(1):60—72.

[125]高魏,闵捷,张安录.农地城市流转与城市化、经济增长动态关系的计量经济分析——以湖北省1980年至2003年为例[J].资源科学,2010(3):564—572.

[126]国务院发展研究中心和世界银行联合课题组,李伟,Sri Mulyani Indrawati,刘世锦,韩俊,Klaus Rohland,Bert Hofman,侯永志,Mara Warwick,Chorching Goh,何宇鹏,刘培林,卓贤.中国:推进高效、包容、可持续的城镇化[J].管理世界,2014(4):5—41.

[127]国务院发展研究中心农村部课题组.从城乡二元到城乡一体——我国城乡二元体制的突出矛盾与未来走向[J].管理世界,2014(9):1—12.

[128]韩俊.中国城乡关系演变60年:回顾与展望[J].改革,2009(11):5—14.

[129]韩文龙,谢璐.宅基地"三权分置"的权能困境与实现[J].农业经济问题,2018(5):60—69.

[130]韩小凤.从一元到多元:建国以来我国村级治理模式的变迁研究[J].中国行政管理,2014(3):53—57.

[131]韩长赋.中国农村土地制度改革[J].农业经济问题,2019(1):4-16.

[132]何·皮特.谁是中国土地的拥有者?——制度变迁、产权和社会冲突[M].林韵然译.北京:社会科学文献出版社,2008.

[133]何金铭.高雄都会区的人口密度分布模型——人口密度函数理论的再验证[J].人口学刊,1991(14):69-82.

[134]何欣,蒋涛,郭良燕,甘犁.中国农地流转市场的发展与农户流转农地行为研究——基于2013~2015年29省的农户调查数据[J].管理世界,2016(6):79-89.

[135]何治民.中国大陆失地农民问题研究[D].台湾政治大学东亚研究所,2008.

[136]贺雪峰.保留"进城失败农民"的返乡权[J].人口与计划生育,2014(10):17.

[137]贺雪峰.地权的逻辑:中国农村土地制度向何处去[M].北京:中国政法大学出版社,2010.

[138]贺雪峰.论乡村治理内卷化——以河南省K镇调查为例[J].开放时代,2011(2):86-101.

[139]黄季焜,冀县卿.农地使用权确权与农户对农地的长期投资[J].管理世界,2012(9):76-81.

[140]黄季焜,王晓兵,智华勇,黄珠容,Scott Rozelle.粮食直补和农资综合补贴对农业生产的影响[J].农业技术经济,2011(1):4-12.

[141]黄锟.城乡二元制度对农民工市民化影响的理论分析[J].统计与决策,2011(22):82-85.

[142]黄少安,郭冬梅,吴江.种粮直接补贴政策效应评估[J].中国农村经济,2019(1):17-31.

[143]黄小虎.当前土地问题的深层次原因[J].中国税务,2007(2):46-47.

[144]黄小虎.解析土地财政[J].红旗文稿,2010(20):13-16.

[145]黄兴文,蒋立红.住房体制市场化改革:成就、问题、展望[M].北京:中国财政经济出版社,2009.

[146]黄延信,张海阳,李伟毅,刘强.农村土地流转状况调查与思考[J].农业经济问题,2011,32(5):4-9.

[147]冀县卿,黄季焜.改革三十年农地使用权演变:国家政策与实际执行的对比分析[J].农业经济问题,2013(5):27-32.

[148]冀县卿,钱忠好,葛轶凡.如何发挥农业补贴促进农户参与农地流转的靶向作用——基于江苏、广西、湖北、黑龙江的调查数据[J].农业经济问题,2015,36(5):48-55,110-111.

[149]冀县卿,钱忠好.农地产权结构变迁与中国农业增长:一个经济解释[J].管理世界,2009(1):172-173.

[150]江小涓.新中国对外开放70年:赋能增长与改革[J].管理世界,2019,35

(12):1—16,103,214.

[151]蒋省三,刘守英,李青.土地制度改革与国民经济成长[J].管理世界,2007(9):1—9.

[152]金丹,戴林琳.中国人口城镇化与土地城镇化协调发展的时空特征与驱动因素[J].中国土地科学,2021,35(6):74—84.

[153]金松青,Klaus Deininger.中国农村土地租赁市场的发展及其在土地使用公平性和效率性上的含义[J].经济学(季刊),2004(3):1003—1028.

[154]金太军.村级治理中的精英分析[J].齐鲁学刊,2002(5):119—125.

[155]柯炳生.三种农业补贴政策的原理与效果分析[J].农业经济问题,2018(8):4—9.

[156]孔飞力.中国现代国家的起源[M].陈兼,陈之宏译.北京:生活·读书·新知三联书店,2013.

[157]匡远配,陆钰凤.我国农地流转"内卷化"陷阱及其出路[J].农业经济问题,2018(9):33—43.

[158]郎秀云.当代中国乡—村关系研究[D].复旦大学,2004.

[159]李成贵,孙大光.国家与农民的关系:历史视野下的综合考察[J].中国农村观察,2009(6):54—61,96.

[160]李达,王俊程.中国乡村治理变迁格局与未来走向:1978—2017[J].重庆社会科学,2018(2):5—14.

[161]李健英.户籍制度在转轨时期的特点及其路径依赖[J].华南师范大学学报(社会科学版),2006(6):21—27.

[162]李江一.农业补贴政策效应评估:激励效应与财富效应[J].中国农村经济,2016(12):17—32.

[163]李谦.宅基地资格权:内涵重塑、功能演绎与内容阐述[J].中国土地科学,2021(1):26—32.

[164]李强,王美琴.住房体制改革与基于财产的社会分层秩序之建立[J].学术界,2009(4):25—33.

[165]李树枝,郭瑞雪,马也.我国城镇化发展与城市用地扩张情况分析[J].国土资源情报,2018(8):28—33.

[166]李勇刚.中国土地财政的城市增长效应研究[D].南京大学,2014.

[167]李增席.失地农民就业和社会保障问题研究[D].中国农业科学院,2009.

[168]联合国.世界人口趋势[R].联合国秘书长报告,2009.

[169]梁进社,王旻.城市用地与人口的异速增长和相关经验研究[J].地理科学,2002(6):649—654.

[170]廖和平,彭征,洪惠坤,程希.重庆市直辖以来的城市空间扩展与机制[J].地理研究,2007(6):1137—1146.

[171]林善浪,王健,张锋.劳动力转移行为对土地流转意愿影响的实证研究[J].中国土地科学,2010,24(2):19−23.

[172]林毅夫,蔡昉,李周.中国的奇迹:发展战略与经济改革(增订版)[M].上海:上海三联书店,上海人民出版社,1999.

[173]刘成武,李秀彬.对中国农地边际化现象的诊断——以三大粮食作物生产的平均状况为例[J].地理研究,2006(5):895−904.

[174]刘东,张良悦.土地征用的过度激励[J].江苏社会科学,2007(1):47−53.

[175]刘凤芹.农业土地规模经营的条件与效果研究:以东北农村为例[J].管理世界,2006(9):71−79,171−172.

[176]刘金海.乡村治理模式的发展与创新[J].中国农村观察,2016(6):67−74,97.

[177]刘守英,邵夏珍.贵州湄潭实行"增人不增地,减人不减地"24年的效果与启示[J].中国乡村发现,2012(4):32−36.

[178]刘守英,王一鸽.从乡土中国到城乡中国——中国转型的乡村变迁视角[J].管理世界,2018,34(10):128−146,232.

[179]刘守英,熊雪锋.产权与管制——中国宅基地制度演进与改革[J].中国经济问题,2019(6):17−27.

[180]刘守英,熊雪锋.经济结构变革、村庄转型与宅基地制度变迁——四川省泸县宅基地制度改革案例研究[J].中国农村经济,2018(6):2−20.

[181]刘守英.对三中全会土地制度改革的解读[J].国土资源导刊,2013,10(12):40−41.

[182]刘涛,王震.中国乡村治理中"国家—社会"的研究路径——新时期国家介入乡村治理的必要性分析[J].中国农村观察,2007(5):57−64,72,81.

[183]刘莹,黄季焜.农户多目标种植决策模型与目标权重的估计[J].经济研究,2010,45(1):148−157,160.

[184]楼继伟.1993年拉开序幕的税制和分税制改革[J].财政研究,2022(2):3−17.

[185]陆学艺."三农"问题的核心是农民问题[J].社会科学研究,2006(1):1−4.

[186]罗必良,何应龙,汪沙,尤娜莉.土地承包经营权:农户退出意愿及其影响因素分析——基于广东省的农户问卷[J].中国农村经济,2012(6):4−19.

[187]罗必良,胡新艳.盘活宅基地使用权 助推乡村振兴发展[J]."三农"决策要参,2019(291):1−10.

[188]罗必良,李尚蒲.农地流转的交易费用:威廉姆森分析范式及广东的证据[J].农业经济问题,2010,31(12):30−40,110−111.

[189]罗必良.农业供给侧改革的关键、难点与方向[J].农村经济,2017(1):1−10.

[190]吕彦彬,王富河.落后地区土地征用利益分配——以B县为例[J].中国农村经济,2004(2):50-56.

[191]马斌.社会保障对广东省经济发展的影响及改革对策[J].金融经济,2006(24):27-28.

[192]马贤磊,仇童伟,钱忠好.土地产权经历、产权情景对农民产权安全感知的影响——基于土地法律执行视角[J].公共管理学报,2015,12(4):111-121,158-159.

[193]孟德拉斯.农民的终结[M].李培林译.北京:社会科学文献出版社,2010.

[194]皮建才.政治晋升激励机制下的地方重复建设——横向与纵向的比较分析[J].财经科学,2009(9):65-72.

[195]钱加荣,赵芝俊.现行模式下我国农业补贴政策的作用机制及其对粮食生产的影响[J].农业技术经济,2015(10):41-47.

[196]钱忠好,马凯.我国城乡非农建设用地市场:垄断、分割与整合[J].管理世界,2007(6):38-44.

[197]钱忠好,曲福田.规范政府土地征用行为 切实保障农民土地权益[J].中国农村经济,2004(12):4-9,64.

[198]曲福田,冯淑怡,俞红.土地价格及分配关系与农地非农化经济机制研究——以经济发达地区为例[J].中国农村经济,2001(12):54-60.

[199]邵传林.农村土地私有化是解决"三农"问题的灵丹妙药吗[J].经济学动态,2009(9):71-75.

[200]申端锋.治权与维权:和平乡农民上访与乡村治理(1978—2008)[D].华中科技大学,2009.

[201]盛智明.地方政府部门如何规避风险?——以A市社区物业管理新政为例[J].社会学研究,2017,32(5):166-191,245-246.

[202]宋洪远,韩俊.新中国70年农村发展与制度变迁[M].北京:人民出版社,2019.

[203]宋扬.户籍制度改革的成本收益研究——基于劳动力市场模型的模拟分析[J].经济学(季刊),2019,18(3):814-832.

[204]宋志红.集体经营性建设用地入市的立法回应解析——《土地管理法(修正案)》(征求意见稿)入市规定解读与评析[J].中国国土资源经济,2017,30(6):4-9.

[205]宋志红.集体经营性建设用地入市改革的三个难点[J].行政管理改革,2015(5):38-43.

[206]宋志红.宅基地"三权分置"的法律内涵和制度设计[J].法学评论(双月刊),2018(4):142-153.

[207]宋志红.宅基地资格权:内涵、实践探索与制度构建[J].法学评论(双月刊),2021(1):78-93.

[208]苏旭霞,王秀清.农用地细碎化与农户粮食生产——以山东省莱西市为例的分析[J].中国农村观察,2002(3):22—28,80.

[209]粟芳,方蕾.中国农村金融排斥的区域差异:供给不足还是需求不足?——银行、保险和互联网金融的比较分析[J].管理世界,2016(9):70—83.

[210]孙秀林,周飞舟.土地财政与分税制:一个实证解释[J].中国社会科学,2013(4):40—59,205.

[211]孙冶方.社会主义经济论稿[M].广州:广东经济出版社,1998.

[212]谭智心,周振.农业补贴制度的历史轨迹与农民种粮积极性的关联度[J].改革,2014(1):94—102.

[213]唐明勇.试论建国初期的农民协会[J].中共党史研究,2005(1):53—63.

[214]陶然,史晨,汪晖,庄谷中."刘易斯转折点悖论"与中国户籍—土地—财税制度联动改革[J].国际经济评论,2011(3):120—147.

[215]陶然,童菊儿,汪晖,黄璐.二轮承包后的中国农村土地行政性调整——典型事实,农民反应与政策含义[J].中国农村经济,2009(10):12—20,30.

[216]陶然,汪晖.中国尚未完成之转型中的土地制度改革:挑战与出路[J].国际经济评论,2010(2):93—123.

[217]陶然,徐志刚.城市化、农地制度与迁移人口社会保障——一个转轨中发展的大国视角与政策选择[J].经济研究,2005(12):45—56.

[218]田先红.治理基层中国:桥镇信访博弈的叙事,1995~2009[M].北京:社会科学文献出版社,2012.

[219]王翠英,王小鱼.城市化过程中失地农民边缘化的根源探析[J].理论导刊,2006(10):81—84.

[220]王桂新,黄颖钰.中国省际人口迁移与东部地带的经济发展:1995~2000[J].人口研究,2005(1):19—28.

[221]王国明.影响台湾人口迁移因素之分析[D].台湾中兴大学农业经济学研究所,1984.

[222]王海娟,贺雪峰.资源下乡与分利秩序的形成[J].学习与探索,2015(2):56—63.

[223]王欧,杨进.农业补贴对中国农户粮食生产的影响[J].中国农村经济,2014(5):20—28.

[224]王士海,刘俊浩.对新农地制度政策倾向的反思[J].中国农村经济,2007(12):40—46.

[225]王贤彬,张莉,徐现祥.辖区经济增长绩效与省长省委书记晋升[J].经济社会体制比较,2011(1):110—122.

[226]王小映,贺明玉,高永.我国农地转用中的土地收益分配实证研究——基于昆山、桐城、新都三地的抽样调查分析[J].管理世界,2006(5):62—68.

[227]王小映.全面保护农民的土地财产权益[J].中国农村经济,2003(10):9—16.

[228]王晓毅.聚合、集合与整合——农民社会分析[J].农村经济与社会,1990(4):12—22.

[229]王新生,刘纪远,庄大方,刘黎明.中国特大城市空间形态变化的时空特征[J].地理学报,2005,60(3):392—400.

[230]王志弘.多重的辩证列斐伏尔空间生产概念三元组演绎与引申[J].地理学报,2009(4):1—24.

[231]魏后凯,刘同山.农村宅基地退出的政策演变、模式比较及制度安排[J].东岳论丛,2016(9):15—23.

[232]魏后凯.如何走好新时代乡村振兴之路[J].人民论坛·学术前沿,2018(3):14—18.

[233]温锐,李永安.十六大以来农民土地财产权益保障改革的进程与展望[J].中共党史研究,2012(7):21—29.

[234]温铁军."市场失灵+政府失灵":双重困境下的"三农"问题[J].读书,2005(10):22—29.

[235]文贯中.解决三农问题不能回避农地私有化[J].中国与世界观察,2007(第3、4期合刊,总第8、9期):186—210,233—234.

[236]吴次芳,陆张维,杨志荣,郑娟尔,冯科.中国城市化与建设用地增长动态关系的计量研究[J].中国土地科学,2009,23(2):18—23.

[237]吴理财.中国农村治理60年:国家的视角[J].探索与争鸣,2009(10):13—16.

[238]吴欣修.城乡人口迁移型态之研究[D].台湾成功大学都市计划研究所,1993.

[239]项继权.中国乡村治理的层级及其变迁——兼论当前乡村体制的改革[J].开放时代,2008(3):77—87.

[240]萧公权.中国乡村:论19世纪的帝国控制[M].张皓,张升译.北京:九州出版社,2017.

[241]肖屹,钱忠好.交易费用、产权公共域与农地征用中农民土地权益侵害[J].农业经济问题,2005(9):58—63.

[242]谢颖.对"城市规划导致土地流失"的探讨——从城市财政体制的角度分析[J].中国房地产金融,2006(6):15—18.

[243]辛翔飞,张怡,王济民.我国粮食补贴政策实施状况、问题和对策[J].农业经济,2016(9):89—91.

[244]徐林,宋程成,王诗宗.农村基层治理中的多重社会网络[J].中国社会科学,2017(1):25—45,204—205.

[245]徐勇,刘义强.我国基层民主政治建设的历史进程与基本特点探讨[J].政治学研究,2006(4):32—41.

[246]徐勇.政权下乡:现代国家对乡土社会的整合[J].贵州社会科学,2007(11):4—9.

[247]徐勇.中国家户制传统与农村发展道路——以俄国、印度的村社传统为参照[J].中国社会科学,2013(8):102—123,206—207.

[248]徐中强.台湾都市地区人口迁移与都市特性之研究[D].台湾中兴大学都市计划研究所,1984.

[249]许成钢.土地国有与私有的区别[J].中国企业家,2012(21):30.

[250]许庆,尹荣梁,章辉.规模经济、规模报酬与农业适度规模经营[J].经济研究,2011(3):59—71.

[251]许庆,田士超,徐志刚,邵挺.农地制度、土地细碎化与农民收入不平等[J].经济研究,2008(2):83—92,105.

[252]许庆,章元.土地调整、地权稳定性与农民长期投资激励[J].经济研究,2005(10):59—69.

[253]许远旺,陆继锋.现代国家建构与中国乡村治理结构变迁[J].中国农村观察,2006(5):45—50,80.

[254]严冰.农地长久确权的现实因应及其可能走向[J].改革,2014(8):90—99.

[255]严金明,陈昊,夏方舟.深化农村"三块地"改革:问题、要义和取向[J].改革,2018(5):48—55.

[256]杨风禄.户籍制度改革:成本与收益[J].经济学家,2002(2):33—37.

[257]杨遂全.论宅基地资格权确权及其法理依据——以财产属性为视角[J].中国土地科学,2020(6):35—40.

[258]杨小凯.中国改革面临的深层问题——关于土地制度改革(杨小凯、江濡山谈话录)[J].战略与管理,2002(5):1—5.

[259]杨学成,赵瑞莹,岳书铭.农村土地关系思考——基于1995~2008年三次山东农户调查[J].管理世界,2008(7):53—61.

[260]杨龙士,江宛瑛.影响居住区位指标之建立[J].规划学报,1993(20):71—86.

[261]姚洋.非农就业结构与土地租赁市场的发育[J].中国农村观察,1999(2):18—23,39.

[262]姚洋.中国农地制度:一个分析框架[J].中国社会科学,2000(2):54—65,206.

[263]叶麒麟.现代国家建构与乡村治理的变迁[J].重庆社会科学,2008(1):44—47.

[264]叶兴庆.扩大农村集体产权结构开放性必须迈过三道坎[J].中国农村观

察,2019(3):2—11.

[265]叶兴庆.宅基地三权分置改革不意味着放宽下乡买房. https://finance.sina.cn/china/gncj/2018-12-28/detail-ihqhqcis 1201321. html.

[266]袁志刚,解栋栋.统筹城乡发展:人力资本与土地资本的协调再配置[J].经济学家,2010(8):77—83.

[267]约翰·艾伦等.骚动的城市:移动/定着[M].王志弘译.中国台北:群学出版社,2009.

[268]张红宇.大国小农:迈向现代化的历史抉择[J].求索,2019(1):68—75.

[269]张红宇.关于深化农村改革的四个问题[J].农业经济问题,2016,37(7):4—11.

[270]张红宇.中国农地调整与使用权流转:几点评论[J].管理世界,2002(5):76—87.

[271]张厚安.乡政村治——中国特色的农村政治模式[J].政策,1996(8):26—28.

[272]张吉鹏,卢冲.户籍制度改革与城市落户门槛的量化分析[J].经济学(季刊),2019,18(4):1509—1530.

[273]张健.中国社会历史变迁中的乡村治理研究[M].北京:中国农村出版社,2012.

[274]张锦华,刘进,许庆.新型农村合作医疗制度、土地流转与农地滞留[J].管理世界,2016(1):99—109.

[275]张军.分权与增长:中国的故事[J].经济学(季刊),2007,7(1):22—53.

[276]张兰,冯淑怡.建党百年农村土地制度改革的基本历程与历史经验[J].农业经济问题,2021(12):4—15.

[277]张力,吴开亚.城市自由落户的地方公共财政压力分析[J].中国人口科学,2013(6):17—26.

[278]张露,罗必良.小农生产如何融入现代农业发展轨道?——来自中国小麦主产区的经验证据[J].经济研究,2018,53(12):144—160.

[279]张玮.城市户籍制度改革的地方实践[D].华东师范大学,2009.

[280]张五常.经济解释[M].北京:中信出版社,2014.

[281]张务伟,张福明,杨学成.农业富余劳动力转移程度与其土地处置方式的关系——基于山东省2421位农业转移劳动力调查资料的分析[J].中国农村经济,2009(3):85—90.

[282]张宇青,周应恒.中国粮食补贴政策效率评价与影响因素分析——基于2004—2012年主产区的省际面板数据[J].财贸研究,2015,26(6):30—38.

[283]张宗毅,杜志雄.土地流转一定会导致"非粮化"吗?——基于全国1740个种植业家庭农场监测数据的实证分析[J].经济学动态,2015(9):63—69.

[284]赵兵华,黎莲芬.当前我国户籍制度改革的困境及路径选择[J].宜宾学院学报,2010(3):51—53.

[285]赵鼎新.国家、战争与历史发展:前现代中西模式的比较[M].杭州:浙江大学出版社,2015.

[286]折晓叶,陈婴婴.项目制的分级运作机制和治理逻辑——对"项目进村"案例的社会学分析[J].中国社会科学,2011(4):126—148,223.

[287]中村良平,李倢.城市空间人口密度研究综述[J].国外城市规划,2006,21(4):40—47.

[288]钟春平,陈三攀,徐长生.结构变迁、要素相对价格及农户行为——农业补贴的理论模型与微观经验证据[J].金融研究,2013(5):167—180.

[289]钟甫宁,向晶.我国农村人口年龄结构的地区比较及政策含义——基于江苏、安徽、河南、湖南和四川的调查[J].现代经济探讨,2013(3):5—10.

[290]钟文晶,罗必良.禀赋效应、产权强度与农地流转抑制——基于广东省的实证分析[J].农业经济问题,2013,34(3):6—16,110.

[291]周飞舟,林上,王恒.宅基地"资格权"的社会学意涵[J].济南大学学报(社会科学版),2021,31(4):5—11.

[292]周飞舟.财政资金的专项化及其问题 兼论"项目治国"[J].社会,2012,32(1):1—37.

[293]周飞舟.大兴土木:土地财政与地方政府行为[J].经济社会体制比较,2010(3):77—89.

[294]周飞舟.分税制十年:制度及其影响[J].中国社会科学,2006(6):100—115,205.

[295]周飞舟.生财有道:土地开发和转让中的政府和农民[J].社会学研究,2007(1):49—82,243—244.

[296]周黎安.晋升博弈中政府官员的激励与合作——兼论我国地方保护主义和重复建设问题长期存在的原因[J].经济研究,2004(6):33—40.

[297]周黎安.行政发包制[J].社会,2014,34(6):1—38.

[298]周黎安.中国地方官员的晋升锦标赛模式研究[J].经济研究,2007(7):36—50.

[299]周其仁.为什么中国总能摸到石头?[N].南方周末,2008年10月30日(C20).

[300]周其仁.农地产权与征地制度——中国城市化面临的重大选择[J].经济学(季刊),2004(4):193—210.

[301]周其仁.确权不可逾越——学习《决定》的一点体会[J].经济研究,2014,49(1):21—22.

[302]周庆智.官民共治:关于乡村治理秩序的一个概括[J].甘肃社会科学,2018

(2):2—10.

[303]周小刚,陈东有,叶裕民,郭春明.中国一元化户籍改革的社会政策协同机制研究[J].人口与经济,2010(4):1—5.

[304]周雪光.权威体制与有效治理:当代中国国家治理的制度逻辑[J].开放时代,2011(10):67—85.

[305]周雪光.运动型治理机制:中国国家治理的制度逻辑再思考[J].开放时代,2012(9):105—125.

[306]周应恒,刘余.集体经营性建设用地入市实态:由农村改革试验区例证[J].改革,2018(2):54—63.

[307]朱东亮.土地调整:农村社会保障与农村社会控制[J].中国农村观察,2002(3):14—21.

[308]朱满德,李辛一,程国强.综合性收入补贴对中国玉米全要素生产率的影响分析——基于省级面板数据的 DEA-Tobit 两阶段法[J].中国农村经济,2015(11):4—14,53.

[309]朱新华,陈利根,付坚强.农村宅基地制度变迁的规律及启示[J].中国土地科学,2012(7):39—43.

[310]朱宇等.流动人口的流迁模式、权益问题和社会保护:以福建省为例[M].北京:海洋出版社,2013.

[311]邹谠.中国廿世纪政治与西方政治学[J].经济社会体制比较,1986(4):19—23.

[312]邹一南.农民工落户悖论与市民化政策转型[J].中国农村经济,2021(6):15—27.